비즈니스
인 차이나

I. 투자편

비즈니스
인 차이나

이경모 지음

이론

서문

　기업의 실무자들과 대화하다 보면 '우리 부서 업무에 대한 타 부서 사람들의 이해가 부족해 그들이 일을 어렵게 꼬아놓았다' 혹은 '타 부서 사람들이 방향을 잘못 잡아 놓고선 실행만 우리 부서에 강요한다' 하는 이야기를 많이 듣곤 한다. 타 부서에 대한 이해가 부족해서 생기는 문제라 해도 그냥 넘겨 버리기에는 그로 인한 손해가 심각한 것들도 많았다. 왜 이런 일이 발생할까? 이 문제에 대해 오래도록 관찰하면서 내가 내린 결론은 타 부서에 대한 이해가 아니라, 기본적으로 회사가 비즈니스를 운영해 가는 전체 메커니즘에 대한 이해가 부족해서 나온 현상이라는 것이었다.

　회사는 정당한 비즈니스를 통해 최대의 수익을 창출하고, 필요한 경비는 과감히 집행하되 이를 최소로 하여 이익을 극대화하려 한다. 그리고 이 목표를 위해 회사의 모든 부서가 유기적으로 연결되어 있는데, 그 연결의 고리는 과연 무엇일까? 내 생각으로는, 회사 전체 메커니즘을 이해할 수 있는 연결고리이자 의사소통 도구는 바로 모든 직장인이 제일 어려운 분야라고 생각하는 '조세'다. 그런데 이 부분에 대한 이해가 없으니 의사소통 또한 이루어지기 어려웠던 것으로 생각된다. 즉, 나는 "회계가 아닌 조세가 바로 회사의 언어"라고 이야기하고 싶다.

과거 세법은 일반인과 동떨어진 분야로 상속 또는 증여할 재산이 많은 사람하고나 관계있는 것이라 여겨졌다. 하지만 최근 신문지상에서 세법 관련 기사들이 많이 다루어지면서 일반인들에게도 조세 영역의 업무가 알려지게 되었다. 한국에 투자한 외국회사가 세금을 내지 않고 철수했다는 먹튀 논란이나 한국회사가 조세회피지역에 자회사를 설립하여 부당하게 이익을 취했다는 것, 또 청년고용을 지원하기 위해 세제 지원을 한다는 등 일상에서의 신문기사를 이해하기 위해서라도 이제는 조세를 제대로 알아야 하는 세상이 되었다. 이토록 현실과 밀접한 연관이 있는 사안임에도 우리는 그간 '조세는 어렵다'고 치부하며 애써 외면해 온 것이다.

나 역시 경영학도로서 재무관리, 인사관리, 생산관리, 경영전략 등 회사경영 전반에 대한 가르침을 받고 공부를 했음에도 그 각각의 과목만 열심히 했을 뿐, 정작 그것들이 어떻게 유기적으로 연결되어 하나의 메커니즘을 이루고 이에 따라 비즈니스를 영위해야 하는지는 알지 못했다. 회사라는 법인격체가 탄생하여 성장하고 어떤 경로로 죽음에 이르는지 그 세월에 대한 이해는 물론 조세에 대한 이해 역시 부족했기에 전반적인 흐름을 정확히 파악할 수 없었던 것이다.

회사 운영에 있어서는 구매, 판매, 마케팅 등 어느 하나 중요하지 않은 것이 없다. 각 분야마다 전문가가 필요한 것도 사실이다. 그러나 조세는 각 분야에 매진하는 직장인들이 기본으로 알아야 하는 의사소통의 도구임을 다시 강조하는 바다. 언어를 이해하지 못하는데 비즈니스의 복잡한 내용에 관해 어떻게 서로 소통할 수 있겠는가? 본인과는 무관한 지식으로 치부하고 그 중요성을 간과하고 있다가 점점 직위가 올라가고 경영진이 되면 그제야 미리 준비하지 못했음을 가장 아쉬워하는 부분이 바로 조세다.

한국은 훌륭한 인적자원을 바탕으로 성장해왔으나 시장의 한계, 자원의 유한함으로 인해 글로벌 경영을 하지 않고서는 더 이상 성장하기 어려운 환경에 놓였다. 그리고 세계로 뻗어나가는 데 있어 중국은 선택의 문제가 아닌 필수가 되어 버렸다.

하지만 중국은 절대 쉽게 볼 수 있는 나라가 아니고 중국에서의 비즈니스 또한 녹록하지 않다. 생각해 보자. 한때 만주족은 중국 대륙을 지배했지만 결국 대륙에 동화되어 만주어는 사라지고 중국어만 남았다. 현재도 많은 글로벌 기업들이 지속성장을 위한 대안이라면서 중국 시장으로 몰려오고 있지만 본국에서 만든 제품으로 승부하기보다는 저렴한 비용과 신속한 대응을 위해 중국 내에 공장을 설립하여 생산하고 있다. 그렇다 보니 길거리에 넘쳐나는 비싼 독일차도 실은 수입품이 아니고 중국에서 생산된 것이다. 그저 브랜드만 독일 것으로 유지하고 있는 셈이다. 이 과정에서 중국의 고용을 창출하고, 고용된 인력에게 기술이 이전되고, 숙련도 높은 인력들이 배출되고 있으니 어찌 보면 이는 중국이라는 호랑이를 키우는 것일

지도 모른다. 다시 말해 현재의 생존을 위한 중국 진출이 미래에는 부메랑이 되어, 모든 외국기업들이 중국대륙에 기술만 제공하고 사라질 수도 있다는 것이다. 마치 만주족이 사라진 것처럼 말이다.

인도, 베트남 등 다른 국가들이 고속성장을 하면서 미래의 대안을 제시할지 몰라도 현재로서는 중국이 유일한 대안이고, 한국업체들 역시 모두 중국 비즈니스에 사활을 걸고 있는 상황이다. 따라서 중국에 어떻게 진출하여 어떻게 비즈니스를 운영할 것인가는 굉장히 중요한 문제다. 각 부서의 유기적 소통 없이는 중국 비즈니스의 성공을 장담하기 어렵고, 이를 위해서는 중국 조세에 대한 이해가 필수적이다. 또 한국 본사의 성장까지 염두에 둔다면 한국과 중국 간의 조세협정 등 국제조세에 대한 이해도 동반되어야 한다.

한국 조세도 어려운 마당에 국제 조세와 중국 조세를 이해하라는 것은 불가능한 주문이라고 생각할 수도 있겠다. 그러나 조세는 여러분이 가지고 있는 선입견과 달리 그리 어렵지 않다. 게다가 우리가 진출하려는 많은 개발도상국가들은 이름과 형식이 다를 뿐 중국과 큰 차이 없는 제도를 운영하고 있다. 중국의 조세제도에 대한 이해가 바탕이 된다면 이후 인도, 베트남뿐 아니라 글로벌 경영을 위한 각 국가의 제도 역시 쉽게 이해되리라 확신한다.

시중에 국제 조세에 관한 그리고 중국에 관한 좋은 책들이 많이 있다. 그러나 기본적인 개념에 대한 이해 없이는 선뜻 시작하기 어려울 것 같아서 나는 독자들이 편하게 접할 수 있는 징검다리가 되는 책을 만들고자 했다. 회계도 어렵다고 느껴지는 마당이니 조세, 특히 국제 조세는 딴 나라 사람들의 이야기처럼 여겨질 수 있다. 그러나 이는 글로벌 시대의 비즈니스를 위해 꼭 알아야 할 기본요소라는 내 생각은 확고하다. 더불어 이 책의 최종 목적은 중국 조세에 대한 이해가 아니라 궁극적으로 '중국 조세의 이해를 통한 중국 비즈니스 이해'임을 이해해 주기 바란다.

끝으로 저자의 고민을 이해하고 실사례를 토론하며 아이디어를 주고 힘들 때 격려를 아끼지 않은 박승원, 윤혜상 동문에게 진심 어린 감사의 마음을 전한다. 또한, 이 책의 의도를 이해하고 선뜻 출판을 제안하고 적극적으로 지지해 주신 이콘 출판사분들에게도 감사의 마음을 전한다.

모든 다국적 기업이 중국을 향해 달려 오고 있는 이 시대에, 모쪼록 중국을 예로 든 이 책이 우리 기업이 세계로 뻗어나가 성공적인 비즈니스를 영위하는 데 도움이 된다면 좋겠다. 이 책을 통해 독자 여러분이 회사에 대한 이해, 중국 비즈니스에 대한 이해, 국제조세에 대한 이해라는 세 마리 토끼를 잡을 수 있기를 기원하는 바다.

2016년 12월
이경모

1장_

도입

1 / 중국행 비행기

비행기는 어느덧 이륙하여 구름 위를 날기 시작했다. 제이는 의자 깊숙이 몸을 파묻으며 마치 창 밖으로 보이는 구름 속으로 빨려 들어가는 기분을 느끼고 있었다.

신입사원 연수.

제이는 지금도 전 신입사원에 대한 해외연수가 믿기지 않았다. 이번에 입사한 50명 남짓한 인원을 전 세계 사업장으로 석 달간 연수를 보낸다는 것은 파격이었다.

JK CEO: 여러분, 입사를 진심으로 환영합니다.

사장의 환영사가 귓가에 다시 울렸다.

JK CEO: 여러분은 미래의 인재들입니다. 지금 세계는 글로벌화되어가고 있으며 FTA 등으로 인해 비즈니스의 국경이 없어지고 있습니다. 우리 경영진들은 회사의 미래 자원인 여러분들이 이러한 세계 비즈니스의 흐름을 느끼는 것이 중요하다고 생각했습니다.

사장은 잠시 말을 멈췄다.

JK CEO: 따라서 우리 JK그룹은 올해부터 전 신입사원을 해외사업장으로 석 달간 파견을 보내기로 결정했습니다.

"와~~우", "오~예!"

예상치 못한 해외연수 기회라는 말에 놀란 신입사원들의 감탄사가 여기저기서 터져 나왔다.

JK CEO: 이번 연수는 이전에 연수원에서 진행하던 신입사원 교육을 대체한 것입니다. 처음 두 달은 사업 전반과 현지시장에 대한 교육, 나머지 한 달은 OJT(on the Job Training) 형식으로 배정된 부서의 지원 인력으로 근무하게 됩니다. 신입사원 교육을 위한 시간은 따로 배정되지 않을 것이니 해외연수 중에 각자 빈 시간을 이용하여 회사 웹사이트를 방문하여 온라인으로 기본소양 교육을 마치시기 바랍니다. 이후 해외연수 성적 및 본인의 희망을 고려하여 부서 배치가 이루어질 텐데, 자세한 내용은 인사본부장이 설명해 줄 것입니다. 주어진 기회를 충분히 활용하여 세계를 느끼고 올 수 있는 기회가 되었으면 합니다.

당시의 흥분을 다시 느끼고 있을 때 옆자리에 앉은 로이가 말을 건넸다.

로이: 어때, 중국을 경험한다는 게?

사실 제이는 이번에 처음으로 한국 땅을 벗어나 해외에 나오는 것이었다. 이왕이면 한국에서 물리적 거리가 먼 곳으로 가길 바랐던 게 사실이다. 미국이나 영국, 또는 영어로 의사소통하긴 어렵겠지만 멕시코같이 멀리 있는 나라 말이다. 그런 곳이라면 한 시간 반만에

도착하는 북경보다는 좀 더 이국적인 분위기를 경험할 수 있지 않을까 내심 기대하고 있었는데, 무작위로 해외연수 지역을 추첨하다 보니 그만 중국이 덜컥 걸린 것이다.

제이: 글쎄, 영어권이 아닌데 중국어도 못하고 해서 긴장이 많이 되네.

영어권 국가도 가본 적 없는 제이였지만 그렇다고 솔직히 말하기는 싫었다. 아직 로이가 어떤 성격인지도 모르겠고.

이번 연수는 버디 시스템이라 2인 1조로 팀이 구성된다. 모든 성적도 팀 성적으로 매겨질 것이고 연수 보고서도 2인 1조로 작성되는데, 로이는 제이의 버디로 배정된 신입사원이다. 웃는 얼굴에 상냥한 말소리를 지녔다. 잘은 모르겠지만 로이와 한 조가 된 것이 손해일 것 같지는 않다.

제이는 JK그룹의 여러 사업군 중 전자그룹군에 지원하려고 한다. 거기 보너스가 제일 많다고 들었기 때문이다.

JK그룹은 아직 대기업이라고 볼 수는 없지만 최근 급성장을 이루고 있으며 평판도 그리 나쁘지 않은 기업이다. 예전부터 이름이 널리 알려진 회사는 아니었고 근래의 빠른 성장으로 주목을 받기 시작했지만 실은 전 세계를 상대로 비즈니스를 하고 있는 기업이다. 해외 자회사도 10여 개 이상 국가에 법인을 설립하여 운영 중이다. 이번 연수도 미국, 영국, 독일, 멕시코, 브라질, 말레이시아, 태국, 인도, 인도네시아, 필리핀, 베트남, 중국 등 자회사가 위치한 모든 국가를 대상으로 이루어지고, 각 국가에는 경영층이 판단한 중요도에 따라 1~5개조가 파견된다. 점점 규모나 중요성이 부각되고 있는 중국에는 제이와 로이의 1조를 포함 총 5개조가 파견되었다.

로이가 다시 말을 건네 왔다.

로이: 난 꼭 중국으로 배치되기를 원했는데 희망대로 됐어. 좋은 징조 같아서 더 신나.

'중국 배치를 희망했다고?'

제이는 속으로 중얼거렸다. 로이는 마치 제이의 중얼거림을 들은 듯 이어서 이야기했다.

로이: 모두들 '아시아가 미래'라고 이야기하고 최근 전 세계 성장동력을 이끌고 있는 것도 중국이라고 하는데 나 혼자서 가볼 생각은 감히 못했어. 막연하게 가서 무엇을 볼 수 있을까 싶었고. 그런데 이렇게 회사 차원에서 가니 내가 원했던 것보다 더 많은 것을 볼지도 몰라.

제이는 머리를 한 대 얻어맞은 듯했다. 전자그룹군으로 가야 된다는 생각만 했지 중국에서의 연수에 대해서는 아무것도 생각한 것이 없었기 때문이다.

그러고 보니 아무런 준비도 못했다. 아니, 준비할 생각도 못했다는 편이 맞다. '중국어도 못하는데 무슨 중국……'이라고만 생각했지 중국의 역사나 문화를 찾아본다거나 간단한 생활 중국어라도 익힐 생각을 하지 못한 자신을 제이는 무의식적으로 자책했다.

'로이는 과연 무엇을 예상했고 그 예상보다 무엇을 더 볼 수 있다고 생각하고 있을까?'

때마침 비행기는 20분 뒤 북경 수도공항에 도착한다는 안내방송과 함께 하강을 시작했다.

'드디어 도착이구나.'

제이는 괜한 비장함이 가슴 속에 차오름을 느꼈다.

비밀 임무 2

JK그룹 한국본사 10층 회의실. 해외사업운영팀 김 실장의 침착한 말투가 회의실의 공기를 조용히 누르고 있었다.

김 실장: 심 대리, 자네에게 이런 어려운 임무를 맡겨서 미안하네. 경영층에서는 현재 중국사업장이 정체 상태에 있다고 생각하네.

심 대리: 네? 전 지금이 절정기라고 생각하고 있었는데요?

심 대리가 의아해했다.

김 실장: 그렇게 보이기는 하지. 생산도 판매도 역대 최고치를 갱신하고 있으니 다들 중국 비즈니스가 잘되고 있는 것으로 생각하지만 위에서는 이상징후들을 감지하고 있다네. 빨리 손을 써서 바로 잡지 않으면 문제가 심각해질 수도 있고, 또 각종 조사가 많다 보니 부서 간 갈등이 심해진 것이 아닌가 하는 우려도 있어. 이럴 때일수록 힘을 합해서 해결해 나가야 하는데 말이야.

김 실장은 많이 답답한 듯했다. 깊은 호흡 뒤에 그는 다시 말을 이었다.

　김 실장: 우리에게는 지금이 매우 중요한 시점이야. 지속적인 도약을 위한 아주 중요한 기로에 있다고 보면 돼. 사장님을 비롯해 경영진들은 도약의 엔진으로 중국을 생각하고 있어. 그래서 더 본격적인 투자를 하고 싶어 하시는데, 그러려면 일단 자네를 중국으로 보내 현 상황을 파악한 다음 대책을 수립해서 재정비를 해야 할 거 같아.

　심 대리: 일개 대리 신분으로 감당할 수 있는 업무인지 걱정이 됩니다.

　심 대리는 조심스럽게 이야기했다.

　김 실장: 아냐, 아직 회사 내부 역학관계에 들어와 있지 않으니 편견 없이 바라보는 데 오히려 적임이라고 생각하네.

　심 대리: 하지만 저는 대부분의 시간을 영업부서에서만 보냈던 탓에, 이런 내부감사나 조직정비를 위해 알아야 할 중요한 점을 놓치지 않고 볼 수 있을지가 걱정입니다.

　김 실장: 음……. 부담이 많이 되겠지. 하지만 심 대리는 생각이 올바르고 성격도 꼼꼼하니 잘하리라 믿네. 그리고 자네 업무를 도와주실 분을 섭외해 놨네. 이번에 우리 그룹의 중국고문으로 모시게 된 분이야. 자네에게도 좋은 자문역이 될 테니 작은 일이라도 언제든지 상의하도록 하게. 고문님께서도 JK그룹의 중국 비즈니스 현황을 보셔야 해서 같이 동행하실 거야. 큰 힘이 될 걸세.

　아! 그리고 자네는 이번에 신입사원 연수의 인솔자 자격으로 중국을 방문하는 것이라고 얘기해 두었네. 현황 파악을 위해 본사에서 나온 사람이라고 생각하면 현지 직원들도 괜한 경계심이 들 것이고,

그러면 우리에게 필요한 정보를 제대로 얻을 수 없지 않을까 싶어서 말일세. 또 누가 대리 혼자서 감사를 나온다고 생각이나 하겠나. 사실 감사도 아니고 현황 파악인데 현장에서는 다른 시각으로 보고 껄끄러워할 수도 있어서 그렇게 해두었네. 명심해야 할 것은 자네 업무가 개개인의 잘잘못을 가리기 위한 것이 아니라는 점이야. 우리가 제대로 못해 온 것을 빨리 바로잡자는 목적이니 회사의 가치에 반하는 엄중한 잘못이 아니라면 개개인에 대한 문책은 없을 것이네.

김 실장의 배려에 감사한 마음이 들면서도 회의실 문을 닫고 나오는 심 대리의 마음은 한없이 무거웠다.

3 / 제이와 로이, 심 대리

중국의 수도 북경을 동서로 가로지르는 장안가가 훤히 내려다보이는 JK그룹 중국본사의 대회의실. 한국본사의 신입사원 연수가 북경에서 처음 열리다 보니 세심한 부분까지 신경 쓴 모습이 여러 곳에서 보였다. 이 회의실은 신입사원 연수기간 내내 언제든 전체 교육 및 각 조별 토의에 이용될 수 있게끔 꾸며져 있었다.

심 대리: 안녕하세요. 저는 여러분의 신입사원 연수에 동행할 심신중 대리라고 합니다.

제이, 로이: 안녕하십니까 심 대리님.

제이와 로이는 바짝 긴장한 목소리로 인사를 했다.

심 대리: 여러분이 이미 알다시피 이번 연수에선 2인 1조로 움직여야 하는데, 모든 조마다 저와 같은 인솔자가 동행합니다. 인솔자 외에도 멘토가 한 분씩 더 배정되어 있고요. 제 역할은 여러분들의 중국연수 성과를 최대한으로 끌어올리기 위한 조력자라고 보면 될 것

같습니다. 먼저 입사한 선배로서 여러분이 궁금해 하는 사항들에 대하여 성심성의껏 답해드리도록 하겠습니다. 또한, 여러분들과 토론해가면서 사고방식이나 관심사 등을 관찰한 뒤 이후 회사 내에서 각자 자기 능력을 가장 많이 발휘할 수 있는 분야가 무엇인지 알려 드림으로써 향후 진로에 도움을 드리려 합니다.

제이: 이야, 긴장되는데요?

심 대리: 하하하, 제가 평가자로서 여러분을 감시하는 것이라고 생각하면 긴장이 되겠지요. 하지만 안심하기 바랍니다. 여러분들의 연수성적과 결과가 좋으면 저 역시 제 역할을 다한 것이니까 사실상 2인 1조가 아니라 매 팀에 배정된 저 같은 인솔자들을 포함, 잠시 후 뵙게 될 멘토까지 모두 4인 1조의 한 팀이라고 보면 되겠습니다. 그리고 향후 부서 배치와 관련해서도 개별면담을 통해 본인의 의사를 최대한 존중하도록 할 것입니다.

제이, 로이: 네, 알겠습니다.

심 대리가 편하게 이야기를 해주었어도 긴장이 되는지 제이와 로이는 군기가 잔뜩 든 군인처럼 힘차게 대답했다.

심 대리: 자, 로이와 제이라고 했는데요. 한국사람을 이렇게 영어이름으로 부르는 것이 아직은 익숙하지 않군요.

제이: 저도 사실 제이라고 불리는 것이 익숙하지 않습니다. 다른 사람 부르는 것 같아서요. 절 부르는 줄 모르고 가만히 있었던 적도 벌써 여러 번 있었습니다.

심 대리: 하하하. 충분히 그럴 것이라고 생각됩니다. 회사 내에서 상하구분이 없는, 보다 수평적인 의사소통을 위해 직급명 없이 영

어 이름을 써보자고 올해부터 시도하는 것이니 그 좋은 의도를 이해해 주세요. 사실 우리 직원들도 많이 헷갈려 하고 있습니다. 과도기적 시기를 거쳐야 할 것 같아요.

제이와 로이가 심 대리의 말에 웃었다.

심 대리: 여러분들의 이메일 계정도 영어 이름으로 만들어 주는 것으로 알고 있습니다. 나도 이번 연수기간에는 인솔자다 보니 그냥 직급 호칭을 사용하지만 연수가 끝나고 돌아가면 영어 이름으로 바꿔야 할지도 몰라요.

제이: 상하구분 없는 수평적 의사소통. 말은 쉬워도 이렇게 의지를 가지고 시도한다는 것 자체가 대단하다고 생각합니다.

심 대리: 그렇지요? 글로벌 기업으로 더욱 더 성장하려면 회사 전체의 자유로운 의사소통이 필수라고 경영층에서 판단한 것 같아요. 그러기 위해서는 젊은 친구들의 의견에 귀를 기울여야 한다고 생각한 것 아닐까요? 외국 회사들과의 교류도 점점 많아지다 보니 그 점을 고려한 것도 있어 보이고요.

무언가 회사가 커가는 기세가 느껴져 제이와 로이는 기분이 좋아졌다.

심 대리: 자, 하여간 우리 이야기로 돌아와서……. 우리는 앞으로 중국 내 생산공장, 판매법인을 포함한 여러 곳을 방문하고 살펴볼 것입니다. 어떻게 하면 우리가 배우는 효과를 극대화시킬 수 있을지 각자 의견을 한번 말해 보면 어떨까요?

로이: 음……. 원론적인 이야기지만 미리미리 준비해 가는 것이 제일 좋지 않을까요?

심 대리: 무엇을 어떻게 준비해 가면 좋을까요?

로이: 크게는 중국 연수의 목적, 작게는 저희가 가 볼 곳에서 무엇을 얻고 배울 것이냐에 달려 있다고 생각합니다. 저는 이번 연수의 목적이 먼저 진출한 선배님들을 통한 간접경험이라고 봅니다. 그렇다면 일반적인 내용일지라도 비즈니스의 흐름이나 중국에서 비즈니스를 수행하면서 부딪치는 내용을 물어 보는 것이 좋을 것 같습니다. 그래서 잘하고 있는 점, 계속 유지해야 하는 점, 개선이 필요한 점을 들어 봐야 한다고 생각해요. 특히 개선이 필요한 점에 대해서는 그 원인이 외부적인 것인지 내부적인 것인지, 극복 가능한지 아닌지를 확인하는 것도 필요합니다. 그러면서 저희의 생각과도 비교를 해 봐야겠죠.

심 대리: 로이는 이번 연수에 대하여 고민을 많이 한 것 같군요. 제이의 생각은 어때요?

로이의 설명은 차분하고 명확했다. 제이는 로이랑 한 팀이라는 안도감과 함께 한편으로는 로이만큼 준비하지 못했다는 부끄러움을 느꼈다. 물론 질 수 없다는 호승심도 생겼다.

제이: 저도 로이 말에 동감합니다. 덧붙이자면 로이가 말한 내용을 방문 전과 후로 구분해서 정리하면 좋겠습니다. 방문 전에 확인하고 싶은 사항을 정리하고, 가서 확인한 다음, 돌아와서 들은 내용을 정리하는 거죠.

심 대리: 둘 다 아주 좋은 생각을 말해 주었네요.

제이: 그럼 저와 로이가 방문 전과 방문 후의 정리를 역할을 나누어 분담하면 어떨까요?

심 대리: 좋은 생각이기는 한데 그럴 필요는 없을 것 같습니다.

제이: 네?

의욕 있게 이야기를 했는데 그럴 필요가 없다고 하니 제이는 당황한 기색을 감추지 못했다.

심 대리: 하하하. 제이, 긴장하지 말아요. 이야기했듯이 아주 좋은 의견이라고 생각합니다. 다만 생각보다 연수가 빡빡할 것 같아서 좀 여유를 두는 편이 좋을 것 같아요. 공부할 때에도 예습, 복습을 다 하면 좋겠지만 보통은 복습하기도 바쁘잖아요? 괜히 거창한 계획을 세웠다가 그게 틀어지는 것을 보면서 자책하고 기분 나빠하기보다는 계획을 실현 가능한 수준으로 세우고 꼭 지킬 수 있도록 하자고요. 사실 신입사원이 질문을 미리 준비를 한다는 것은 범위도 너무 광범위하고, 정력 낭비입니다. 연수 프로그램에 이미 마련되어 있는 것이 있을 테니 미리 준비는 하지 말고 방문이나 주요 주제에 대한 연수 후에 그것을 정리하는 데 중점을 둡시다. 복습만 하자는 말이에요. 정리 과정에서 의문이 있거나 추가로 확인할 사항은 따로 표시해서 물어 보도록 하고요. 어떻습니까?

제이, 로이: 좋습니다!

사실 의욕적으로 이야기를 했지만 나중에 너무 지쳐 정작 중요한 것을 놓치기는 제이도 싫었다. 마음의 부담을 던 느낌이었다.

심 대리: 대신 아까 제이가 제안한 것처럼 각자 역할분담은 하죠. 로이는 연수내용 중 중요사항을 정리하여 공유해 주고 제이는 모르거나 생소한 주요 용어(key word)들을 정리해 주세요. 중복되는 것들도 있겠지만 내 과거 경험을 생각해 보면 모든 것이 생소한 신입사

원교육이니 용어의 정리도 아주 중요하리라 생각합니다. 우리가 함께 찾아 볼 것 외에 궁금하거나 보충하여 물어 볼 필요가 있는 사항들은 각자가 모두 기록했다가 내게 전달해 주세요. 합쳐서 확인해 보도록 하겠습니다. 이렇게 하면 모든 과정들에 대하여 차분히 다시 생각할 기회를 가질 수 있을 것 같습니다. 그리고 이렇게 연수 후 정리한 내용을 모은다면 그것이 곧 중국방문 리포트가 되지 않을까요?

제이는 심 대리가 본인 의견을 직접적으로 말하지는 않지만 전체적으로 잘 유도하고 있다는 생각이 들었다. 로이랑 한 팀이 된 것뿐만 아니라 심 대리의 지도를 받게 된 것이 다행이라는 생각이 직감적으로 들었다.

4 총명난호도갱난

심 대리: 사실 그간 내부적으로 연수 진행방법에 대해 여러 차례 논의하긴 했지만 결과적으로 정해진 틀은 없습니다. 이번 연수가 처음이니만큼 형식을 미리 정하기보다 신입사원에게 참신한 아이디어를 발휘할 기회를 주자는 쪽으로 결론이 났거든요. 시행착오를 거쳐서 앞으로 만들어 나가야 되겠지만 어쨌든 올해는 오히려 우리에게 더 많은 재량이 주어져 있습니다. 진행방식을 우리 스스로 정할 수 있으니까요. 우리가 정한 방식이 가지는 장단점에 대해서는 여러분 의견을 수렴하여 연수가 끝난 뒤 리포트로 제출할 것입니다. 본사에서는 각 팀의 진행방식에 대한 보고서도 검토하고 필요하면 더 의견을 모아서 좀 더 성공적인 연수가 되도록 개선해 나가려고 합니다. 이번 연수가 효과가 없다고 판단되면 극단적인 경우 내년부터 연수 기회 자체가 없어질 수도 있기 때문에 여러분의 연수는 굉장히 중요합니다.

제이: 우와, 부담이 상당하네요.

심 대리: 농담입니다. 그런 이야기 들은 바 없어요. 하지만 부담이라기보다는 이번 기회에 회사의 비즈니스를 이해하고 회사에 도움이 되는 제안을 한다고 생각하면 어떨까요? 회사에서도 새로운 시도에 대하여 내심 기대하고 있습니다.

제이와 로이는 말없이 고개를 끄덕였다.

처음부터 너무 부담을 줬다고 느꼈는지 심 대리는 이어 가벼운 이야기로 화제를 돌려서 두 사람에게 입사 준비는 어떻게 했는지, 대학교에서의 생활은 어땠는지 등을 물었다. 사실 제이나 로이나 입시 준비하느라 중고등학교 시절의 대부분은 책상 앞에서 보냈고 대학에 진학해서는 취업 걱정으로 도서관을 맴돌았다는 이야기를 했다. 한국의 대다수 학생들에게는 딱히 대안도 없고 준비를 하든 하지 않든 도서관에는 나와 있어야 심리적으로나마 안심이 되는 것이 현실이었으니까.

로이는 아르바이트로 용돈을 모아서 유럽과 미국으로 배낭여행을 다녀온 이야기를 자랑스레 했다. 제이는 유럽의 미술관에 너무나 가 보고 싶어서 1년 넘게 아르바이트로 비용을 모았다는 것이 잘 이해되진 않았지만 어쨌거나 로이의 그런 솔직함이 나쁘지 않았다.

로이는 원래 역사와 문화에 관심이 많은데, 특히나 미술사와 음악사에 흥미를 많이 느끼고 좋아한다고 했다. 그래서 직업도 미술과 관련된 것으로 갖고 싶었는데 뜻을 이루지 못했다. 그림을 좋아했지만 그림 그리는 데는 소질이 없어 모두가 말렸다니 어쩔 수 없었겠지. 평론이라는 것이 하나의 독립된 분야가 된 요즘은 이상해 보이지 않지만 로이가 학생이었을 당시에는 감상을 좋아하는 것만으로 예술계로 진로를 잡고 싶다고 하는 것을 부모님께서는 이해하지 못하셨다고 했는데 한국의 분위기에서는 당연할 수도 있는 일이었다. 로이는 어릴 때부터 미술관에 들어가면 하루 종일 그 안에서 노는 것이 행복했다고 하는데, 이 또한 제이는 잘 이해가 가지 않았다. 제이는 음악이나 미술을 별로 좋아하지 않았다. 음악이나 미술 수업 시간에 마지못해 참석하긴 했지만 그 둘만큼 시간이 더디 가는 수업 시간도 없었다. 세계적으로 유명한 작품이라고 해도 왜 대단한지 잘 이해할 수도 없었고, 또 솔직히 이해하려고 애쓰지도 않았다. 제이에게 있어 그것들은 그냥 외워서 시험만 보면 되는 대상이었지 감정을 몰입하는 대상이 아니었다.

심 대리: 이런, 벌써 시간이 이렇게 됐나요?

남자 셋은 즐거운 이야기로 시간 가는 줄 모르고 있었다. 그러다 심 대리는 시간을 확인하더니 저녁 약속에 늦겠다며 제이와 로이를 사무실 근처에 예약된 식당으로 안내했다.

심 대리: 아까 인솔자 말고 멘토가 한 분 더 있다고 말씀드렸죠?

누구를 만나는지 다들 호기심에 눈빛이 반짝거렸다.

심 대리: 우리는 운이 좋았습니다. 다른 조들에는 과장급 선배들이 멘토로 들어갔는데, 우리 조는 JK그룹 중국본사의 고문님께서 함께하신답니다. 저도 아직 뵌 적은 없습니다만 중국에 정통한 경영학 박사님으로 알고 있습니다. 많은 것을 배울 수 있을 테니 더 좋은 기회라 생각하세요.

이 박사: 심 대리인가요?

뒤에서 맑은 목소리가 들렸다. 목소리가 투명하다고 느껴질 정도로 깨끗했다.

심 대리: 반갑습니다, 박사님.

심 대리는 자리에서 일어나 뒤를 향해서 꾸벅 인사를 하며 큰 소리로 힘차게 외쳤다.

이 박사: 어휴, 귀청 떨어지겠네. 이렇게 패기 넘치는 젊은 친구들을 보니 아주 좋네요. 반갑습니다. 이현명이라고 합니다.

숙였던 고개를 드는 순간 너무나도 동안의 젊은 남자가 앞에 서 있는 것을 보고 심 대리는 순간 당황했다. 기껏해야 심 대리 자신과 비슷한 연배, 어쩌면 그보다 더 어린 것이 아닌가 하는 생각까지 들었으니까.

이 박사는 웃으면서 말을 이었다.

이 박사: 왜, 실망인가요? 경험 많은 나이 지긋한 사람이 아니라서? 허허허!

심 대리는 또 다시 당황하며 말을 더듬었다.

심 대리: 아…… 아, 아닙니다. 좀 의외여서…….

이 박사: 외모로만 판단하면 안 되지요. 나 동안입니다. 허허허.

심 대리: 아, 네…….

이 박사: 다들 서 있지 말고 자리에 앉자고요.

일동: 네…….

이 박사: 자, 여러분들은 중국에 익숙하지 않을 테니 제가 주문을 하도록 하겠습니다.

말을 마친 이 박사는 종업원을 불러서 유창한 중국어로 메뉴판을 넘겨가며 이것저것을 주문했다.

이 박사: 그래도 중국에 왔으니 중국 백주 맛을 한번 봐야겠죠?

눈을 커다랗게 치켜뜬 이 박사는 모두와 눈을 맞춰 양해를 구한 뒤 백주도 주문했다. 주문한 음식 하나하나가 너무도 맛있어서 다들 아주 흡족해하며 포식을 했고, 비록 연수 중이라 다들 긴장하고 절제하고 있었지만 목넘김이 부드러운 백주도 아주 일품이었다. 이때 이 박사가 백주병을 들어 올리며 말했다.

이 박사: 이 술 이름이 '소호도선(小糊涂仙)'입니다. 작고 어리바리한 신선이라는 뜻이죠.

일동: 어리바리 신선이요?

이 박사: 네. 이 술병엔 아주 멋진 문구가 쓰여 있답니다.

이 박사는 술병의 오른쪽 하단을 보여주며 말했다.

이 박사: '총명난호도갱난(聪明难糊涂更难).' 크으. 다시 생각해도 멋있네요.

제이와 로이 눈에는 이 사람이 좀 우스워 보였다. 1인 개그도 아닌데 자기 혼자 말하고 혼자 감탄사를 넣으니 말이다.

이 박사: 이게 무슨 뜻이냐 하면, '총명하기는 어려우나 어리바리하기는 더욱 어렵다'는 말입니다. 기똥차게 멋지지 않나요? 중국인들의 삶의 철학을 엿볼 수 있다고 생각합니다.

다시금 '기똥차게'를 연발하던 이 박사는 문득 세 사람을 둘러보며 물었다.

이 박사: 지금 나를 보고 '이렇게 어려 보이는 사람이 무슨 도움이 될까' 하고 생각했지요?

순간 심 대리는 얼굴이 화끈 달아오르는 것을 느꼈다.

이 박사: 그런 생각이 들 수 있어요. 특히나 중책을 띠고 왔으니 말입니다.

'중책? 무슨 중책을 말하는 걸까? 김 실장님께서 이번 방문 목적을 다 이야기하셨나?'

심 대리가 속으로 생각하며 당황해 하는 사이에도 이 박사는 계속 말을 이어갔다.

이 박사: 그런데 '그렇게 생각한다'보다 더 중요한 건 '그렇게 생각한 것을 들키지 않아야 한다'라는 거예요. 얼굴에 그렇게 생각이 고스란히 써 있어 가지고서야 무슨 제대로 된 정보 하나 캐낼 수 있겠어요?

때에 따라서는 이 사람이 무슨 생각을 하는지, 왜 이런 말을 했는지 짐작할 수 없게 할 필요도 있습니다. 아는지 모르는지 알 수도 없고 모자라게 보일 필요가 있으면 그렇게 해야 하는 것이고요. 이 술병에 적힌 것처럼 때로는 어리바리하게 보일 필요도 있답니다. 허허허.

심 대리: 죄송합니다. 너무 당황해서 표정이 좀 굳었나 봅니다. 하여간 박사님 만나서 많은 것을 배울 수 있다고 생각하니 기대가 아주 큽니다.

이 박사: 허허허, 배울 게 뭐 그리 많겠습니까. 스스로 찾아가는 거죠.

크게 숨을 들이마신 박사는 다시 덧붙였다.

이 박사: 스스로 찾아가는 과정에서 필요한 도움이 있다면 잘 도

와드리겠습니다.

　연수 일정에 따르면 일요일에는 북경으로 이동하고 월요일에는 회사소개 및 오리엔테이션, 그리고 공식 환영만찬이 예정되어 있었다. 이 박사님과의 만남은 화요일로 잡혀 있었지만 일요일임에도 이렇게 나와서 먼저 맞아 주는 배려가 심 대리는 고맙기만 했다. 그리고 그가 식사 중에 해 주는 여러 이야기들은 비록 낮은 목소리였지만 또렷이 귀에 박혀 들어 왔고, 잘 도와 주겠다는 그 한마디는 안도감을 주기에 충분했다.

2장

투자 관련 규정 및 제한 검토

1 / 중국통 이 박사와의 첫 수업

월요일 아침은 분주했다. 아침 일찍부터 중국 헤드쿼터에 마련된 회의실에서 JK그룹의 중국사업의 각 사업부문별 설명이 있었다. JK 그룹은 중국 내 여러 지역에서 다양한 사업을 전개하고 있었는데, 이에 대한 상세한 설명을 통해 신입사원들에게 JK그룹의 일원으로서 자부심을 심어 주려는 노력들이 느껴졌다.

신입사원들은 다들 긴장한 채 선배들의 발표에 집중하고 있었다.

제이: 가만히 앉아만 있었는데 왜 이렇게 피곤하죠?

심 대리: 글쎄, 나도 신입 때 그랬던 기억이 생생하네.

심 대리가 웃으며 격려했다.

긴 하루가 끝나고 저녁 때는 중국 헤드쿼터 총재를 맡고 있는 박 전무가 주관하는 환영만찬이 있었다. 박 전무 외에도 여러 상무들과 부장들이 배석한 것에 긴장했는지 제이와 로이를 포함한 신입사원들은 음식이 어떻게 넘어 가는지도 모른 채 저녁만찬을 마무리하고 숙소로 돌아와 뻗어 버렸다.

연수 3일째인 화요일이 됐다. 이날도 심 대리, 로이와 제이는 일찍부터 중국 헤드쿼터 회의실에 모였고, 얼마 안 있어 이 박사가 들어왔다.

일동: 박사님, 안녕하세요?

이 박사: 그래요. 다들 잘 잤습니까? 중국 잠자리는 편했나요?

제이: 네, 별로 한 일도 없는데 긴장이 되었었나 봅니다. 첫날 박사님을 뵐 때도 그랬는데, 어제도 다 같이 저녁식사를 하고서 숙소로 돌아가 그냥 곯아떨어져 버렸어요. 덕분에 아주 푹 자기는 했지만요.

이 박사: 허허허. 푹 잤다니 아주 잘했습니다. 자, 제 이야기를 하기 전에 한 가지만 묻죠. 호텔에 체크인을 하고 방에 올라가서 여러분이 제일 먼저 한 일은 무엇인가요?

이 박사가 갑자기 엉뚱한 질문을 던졌다.

제이: 네?

심 대리: 어……. 저는 짐 풀고 컴퓨터랑 핸드폰에 와이파이를 연결했는데요?

제이: 전 샤워부터 했습니다.

로이: 전…… 들어가서 아무것도 하지 않고 그냥 침대 위에 누웠던 것 같습니다.

이 박사는 아무 말 없이 고개만 끄덕였다. 그는 그냥 궁금해서 물어봤다며 아무것도 아니라고 했지만 심 대리, 제이와 로이에게는 이 박사의 반응이 이상하게 느껴졌다.

이 박사: 앞으로의 일정을 소화하려면 체력이 중요하니 피곤하지

않게 잘 쉬는 것이 중요하지요. 어제 JK그룹의 중국사업 개황에 대한 설명은 잘 들었습니까?

제이: 네. 중국에서 이렇게 많은 사업을 영위하고 있는 줄 몰랐어요. '중국이 중요하구나'라는 생각도 새삼 다시 했고요.

이 박사: 제이는 왜 중국이 중요하다고 생각한 건가요?

또 다시 이어지는 이 박사의 갑작스런 질문에 제이는 당황했다.

제이: 아, 그게……. 중국에 제가 생각한 것보다 JK그룹의 법인이 많아서요. 그룹 전체로 봤을 때에도 중국의 비중이 높은 것이 아닌가 생각했습니다. 비중이 높은 곳에서 비즈니스가 잘되어야 그룹에 좋지 않을까요?

이 박사: 제이가 말하는 비즈니스는 구체적으로 무엇을 뜻하는 건가요?

제이: 그, 그거야……. 제품을 잘 팔아서 돈을 버는 것입니다.

이 박사: 제이는 중국을 '시장'으로서 바라본 거군요. 그러면 한국에서 만들어서 중국에 수출해도 되는데 왜 그렇게 많은 법인이 중국에 있어야 할까요?

제이: 시장으로서도 중요하지만 '생산기지'로서도 중요하다고 생각합니다.

이 박사: 왜 그렇죠?

제이: 중국을 흔히 세계의 공장이라고 하잖아요. 중국에서 생산하면 원가경쟁력 측면에서도 중요할 테고요.

이 박사: 원가경쟁력으로 치자면 동남아의 다른 여러 국가들도 좋지 않습니까? 요즘엔 중국의 인건비도 나날이 증가하고 있어서 생산

기지로서의 장점(merit)이 많이 사라지고 있다고 생각합니다만…….

제이: 그렇지만 거대 시장과 경쟁력 있는 생산기지, 이 두 가지 모두를 가지고 있는 것은 큰 장점이라고 생각합니다. 중국에서 생산해서 바로 중국시장에 공급할 수 있으니까요

이 박사: 많은 국가들이 자유무역협정(FTA, Free Trade Agreement)을 맺어서 자유무역을 하게 되면 중국보다 더 원가경쟁력이 있는 국가에서 생산하여 중국으로 파는 편이 낫지 않을까요? 생산과 시장을 모두 확보할 수 있을 테니까요.

제이: 그렇긴 한데요…….

이 박사의 연이은 질문에 당황해 하는 제이를 대신하여 심 대리가 이야기했다.

심 대리: 중국의 인건비가 이렇게 빨리 상승하리라고는 생각하지 못했고 FTA도 실제로 체결이 되어야 현실화되는 것이니 아직 섣불리 판단하기는 어려울 것 같습니다. 과거에는 생산기지로서의 역할이 중요했지만 소비력이 강해지면서 현재 전 세계 기업이 중국시장에 의존하는 바가 크잖습니까?

이 박사: 그럼 생산기지로서 출발을 했는데 인건비 상승이 예상 외로 빨랐고, 소비시장으로서는 좀 더 기다려야 하는 줄 알았는데 소비력의 상승 역시 예상보다 빨리 이루어지고 있다는 말인가요?

심 대리: 네, 그렇게 생각합니다.

이 박사: 좋습니다. 그럼 지금 JK그룹의 중국투자 포트폴리오는 현재의 변화속도에 맞춰서 투자 목적이 명확하고 목적에 맞게 잘 유지되고 있을까요? 섣불리 판단하기 어렵다는 그 미래에 대해 JK그룹

은 앞으로도 제조원가경쟁력과 중국시장의 변화에도 잘 대처할 수 있도록 방향 설정과 그를 위한 준비가 잘 이루어지고 있을까요?

'이건 사실 나도 확인하고 싶은 일이다. 이 임무를 띠고 중국에 오지 않았는가?'

심 대리가 되묻고 싶은 질문이었다. 아무 말도 할 수 없었다.

이 박사: 차근차근 이야기해봅시다. 중국의 변화는 갑자기 일어난 것이 아니고 몇 년에 걸쳐서 서서히 이루어졌기 때문에 그런 변화의 트렌드가 감지되었을 겁니다. 혹시 여러분 생각에 트렌드라고 할 만한 것이 있으면 한 번 이야기해 주세요.

일동: ……

이 박사: 거창한 것을 찾으려고 할 필요 없습니다. 사소한 것이라도 좋으니 주목할 만한 최근의 변화가 있으면 아는 선에서 이야기해 주시면 됩니다.

일동: ……

아무도 답이 없자 이 박사가 씩 웃으며 달래듯 이야기했다.

이 박사: 여러분, 우리 대화에 정답은 없습니다. 그리고 자꾸 대화를 해야 나 역시 무엇을 좀 더 알려 주면 좋을 거라는 생각을 할 수 있어요. 유치해도 좋고 엉뚱한 소리라도 좋습니다. 자유롭게 나누는 이야기 중에서도 좋은 힌트들이 나오니까요. 대신 상대방이 하는 말이 아무리 유치해도 신중히 들어 주세요. 내가 하는 말뿐만 아니라 여러분 사이에서 이루어지는 대화를 아주 신중히 들으세요. 잘 듣는 것은 잘 말하는 것보다 중요합니다. 그리고 연수기간 동안에는 나한테 면박 좀 당할 거라고 미리 생각해 두면 마음이 편해지지 않

을까요? 현재는 배우는 입장인데 엉뚱하면 어떻고 면박 좀 당하면 어떻습니까? 난 그 젊음이 부러울 따름인데. 젊은 분들이니 패기도 있어야죠.

이 박사의 말이 끝나자 로이가 조심스레 입을 열었다.

로이: 요우커(游客)요.

이 박사: 요우커?

로이: 네, 요우커. 관광객을 일컫는 중국어인데 한국에서는 중국 관광객을 칭하는 대명사처럼 사용됩니다. 최근 몇 년간 중국인 관광객이 빠른 속도로 증가하며 전 세계로 쏟아지고 있습니다. 제가 중국은 처음이라 중국 내에서 어떤 변화가 있는지는 잘 모르겠어요. 인터넷으로 접하는 기사만 보고 이야기하기는 좀 그렇고요. 비록 중국 내에서의 변화는 아니지만 해외로 나가는 중국인들이 증가했다는 것은 그만큼 중국 사람들의 소득수준이 달라졌다는 걸 뜻한다고 생각합니다. 특히나 여행은 의식주의 기본적인 욕구들이 충족되었을 때 나타나는 여유를 의미하기도 하니까 가처분소득의 증가를 확실히 보여 주는 것이 아닐까 싶고요.

이 박사: 아주 좋습니다. 다른 의견?

제이: 미국의 부동산 시장이 중국인들 때문에 살아났다는 기사를 읽은 적이 있습니다. 호주와 영국에서는 중국인들의 부동산 매입이 너무 많아져서 제한을 하려는 움직임도 있다고 들었고, 유럽의 명품들은 중국인들이 싹 쓸어 가서 중국인이 일본인을 제치고 큰손으로 등극했다는 기사도 봤어요.

심 대리: 홍콩에서는 중국인들의 투자로 부동산 가격이 급등하고

생필품까지 모두 구입해 가는 바람에 '중국인들은 오지 말라'고 데모까지 한다는 기사도 보았습니다. 영주권이 없는 사람이 부동산을 구입할 경우에는 인지세를 많이 내는 쪽으로 법이 개정되었다고도 들었고요.

이 박사: 이야, 이렇게 중국의 최근 변화에 대하여 느낄 수 있는 힌트가 많군요. 보세요. 한두 군데서 포착된 것이 아니고 여러 정황이 있었고 여러분 모두가 이미 알고 있었습니다. 여러분이 말한 사실들은 곧 변화를 읽을 수 있는 정보입니다. 정보라고 하면 대개의 사람들은 대단한 고급정보만을 생각하지만, 사소한 것이라도 큰 힌트가 될 수 있습니다. 이 부분은 나중에 협상에 대하여 얘기할 기회가 있을 때 좀 더 살펴보기로 하죠. 이런 모든 정보를 놓치지 말고 기억하세요. 가장 좋은 방법은 항상 기록하고 스크랩해서 남겨두는 겁니다.

일동: 네.

모두가 이구동성으로 대답했다.

이 박사: 자, 이야기를 이어가기 전에 먼저 로이를 칭찬하고 싶습니다. 로이는 '최근 중국에서 주목할 만한 변화가 뭐냐'라고 물어보았는데 밖에서 변화를 찾았습니다. 중국 밖에서의 변화도 중국 안에서의 변화를 읽을 수 있는 단서가 된다고 생각하고 이야기를 이끌어낸 것입니다. 잘했습니다.

로이는 별것 아닌 것으로 이 박사가 칭찬을 하니 쑥스러워 얼굴이 빨개졌다.

이 박사: 심 대리가 말한 것처럼 중국은 예상보다 변화가 빨리 왔

고 최근 들어 가속화되는 상황이라고 판단됩니다. 그래서 작은 변화라도 일회성이 아닌 것들은 유심히 관찰할 필요가 있습니다. 작은 변화가 반복되면서 그 규모가 커지면 그것이 트렌드가 되는 것이니까요. 예상보다 빨리 도래하긴 했지만 그렇다고 대응하지 못할 만큼 빨랐던 건 아닙니다. 다만 그 신호를 제대로 못 읽은 것이지요. 시장의 변화를 읽지 못하고 안주하거나 헛발질 한 번 잘못하면 정말 큰 회사도 순식간에 쓰러질 수 있습니다. 중국에서의 시간은 세계 다른 어느 나라에서의 시간보다 빨리 흘러가고 있음을 명심해야 합니다.

중국은 '만만디(慢慢地)'의 나라라고 들었는데 중국에서의 시간이 더 빨리 흘러간다니 도대체 무슨 이야기인지 제이는 갈피를 잡을 수 없었다. 어쨌거나 처음부터 이 박사가 너무 몰아치는 바람에 해외연수에 들떠 풀어졌던 마음이 바짝 조여지고 있는 느낌이었다.

이 박사: 다들 중국시장의 가능성에 대하여 막연하게 이야기합니다. 중국은 시장이 크다고 하지만 사실 중국시장만큼 경쟁이 치열한 곳도 세상에 없을 겁니다. 이 치열한 경쟁을 고민하고서도 시장의 매력이 보인다면 상관없습니다. 그러나 중국도, 그리고 중국에서 경쟁하는 외국업체와 중국업체도 다른 업체들에게 쉽게 시장을 내어 줄 만큼 호락호락하지 않습니다.

지금부터 우리가 하는 모든 이야기는 누구나 다 할 수 있는 막연한 것이 아닌, 정말로 고민하고 구체적으로 생각해 본 뒤에 나누는 실질적인 이야기가 되었으면 좋겠습니다. 설령 고민 뒤에 내린 결론이 남들이 다 하는 이야기와 같을지라도 자신이 스스로 시간을 들여 고민을 했기 때문에 접근방식이나 태도도 남다를 것이고, 그런

조그만 차이가 성공으로 이끌 것이라 생각합니다. 신입사원 연수가 어떻게 이루어지는지 난 잘 모르겠습니다만 자신을 신입사원이 아닌, 직접 현장업무를 담당하는 실무자라고 생각하고 고민해 보는 것이 필요합니다.

모두들 말없이 고개를 끄덕이고 있을 때 이 박사는 뭔가 생각났다는 듯 손뼉을 치며 제이와 로이를 향해 물었다.

이 박사: 제이와 로이는 학교에서 무엇을 전공했죠?

제이: 전 화학공학을 전공했습니다.

로이: 전 교육학을 전공했어요.

이 박사: 심 대리는?

심 대리: 전 사회학을 공부했습니다.

이 박사: 음……. 좋습니다. 앞으로 나와 토론할 때는 두 가지를 꼭 약속해 주면 좋겠습니다.

이 박사는 '꼭'이라는 말을 세게 강조했다.

이 박사: 첫째, 미리 지레짐작으로 겁먹거나 어려워하지 않는다. 둘째, 모르는 말이라도 단어 고유의 의미에서 출발하여 사고한다.

여러분은 이제 비즈니스맨으로 막 사회에 발을 디디고 있습니다. 원하든 그렇지 않든 회사업무를 수행하려면 많은 경제, 경영용어를 접할 수밖에 없습니다. 어찌 보면 우리의 생활 자체가 경제활동이라고도 볼 수 있고요. 그런데 사실 이 경제, 경영용어라는 것이 알고 보면 쉬운데 경제학이나 경영학을 전공하지 않은 친구들은 친숙하게 접했던 내용이 아닌지라 어렵게 느끼는 경우가 많습니다. 경제학 전공자라도 본인이 따로 공부하지 않았다면 회계용어는 생소할 수밖에 없고요. 경영학 전공자라도 마케팅, 인사, 조직 등을 전공하는 친구들이 많은데 이들 역시 회계와 세무에는 부담을 느끼는 편입니다.

제이: 우리 모두 경영학 전공이 아닌 걸 확인하시고 자신감을 주시려고 박사님께서 세심하게 배려하시는 것 같아요.

심 대리: 그래? 난 예방주사 맞는 느낌인데? 전공자 아니라서 모른다는 소리 말고 열심히 토의하라고 말이지.

제이: 크크크, 그렇게 들릴 수도 있겠군요.

제이와 심 대리가 수군거렸다.

이 박사: 그리고 업계에 있는 사람들끼리는 소위 업계용어라는 것을 사용하기 때문에 다른 분야의 사람들이 들으면 굉장히 전문적인 대화를 하는 것처럼 느껴질 때가 많을 것입니다. 그런데 알아듣지 못하다 보니 어렵게 느껴지는 것이지 사실 의미를 알고 나면 허탈한 경우가 많습니다. 실무자 입장에서 편하게 사용하는 용어지만 외부인에게는 커다란 진입장벽으로 느껴지는 것이죠. 앞으로 대화하다 보면 본의 아니게 여러 용어들을 맞닥뜨릴 텐데 지금 이야기를 꼭, 꼭, 꼭 명심해 주시기 바랍니다. 실력이 있는 사람들은 말도 쉽게 합니다. 같은 업계에 있지도 않은 사람에게 풀어서 이야기하지 않고 어렵게 이야기하는 사람은 능력이 없는 사람입니다. 과시를 위해서 어려운 업계용어로 포장한 기똥차게 재수 없는 놈이거나 설명할 능력이 기똥차게 떨어지는 놈이라고 생각해도 무방합니다. 그러니 자신감을 가지면 좋겠습니다.

일동: 네, 알겠습니다.

모두들 다시금 힘차게 대답했다. '기똥차게 재수 없는 놈'이라는 이 박사의 원색적인 비난이 아주 통쾌하게 느껴졌다.

중국 진출을 위해 고려해야 할 것-시장조사

2

이 박사: 가정을 하나 해 봅시다. JK그룹에서는 중국에서 앞으로 특정 산업분야가 전망 있다고 생각하고 그쪽으로 새로 진출하는 것을 고려하고 있습니다. 혹은 한국에서 성장하고 있는 회사의 핵심 사업을 중국시장에도 들여와서 진행하려고 합니다. 여러분이 담당자로 선정된다면 가장 먼저 무엇을 하겠습니까?

제이: 시장조사가 아닐까요? 중국시장에서도 우리 제품에 관한 수요가 있을 것인지, 있다면 우리 제품이 시장경쟁력이 어느 정도일지를 먼저 판단하는 것이 진입 여부 결정에 중요한 요소가 될 것 같습니다.

이 박사는 동그랗게 눈을 뜨고 제이의 말이 맞는지 동의를 구하는 듯한 태도로 심 대리와 로이를 바라보았다. 제이는 자신의 이야기를 더 보충하여 말했다.

제이: 시장은 작은데 제품만 찍어낸다고 시장이 흡수할 수 있는

것도 아니고, 또 시장은 커도 현재 경쟁상황을 보건대 어떤 이유에서든 자사 제품의 경쟁력이 없다면 문제가 될 것입니다. 그러므로 시장을 파악하는 것이 가장 급선무라고 생각합니다.

이 박사: 제이의 시장조사라는 말에는 두 가지가 내포되어 있네요. 수요가 있을지를 보는 것은 시장을 의미하는 것이고 제품이 경쟁력이 있을지를 판단한다는 것은 경쟁자를 고려한 것이라고 봐도 되겠습니까?

제이: 네, 그렇습니다. 그 두 가지를 동시에 고려해야 우리 회사 제품에 할당되는 기회를 알 수 있다고 생각합니다.

이 박사: 쉽게 이야기해서 파이가 얼마나 큰지, 그리고 그 파이에서 내가 먹을 것이 어느 정도인지를 확인하는 것이군요. 다른 의견은?

로이: 저 역시 시장조사가 가장 중요할 것 같은데, 시장과 경쟁자에 시간이라는 요소를 하나 더 포함하면 어떨까 합니다.

이 박사: 시간?

로이: 네. 전망이라는 것은 현재의 단면만을 보는 것이 아니고 미래도 고려하는 것이잖아요. 아까 변화의 트렌드를 유심히 관찰하라고 하셨는데, 일정한 시간의 흐름이 있어야 트렌드가 포착된다고 생각합니다. 결국은 시장과 경쟁자겠지만 시간이 지나면서 시장이 어떻게 변할지, 경쟁구도는 어떻게 변할지도 봐야 하니까요. 절대적인 면에서의 시장 크기의 증가도 중요하지만 시장의 증가에 비해 경쟁의 증가가 크다면 경쟁이 더 치열해지고 있는 것이고, 이것은 수익성의 악화를 뜻할 수도 있으니까요. 따라서 시간이라는 것도 고려하면

더 좋겠다는 생각입니다.

로이에게는 상대의 말을 잘 기억했다가 상대의 단어로 다시 설명해내는 재주가 있었다. 상대로 하여금 수긍할 수밖에 없게 만드는 재주다.

이 박사: 훌륭합니다. 경영학 비전공자라고 하더니 '전략(strategy)' 과목을 공부한 사람들 같습니다. 여러분의 대화는 '5 Forces Model'을 떠올리게 하는군요.

제이: 5 Forces Model요?

이 박사: 경쟁을 형성하는 다섯 가지 요인이라고 할 수 있는데 미국의 저명한 경영전략가인 마이클 포터(Michael Porter) 교수가 시장

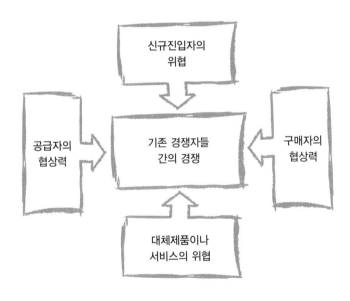

[그림 1] 5 Forces Model – 산업구조분석 모델, 경쟁세력 모델이라고도 함.

의 매력도를 분석하기 위한 기법으로 주창한 것이죠. 현재 경쟁자들 간의 경쟁, 새로 시장에 진입하려는 자의 위협, 대체할 수 있는 제품의 위협, 그리고 시장에서의 공급자와 구매자의 협상력. 이렇게 다섯 가지 요인이 경쟁을 형성한다고 보는 것입니다. [그림 1]

기존의 경쟁자들을 살펴본다는 것은 경쟁관계는 물론 현재의 시장상황도 파악하는 일입니다. 기존 경쟁자들 외에 신규 진입자와 대체제품의 위협을 보는 것은 잠재적인 경쟁자를 고려한 것에 해당하고요. 잠재적 경쟁자를 고려한다는 것은 시간 요소라고도 할 수 있겠네요. 비록 현재는 아니지만 미래에는 언제든지 경쟁자가 될 수 있으니까요. 공급자와 구매자 간의 협상력은 시장이라는 것이 얼마나 매력적인지를 보여주는 단초가 됩니다. 공급자가 협상력이 높다면 마진이 높을 것이고 구매자가 협상력이 높다면 마진도 낮고 비즈니스가 녹록하지가 않겠지요. 즉, 수익성에 대한 고려도 포함되어 있는 것입니다. 마이클 포터는 워낙 대단한 전략가이지만 여러분 역시 본인들이 한 이야기를 좀 더 세분화하고 정리하는 것을 연습하면 상당한 수준에 이를 것입니다. 표현이 좀 달라서 그렇지 시장, 경쟁자, 시간 안에 대부분의 내용이 포함되어 있잖습니까. 잘 말해 주었습니다.

이 박사가 독려를 아끼지 않았다.

이 박사: 그리고 로이가 잘 지적해 줬는데, 시장조사나 수요예측에서는 '시간'에 대한 개념이 중요합니다. 사실 우리는 시간 개념을 항상 사용하고 있어요. 현재 눈에 보이는 시장도 중요하지만 미래의 시장에 대한 고민이 동반되어야 합니다. 미래에도 지속적으로 시장

이 존재할지, 혹은 지금은 없지만 미래에는 형성될 시장인지를 봐야 합니다. 또한 얼마나 빨리 원하는 시장규모로 성장할 것인가에 대한 문제도 살펴봐야지요.

그런데 미래의 시장을 예측하려면 여러 가정이 들어갈 수밖에 없어요. 미래는 가정에 의존하는 바가 크다 보니 통찰력(insight)을 가지고 치열하게 고민하는 것이 필요합니다. 가장 근접한 가정을 해야 하는 것이죠.

로이는 곰곰이 생각에 잠겼다.

'모르는 상황을 가정을 통해서 예측한다는 건 정말 어려울 것 같아.'

이 박사: 시장규모도 중요하지만 얼마나 수익성이 좋겠느냐도 중요합니다. '시장점유율이냐, 아니면 수익성이냐'는 회사의 철학과도 관련이 될 것입니다. 처음 시장을 선점하려면 빠르게 점유율을 높여가는 것이 중요할 수도 있지만 결국에는 수익성이 우선시되어야 합니다. 아무리 팔아 봤자 남는 것이 없다면 정말 문제가 될 테니까요. 경쟁이 치열해지면 흔히들 가격 인하부터 고려합니다. 제일 생각하기 쉬운 방법이고 안 팔리니까 가격을 낮추는 것이겠지만 이런 결정에는 신중을 기해야 합니다.

제이: 공장이 계속 돌아가고 있다면 일단 가격 인하를 통해서 재고물량을 빨리 소진해야 하다 보니 어쩔 수 없는 것 아닌가요?

이 박사: 그렇기도 합니다. 그런데 저가공세는 기업의 브랜드 가치를 하락시키는 부정적인 효과도 크다는 것을 인식해야 합니다. 담당자들로서는 정말 쉽지 않은 일이죠. 그래서 평소에 끊임없이 트렌

드를 관찰하고 현재 제품이 시장의 요구를 잘 만족시키고 있는가를 관찰하여 변화를 주는 것이 중요합니다.

'과연 무엇을 봐야 하고 무엇이 트렌드를 읽는 단초가 될까?'

제이의 머릿속은 점점 복잡해졌다.

로이: 물론 소비자를 잘 읽는 것도 중요한데, 반대로 소비자를 리드할 수도 있잖습니까?

이 박사: 물론입니다. 지금 로이가 아주 중요한 이야기를 했네요. 가장 중요한 두 가지를 말했습니다.

소비자 입장에서 생각하라

이 박사: 바로 첫 번째는 소비자 입장에서 생각하라는 것입니다. 생산자 중심의 사고가 아닌 소비자 중심의 사고를 하는 거죠. 만드는 사람으로서의 자부심만 올리는 제품이라면 소용이 없습니다. 새로운 기술을 적용했더라도 소비자에게 필요한 제품이 아니라면 외면받는 데다 오히려 원가만 가중시켜서 가격경쟁력을 약화시킵니다. 그런데 소비자 입장에서 생각하는 것에서 그치면 안 됩니다.

소비자를 리드하라

이 박사: 소비자를 중심에 놓고 생각하는 것은 중요합니다. 하지

만 소비자라고 해서 모든 것을 다 아는 것은 아닙니다. 그래서 '이런 게 가능해?' '이런 것도 있어?'라고 할 수 있게 소비자를 눈뜨게 해주거나 새로운 시장으로 인도할 수 있는 제품을 개발하는 것도 필요합니다. 이 부분에서 요구되는 것이 바로 창의력과 소통(communication) 능력입니다. 새로운 가치를 만들어내고 그 가치를 소비자에게 잘 설득시켜서 그들을 인도할 수 있어야 한다는 것입니다. 채워지지 않은 니즈(needs)가 있는 곳에 새로운 시장이 있을 가능성이 높습니다.

'채워지지 않은 니즈가 있는 곳에 시장이 있다.'

로이는 새로운 가치라는 것에 대해 여러 생각이 들었다. 이 박사의 말처럼 '그런 것도 가능해?'하는 신기술이 새로운 가치일 수도 있지만, 그 외의 것도 가능할 것 같았다. 무엇이 됐든 소비자에게 가치를 전달하고 그들로 하여금 그 가치를 구매하게끔 한다는 것은 굉장히 중요한 요소인 듯했다.

한 호흡을 멈춘 뒤 예의 진중한 표정을 지으면서 이 박사가 다시 천천히 입을 열었다.

이 박사: 그런데 진출만큼 중요한 것이 철수전략입니다. 현재 진입해 있는 시장에서 우위를 점하고 있다 하더라도 향후 경쟁력이 없다고 판단되면 냉정하게 철수를 고민할 수도 있어야 한다는 뜻이죠. 이 철수전략이 특히나 중요한 이유는 한 번 철수하면 재진입이 어려울 뿐 아니라 이전에 가지고 있던 무형자산(無形資産, Intangible Asset)을 다 포기한 뒤에 새로 시작해야 하는 부담이 크기 때문입니다. 그러니 정말 신중하게 판단해야 하고 그 판단에 도움이 되는 조사가

잘 이루어져야 합니다.

수요예측은 시장조사에 해당합니다. 이는 공공부문(公共部門, public sector)에서도 마찬가지로 중요합니다. 공항이나 기차역을 건설하는 데 있어 제대로 된 수요예측이 없다면 아무리 근사하게 지어놔도 제 기능을 못한 채 예산은 예산대로 잡아먹으면서 방치되고 말겠죠. 공공부문은 이익 외에도 지역사회 균형발전이나 국민복지 등 고려할 사항들이 많지만 그럼에도 가장 중요하고 기본이 되는 작업은 수요예측입니다.

하지만 많은 경우 이 수요예측은 생각보다 소홀히 다뤄집니다. 막연하게 잘 안다고 생각하거나 혹은 일단 만들어 놓으면 시장이나 수요를 창출할 것이라고 간주해 버리곤 하거든요. 아니면 수요와 상관없이 정치인들이 내건 공약의 일부라서 무작정 밀어붙이기도 하고요.

제이: 한국도 유사한 상황이 있다고 생각해요. 고속철 역사가 들어오는 지역이나 관광객도 찾지 않는 공원이 제대로 된 수요예측 없이 중복되어서 만들어지고 있어요.

이 박사: 허허허. 이야기가 나온 김에 대비되는 두 가지 사례를 살펴볼까요?

사례를 살펴보는 일은 제이에게 언제나 흥미 있었다. 이론적인 것보다 재미도 있고 실제 사례니까 좀 더 와 닿는 면이 있어서다.

이 박사: 많은 국가들이 올림픽을 유치하려고 하는데 정작 흑자 올림픽을 치러낸 국가는 몇 되지 않습니다. 대부분 적자 올림픽이었죠. 그렇지만 각 국가들은 국가브랜드 제고 등 무형의 수익과 향후

에 파생될 효과들을 선전합니다. 국민들의 눈을 가리고 비용지출을 정당화하는 것이죠. 그런데 2012년 런던올림픽은 굉장히 달랐습니다. 올림픽을 위해 건설한 경기장들을 올림픽이 끝나자 축소하고 해체했거든요. '아니, 겨우 올림픽 경기 한 번 치르자고 경기장을 지었다가 다시 없앤단 말이야?'라고 할 수 있겠지만 향후까지 살펴보면 경기장의 지속적인 유지보다 해체가 낫다는, 정말 쉽지 않은 의사결정을 한 겁니다. 물론 유지와 해체라는 두 가지 옵션의 장단점과 미래수익에 대한 예측에 바탕을 둔 것이겠지요. 건설 전에 이미 이러한 결론을 냈기 때문에 건설할 때에도 해체를 고려하여 자재와 건설 방법을 결정할 수 있었습니다.

로이: 이야, 대단한데요?

이 박사: 그렇죠. 물론 꼭 이 방법이 맞다는 것은 아닙니다. 역사적 가치나 상징성이 주는 의미도 무시할 수 없을 테니까요. 그러나 건설 전에 이미 이런 고민을 했고 여러 다른 가치나 의미가 있음에도 경기장을 해체하겠다고 결정한 나라도 있다는 것을 기억했으면 좋겠습니다.

제이와 로이는 경기장 해체라는 발상 자체가 놀랍기만 했다.

이 박사: 이와 반대되는 예를 들어볼까요? 2015년 여름에 11억 유로를 들여서 건설하다가 중단한 스페인의 한 공항이 도저히 유지가 불가능해서 외국자본에 팔린 일입니다. 최저입찰 요구가는 2,800만 유로였는데 단 1만 유로에 중국 자본에 팔리고 말았죠.

일동: 네?

심 대리: 그럼 국가예산을 들여서 실컷 건설해 놓고선 거의 공짜로

다른 나라에 준 셈이네요. 11억 유로가 들어간 것을 2,800만 유로에 내놓은 것도 억울한데 1만 유로라니요?

이 박사: 수요예측을 잘못한 것으로 보입니다. 공항 수요가 충분할 것이라 생각했는데 어림없었던 것이죠. 이 건은 수많은 사례들 중 하나일 뿐입니다. 굉장히 불리한 조건으로 매각을 하거나 어마어마한 공적 자금을 계속 투입하는 경우도 있습니다. 이런 사례를 통해 수요예측이 얼마나 중요한지를 기억하면 됩니다.

심 대리: 박사님, 그런데 왜 하필 중국 자본이었을까요? 유럽의 수많은 이웃국가들이 활용할 방법도 있었을 것 같은데요.

이 박사: 글쎄요, 정확한 배경은 잘 모르겠습니다. 하지만 싸다고 꼭 살 일은 아니죠. 가치가 없으면 들어간 돈 만큼 손해를 보는 거니까요. 만일 유럽의 이웃국가가 그 공항을 매입했다면 어떻게 활용할 수 있을까요?

일동: ……

이 박사: 이웃국가보다는 중국의 유럽 진출을 위한 물류 교두보로서의 수요가 더 크지 않았을까 싶습니다. 인수를 한 중국자본도 그 점을 강조했을 것입니다. 비록 1만 유로에 팔지만 중국 자본과 산업의 진출에 따라 공항과 지역경제가 활성화될 것이라는 기대효과가 있었을 거예요.

제이: 1만 유로면 거의 거저잖아요……

로이: 박사님 말씀대로 지역경제 활성화에 대한 협의가 있었을 것 같아. 그렇지 않고서는 1만 유로에 공항을 넘긴다는 걸 국민들이 반대하지 않았을 리 없잖아. 무엇인가 정당화할 수 있고 설득이 가능

한 카드가 있었을 거야.

제이: 저지르고 나서 정당화하는 무책임한 태도는 정말 싫어요.

이 박사: 함께 지켜봅시다. 어떤 변화가 있을지. 민간 부문에도 이런 예는 수없이 많습니다. 바스프(Basf)라는 세계적인 화학회사가 있습니다. 이 업체는 일상생활에 쓰이는 여러 화학제품을 만들었는데 청바지 원료인 인디고 블루부터 암모니아 등 그 종류가 엄청나지요. 그런데 바스프는 자신들이 처음 만든 제품일지라도 경쟁력이 없다고 판단되면 사업부를 정리했습니다. 자기네가 원조인데도 말이죠. 이것도 상징성이 있어서 쉽지 않을 텐데 그런 결정을 내렸더군요.

일동: …….

모두 아무 말 없이 이 박사의 이야기를 듣고만 있었다. 무슨 말을 하겠는가. 다들 숙연해졌다.

이 박사: 소위 잘나가는 회사에도 언제 어떠한 위기가 닥칠지는 아무도 모릅니다. 선진국인 미국, 프랑스 등은 말할 것도 없고 신흥경제대국인 중국, 인도의 회사들로부터 맹렬한 추격을 받을 것을 예상하는 것 아니겠습니까? 이것이 비록 지금의 경쟁자가 아니더라도 향후 경쟁구도와 향후 경쟁자가 가진 장점이 무엇인지를 고민해야하는 이유입니다. 지금 잘하고 있어도 자만하지 않으며 항상 고민하고 구조조정을 통해 끊임없이 경쟁력을 제고하는 노력을 우리는 배울 필요가 있습니다. 그런 관점에서 지금 JK그룹의 중국사업은 어떤 위치에 있으며 지속가능한 전략을 구축하고 있는지, 위험 요소에 대한 대비는 잘 되어 있는지 여러분 각자가 잘 살펴보면 좋겠습니다.

모두들 이번 연수기간에 해야 할 중요한 숙제를 한 가지 안은 기분으로 말없이 고개를 끄덕였다.

이 박사: 마지막으로 나와 내 친구들이 입버릇처럼 하는 이야기가 있는데 여러분에게 이야기해 줄까 합니다.

입버릇처럼 하는 이야기라는 소리에 다들 귀를 쫑긋 세웠다.

이 박사: 졸면 죽는다!

졸면 죽는다

로이: 졸면 죽는다?

'엥? 졸면 죽는다니?'

제이도 약간 뜻밖이었다.

'저렇게 자신만만하게 이야기하는 이 박사님께서도 항상 위기감을 느끼시는구나.'

심 대리는 놀라지 않을 수 없었다.

이 박사: 이 말은 광화문 앞에 있는 대한민국역사박물관의 유리벽에 새겨져 있는데, 6.25 당시 피난을 가면서 어머니가 자식에게 한 이야기로 생각됩니다. 중국에서 치열한 비즈니스 현장을 목격하고 있는 우리의 느낌은 이만큼 절실합니다. 항상 시작할 때의 마음가짐과 긴장감을 놓지 말기 바랍니다. 졸면 죽는다!

제한 영역을 확인하라 3

이 박사: 자, 시장조사의 중요성에 대해서는 이쯤에서 마무리하기로 하죠. 그런데 사실 저는 시장조사보다 선행되어야 하는 것이 있다고 생각합니다만……

제이: 시장조사보다 먼저 해야 할 것이 있다고요?

지금까지 가장 먼저 수행할 업무로서 시장조사를 이야기하고 있었다고 생각했는데 그보다 먼저 고려할 점이 있다는 것에 모두 놀란 눈치였다.

이 박사: 네. 조금만 생각해 보면 답을 찾아낼 수도 있을 것 같은데요. 허허허.

다들 골똘히 생각에 잠겼을 때 로이가 대답했다.

로이: 혹시 국가가 사업을 못하게 제한할 수도 있나요?

이 박사: 맞습니다. 바로 신규 비즈니스를 중국에서 진행하는 데 제한이 있는지 없는지, 쉽게 이야기해서 할 수 있는지 없는지를 먼

저 살펴보는 것이 필요합니다. 로이는 이걸 어떻게 생각해 낸 거죠?

로이: 특별히 생각한 것은 아니고요……

로이는 쑥스러워했다. 대단한 대답도 아닌데 어떻게 알아냈냐고 물어 보니 말이다.

로이: 시장조사보다 선행되어야 한다고 하셨는데, 이를 반대로 이야기하면 시장조사를 나중에 하거나 혹은 시장조사도 할 필요가 없는 상황이 있을까 생각했습니다. 그런데 박사님께서 전에 '쉽게 시장을 내어 줄 만큼 중국도 그리고 중국에서 경쟁하는 외국 업체나 중국 업체도 그리 호락호락하지 않다'고 말씀하셨잖아요. 아까 들을 때에도 중국에서 경쟁하는 외국업체와 중국업체가 만만치 않다는 것은 알겠는데 왜 중국이라는 나라도 같이 말씀하실까 싶었어요. 이게 혹시 사회주의 국가라서 모든 사업에 제한을 두는 건지, 아니면 자국기업을 보호하기 위한 제한이 있는지는 몰라도 경쟁업체 외의 또 다른 장벽이 있는 것이 아닌가 하는 생각이 막연히 들었습니다. 만일 비즈니스에 제한이 있어 사업을 수행할 수 없다면 시장조사도 의미가 없을 테니까요.

심 대리는 로이가 신중히 듣고 신중히 말하는 능력이 나이에 비해 뛰어나다고 느꼈다.

이 박사: 훌륭합니다. 비단 중국뿐 아니라 모든 국가들이 자국의 산업을 보호하고 핵심경쟁력을 유지하기 위해, 혹은 환경오염을 막기 위해 등 여러 이유로 외국기업이 진출할 수 있는 산업분야를 제한하고 있습니다. 중국이 사회주의 국가이기 때문에 하는 제한은 아니지만, 중국이 사회주의 국가임을 기억하고 있는 것도 아주 훌륭

합니다. 사회주의에 대한 이야기는 나중에 다시 기회를 갖고 해 보도록 합시다.

이 박사는 로이의 대답에 흥이 난 것 같았다. 자신이 하는 이야기 하나하나를 상대가 귀담아 듣고 있다고 생각하면 그럴 만도 하지 않겠는가.

이 박사: 여러분은 '사업을 하려는 회사가 그것도 몰라? 당연히 먼저 확인해야지' 하고 대수롭지 않게 생각할지 모르겠습니다. 그러나 사실 제한이 있는지 없는지 제대로 검토하고 사업 전반에 걸친 가행성 연구(可行性研究, feasibility study)를 수행하는 회사가 많지 않다는 사실을 알면 놀랄 겁니다. 그럼 산업 제한에 관해 이야기해 봅시다. 중국에는 외상투자산업지도목록(外商投資産業指導目錄)이라는 것이 있습니다. 이게 뭘까요?

제이: 외국인투자자가 투자할 수 있는 산업에 대하여 지침을 주는 리스트요?

이 박사: 제이가 아주 잘 이야기했네요.

제이는 이 박사의 칭찬에 어색함을 감출 수 없었다. 그냥 다시 풀어서 말했는데 칭찬을 하니 말이다. 제이의 겸연쩍은 표정에 심 대리와 로이가 웃었다.

이 박사: 여러분, 웃을 일이 아닙니다. 내가 원하는 것이 바로 이겁니다. 단어 고유의 뜻에서 출발해서 생각하세요. 그리고 활발하게 이야기하고요.

심 대리와 로이는 금세 웃음을 거둔 뒤 "네, 알겠습니다" 하고 진지하게 대답했다.

이 박사: 아까도 이야기했지만 이건 중국이 사회주의라서 두는 제한이 아닙니다. 인도네시아, 필리핀 등 아세안 주요 국가들도 자국 산업 보호와 핵심경쟁력 유지 등의 목적으로 투자제한분야목록(Investment Negative List)을 제정해 시행하고 있으니까요. 여러분은 한국에 투자하는 외국인이 아니라서 관심을 갖지 않았겠지만 우리나라에도 이런 제한목록이 있습니다. 일부 산업분야의 현지 중소기업 보호, 국가자산 보호, 사회나 환경에 유해한 영향을 끼치는 분야로의 진출 제한을 목적으로 하지요. 또 일부 분야는 진출을 허용하되 외국인의 소유지분을 제한하기도 하고요.

로이: 아, 그렇군요. 그럼 다른 나라의 투자제한분야목록에 해당하는 것이 중국에서는 외상투자산업지도목록이네요. 그런데 자국 산업 보호를 위해 외국인 투자를 제한하는 분야가 있다면 그와 반대로 외국인이 육성시켜 주기를 기대하는 분야도 있지 않을까요? 다들 노동집약적인 산업보다는 기술집약적인 산업으로 체질을 바꾸고 부가가치가 높은 산업을 희망하니까요.

로이의 질문은 이 박사와 심 대리를 미소 짓게 했다.

이 박사: 맞습니다. 외국인 투자의 중요성은 또 하나의 주요 주제니 나중에 따로 이야기합시다. 금방 이야기해 줄 테니 걱정 말아요. 물론 당연히 희망하는 산업분야가 있고 중국의 외상투자산업지도목록 역시 외국인 투자를 장려항목, 제한항목, 금지항목으로 분류하고 이에 해당이 없으면 허가항목이 되니까 네 개의 카테고리로 분류가 되겠네요.

로이는 순간 장려항목이라는 것이 자신의 질문에 대한 답임을 느낄 수 있었다.

　이 박사: 그런데 목록이 있다 하더라도 확인하지 않는다면 의미가 없겠죠? 그러니 금지항목에 해당되는지의 여부뿐 아니라 어떤 제한이 있는지도 잘 살펴야 합니다. 이 부분이 제대로 확인되지 않으면 협상에서 어려움을 겪기도 하니까요.

　심 대리: 제한이 협상하고 무슨 관계가 있나요?

　이 박사: 중방투자자(中方投資者)와 합자기업(合資企業, Joint Venture)을 설립하려는 회사가 있었습니다. 85%의 지배지분을 가져가고 경영도 담당하기로 하면서 합자와 관련된 여러 사항들을 논의했는데, 대부분의 조건에 대한 협의가 마무리될 무렵 새로 알게 된 것이 있었습니다. 이 회사는 합자기업의 지분을 최대 50%밖에 가질 수 없다는 것이었죠. 사실 이 회사는 대부분의 지분을 가져오는 조건하에서 협상을 했고, 또 그렇기 때문에 그 대신 상대에게 우호적으로 양보한 것들도 많았습니다. 그런데 뒤늦게 최대 지분에 대한 제한을 알게 된 거죠. 동일조건하에서 지분만 50%로 낮출 수는 없고, 그렇다고 이미 합의했던 사항들을 다시 협상하자니 쉽지 않았습니다. 협상을 시작할 당시와 조건이 달라진 것은 상대도 인정했지만 그쪽도 나름의 입장이 있었을 테니까요.

　제이: 중방투자자는 투자제한이 있다는 것을 미리 알았을 수도 있잖습니까?

　이 박사: 중방투자자가 알고 있었는지 여부는 중요하지 않을 것 같습니다. 알았든 몰랐든 외상투자산업지도목록은 투자하려는 외국기업에게 적용되는 것이고, 따라서 외국기업이 직접 확인해 봐야 하

는 것이지 상대에게 책임을 물을 일은 아니니까요. 상대에겐 알려 줄 의무도 없잖습니까? 더구나 협상 중이라면 말이에요.

다들 아무 말이 없었다. 하기야 누가 협상 중에 상대 좋으라고 그들이 파악하지 못한 정보를 알려 준단 말인가. 심 대리는 나중에 중국 자회사들의 지분현황을 다시 체크하고 지분율이 결정된 배경들을 확인해 봐야겠다는 생각이 들었다.

이 박사: 어떻게 이런 일이 일어날 수 있나 싶은 것들은 사실 생각보다 많습니다. 협상 담당자들이 모든 분야를 다 아는 것도 아니면서 전문가 의견은 구하지 않고 자기네가 원하는, 꼭 관철시켜야 하는 것만 들고 협상에 오는 경우도 그렇죠. 진짜 기똥차게 어이없는 것은 중국에 합자법인을 설립하기 위해 본사에서 TFT(Task Force Team) 담당자들이 왔는데 영어나 중국어를 할 줄 아는 사람이 하나도 없다는 겁니다. 도대체 상대와 어떻게 대화하겠다는 것인지 답답할 뿐이죠.

'박사님은 이럴 때도 '기똥차게'라는 표현을 쓰시네.'

심 대리는 이 진지한 순간에 하마터면 웃음이 터져 나올 뻔했다.

로이: 어설프게 중국어를 하느니 통역을 대동하는 것이 맞는 것 아닌가요?

로이가 이견을 제시하자 이 박사는 웃으며 대답했다.

이 박사: 맞습니다. 어설픈 중국어를 하느니 안 하는 게 낫겠지요. 내 말은 준비가 너무도 안 된 사람들이 오는 경우가 있다는 겁니다. 또 통역사를 데리고 왔는데 통역 실력이 그다지 좋지 못한 경우도 많고요. 협상에서는 단어 하나의 의미나 어감이 중요한데 어감은 고

사하고 내용도 100% 전달하지 못하는 경우가 많습니다. 더 문제인 경우는 통역사가 임의로 요약해서 통역하는 경우입니다. 통역을 할 때는 상대가 던지는 농담도 다 통역해 줘야 합니다. 어느 상황에서 저런 농담을 했는지도 알 필요가 있으니까요. 그런데 중요한 내용도 빼먹는 요약통역을 하면 어떻겠습니까?

제이: 하지만 필요 없는 내용까지도 모두 통역하는 것이 과연 맞을까요?

제이의 질문에 이 박사가 웃으며 말했다.

이 박사: 통역을 하는 사람은 해당 언어를 아는 사람이지 비즈니스에 대해서 회사 담당자만큼 잘 아는 사람들이 아닙니다. 요약통역의 문제는 담당자가 아닌 통역사가 임의로 요약했다는 데 있습니다. 내용도 제대로 모르는 사람이 정리한 요약노트를 얼마나 신뢰할 수 있겠습니까?

제이: 요약통역은 정말 문제가 있군요.

이 박사: 그런데 이건 통역사가 아닌 TFT 담당자의 문제입니다. 비록 중국어를 못한다 하더라도 원칙을 정해줄 수는 있으니까요. 그러니 통역사에게 사소한 것이라도 빼놓지 말고 그대로 모두 통역해달라고, 또 혹시 모르는 내용이 나오면 아는 척하거나 당황해서 대충 통역하지 말고 이해할 때까지 다시 물어본 뒤 통역해 주면 좋겠다고 명확히 얘기해 둬야 합니다. 언어의 중요성을 아는 사람들은 어감의 차이에서 비롯되는 결과가 얼마나 다르고 어마어마한지 알고 있을 테니까요. 또 경험이 많은 전문(專門) 통역사들은 자리의 중요성을 감안하여 전문(全文)통역을 하기 마련인데, 회사 측이 비용 문제

로 전문성과 경험이 떨어지는 통역사를 고용한 경우에 이런 문제가 생깁니다. 이럴 경우엔 협상 내용의 기밀유지도 장담하기 어려우니 주의해야 합니다.

이 박사는 일부 사례라고 한정해서 이야기하면서도 상당한 아쉬움을 토로했다.

심 대리: 말씀하시는 것을 보니 일부 사례가 아닌 것 같습니다. '필요 없는 내용을 상대방이 말했을까'를 생각하면 중요하지 않은 내용일 리 없는데 그걸 통역사가 임의로 뺀다는 것은 정말 상식에 맞지 않네요.

심 대리의 말에 제이와 로이도 다시금 고개를 끄덕이며 동의를 표시했다.

이 박사: 하여간 중요한 것은 투자제한을 확인해야 한다는 점입니다. 협상에 대해서는 토론할 것이 많으니 앞서 이야기한 것처럼 따로 시간을 마련하겠습니다.

사회주의며 외국인 투자의 중요성이며 협상이며……. 심 대리는 이야기가 진행될수록 토의주제가 한없이 늘어나는 느낌이었다. 동시에 이렇게 파다 보면 이슈 사항들이 모두 나올 수 있겠다는 생각도 들었다. 우선은 지분협상이 진전되다가 막판에 처음 예상했던 경우보다 지분율이 줄어든 경우가 있는지 확인할 필요가 있겠다고 메모해 두었다.

절차상의 제한 4

이 박사: 규정상의 제한을 살펴본 뒤에는 절차상의 제한이 있는지도 확인해 보면 좋겠습니다.

제이: 절차상의 제한이요?

이 박사: 예를 들어 투자총액 미화 3억 불 이하인 장려항목이나 허가항목은 지방정부 관련부문에서 승인업무를 담당합니다. 승인업무가 이관된 것은 승인 내용 및 절차가 간소화된 셈이지요. 반면 제한항목의 경우에는 5,000만 불 이상인 경우 발전개혁위원회[发展改革委员会, National Development and Reform Commission, 통상 발개위(发改委) 또는 NDRC라고 함]의 검토와 승인을 받아야 합니다.

제가 이야기하고자 하는 것은 얼마의 금액 투자 시 어느 기관이 승인한다는 것을 알아야 한다는 게 아니라, 승인과 관련된 절차가 각기 다르니 그에 맞는 준비를 해서 업무승인을 받아야 한다는 것입니다. 예를 들어 해당 규정에는 중앙정부의 승인을 받도록 되어 있는데 지방정부의 승인을 받아 사업을 진행하는 등 적합한 절차를 밟지 않아서 해당 승인기관의 승인을 못 받았다면 문제해결이 어렵거나 많은 시간이 소요되겠죠. 지금 현 정부에서는 법과 규정에 따른 처리를 강조합니다만 지방정부가 서로 경쟁적으로 외국인직접투자(FDI, Foreign Direct Investment)를 유치하기 위해 노력하던 시기에는 지방에서 모든 것을 대행하여 처리해 줄 것처럼 약속이나 보장을 하는 경우가 있었습니다. 그러나 적법한 절차를 밟지 않으면 결국 그것은 기업의 책임일 수밖에 없으니 너무 상대방 말만 믿지 말고 사전에 직접 한 번만 알아보라는 것입니다.

'직접'과 '한 번만'을 소리 높여 강조하며 이 박사는 이야기를 계속 이어갔다.

이 박사: 자, 생각해 보십시오. 중국시장에 진출하려면 새로 법인을 설립하거나 혹은 이미 세워져 있는 회사를 사면 됩니다. 사는 것을 다른 말로 하면 인수라고 하지요. 법인 설립이나 인수를 위해서는 법인설립 절차, 인수합병 절차 등의 세부절차와 각 절차를 담당하는 관련기관 및 예상 소요시간을 미리 확인해 둬야 합니다. 중국이라는 한 국가 안에서도 각 부처마다 이해관계가 다르거든요. 예를 들어 투자를 담당하는 초상국(招商局)의 입장에서는 외국기업의 투자를 이끌어내는 것이 제일 중요하고 세무당국은 세원 확보와 공정 과세가 중요하겠지요. 환보국(環保局, 우리나라의 환경부에 해당)의 입장도 다를 것이고요. 투자를 담당하는 초상국에서는 여러 지원을 약속하지만 초상국의 말만 믿고 본사에 보고해서는 안 됩니다. 보고했던 기간보다 한참 늘어지는 경우에는 질책을 받을 테니까요. 특

하나 너무 촉박하게 일정을 잡아 놓으면 지속적인 차질이 빚어지기 마련이니 일정에는 여유를 두는 것이 좋습니다. 그렇지 않아도 예상하지 못했던 여러 사건들로 계획된 일정을 맞추기가 어려운데, 안이하게 생각하다가 여러 관련기관과 마찰이 빚어지면 문제가 심각해지겠죠? 그러니 일단은 과정 전체를 알아야 합니다.

일동: 네.

이 박사: 통상적인 경우는 아닙니다만 뉴스를 보면 어느 회사가 중국의 어떤 사업분야에 투자를 결정했고 신규투자를 위해 얼마를 책정했다는 등의 소식이 나오곤 하는데, 정작 중국에서는 아직 인가도 받지 못하고 사업가능 여부조차 불투명한 경우가 있습니다. 물론 그 이면에는 말 못할 여러 불편한 진실이 있을 수 있겠죠. 예를 들어 인가를 구두로 약속받고 본사에 자랑스럽게 성과를 보고했는데 갑자기 상황이 바뀌었다든가 하는 것처럼 피치 못할 사정들 말입니다.

특히 언론에 공개하는 것은 항상 신중해야 합니다. 최종확인 없이 입으로 먼저 떠벌리다가는 낭패가 따르니까요. 협상에서도 유사상황이 많이 발생하는데, 뉴스에 나왔다는 것은 바꿔 말해 상대방이 그 정보를 역으로 이용할 수도 있음을 뜻합니다. 뉴스에까지 보도된 사업이 물거품이 될 경우 그것이 담당자에게 얼마나 타격이 큰 일인지는 조금만 생각해도 쉽게 알 수 있을 텐데, 그러면 이후의 협상 내내 상대방이 주도권을 쥘 수 있습니다. '싫으면 관둬'라는 태도만 유지하면 될 테니까요. 일부 보여주기식의 업무태도로 일하는, 혹은 신중하지 못한 사람들 때문에 열심히 일한 구성원들의 노력이 어려움에 처하고 사업이 물거품이 되는 상황은 없어야 합니다.

이 박사는 보여주기식 관행에 대해 아주 단호히 말했다.

이 박사: 특히나 지방정부가 외자를 적극적으로 유치하기 위해 열렬히 환영하고 대접하면서 염려하지 말라고 치켜세우면 모든 게 해결된 것 같고 본인이 대단한 사람이 된 것처럼 착각하기 쉬운데, 이때가 바로 자만이 스며드는 순간입니다. 저는 간혹 자기가 속한 회사가 좋은 대접을 받는 것에 의기양양해서 모험담처럼 자랑하는 사람들과 만나게 될 때도 있습니다. 들뜬 분위기에 찬물을 끼얹고 싶진 않아서 그 자리에서 묻지는 않습니다만 차후 적당한 기회를 봐서 던지는 질문이 하나 있습니다. "문제가 생길 경우엔 어떻게 대응하려 하십니까? 해결방안이 무엇이죠?"가 그것인데, 대부분은 별일 아니라는 듯이 "해당 정부에서 걱정하지 말라고 했습니다. 여러 차례 확인 약속도 받았고요"라고 말합니다. 그래서 "다행입니다. 서면 약속을 받으셨다는 것이죠?"라고 추가 질문을 하면 대부분 당황하면서 얼굴이 굳습니다. 듣지 않아도 알 수 있습니다. 서면약속이라는 건 존재하지 않으니까요.

심 대리: 아니, 중대한 투자를 결정하면서 어떻게 그렇게 할 수 있을까요?

이 박사: 글쎄요. 오히려 큰 투자라서 더 그럴 수 있겠다는 생각도 듭니다. 지방정부에서 각종 우대혜택을 주고 적극적으로 끌어들이려는 모습을 보이니 더 이상 확인 질문을 못하는 것이죠. 자꾸 꼬치꼬치 캐물으면 상대의 심기를 불편하게 해서 오히려 역효과가 생길 수 있겠다는 생각도 들지 않겠어요? 큰 규모의 투자일 경우 이렇게 작은 부분은 덮고 넘어가기 쉽습니다.

심 대리: 상식적으로 이해가 되지 않습니다.

이 박사: 물론 일부 이런 사례들이 있다는 것이고, 또 지방정부가 거짓말을 했다는 것은 아니니 오해하지 말고 들으세요. 그런데 회사뿐만 아니라 개인들의 경우도 마찬가지입니다. 개인들도 상식적으로 이해되지 않는 일에 속는 경우가 많습니다. '저런 말도 안 되는 일에 속아?'라고 생각되지만 오히려 지식인층이나 부유층이 더 쉽게 속아 넘어가는 사기사건들도 있습니다. 그 이면에는 권위에 대한 신뢰 혹은 자신에 대한 믿음이 자리하고 있습니다. '설마 누가 나를 속이랴' 혹은 '내가 누구에게 속겠어?'라는 심리 말이죠. 사기꾼들은 그런 심리를 기가 막히게 이용할 뿐 아니라, 정말 대박이 나면 좋고 없어도 그만인 정도의 투자금액을 제안합니다. 상대가 심리적으로 받아들일 수 있는 선을 기똥차게도 잘 알고 있는 거죠.

다들 잘 믿기지 않는 표정으로 바라보니 이 박사가 웃으며 말을 이었다.

이 박사: 쉬운 예를 들어 봅시다. 반대의 경우가 되겠지만 이해에는 도움이 될 겁니다. 제이는 학창시절에 수학시험이 쉽게 출제되는 것보다는 어렵게 출제되는 것이 좋았지요?

스스로 말하기는 쑥스러운지 제이는 쭈뼛거리며 말했다.

제이: 네……. 아무래도 그랬어요. 수학은 제가 비교적 자신이 있는 과목이었는데 문제가 너무 쉽게 출제되면 변별력이 없어져서 상대적으로 손해를 보는 입장이었거든요.

이 박사: 그런데 오히려 제이보다 수학실력이 부족하다고 생각했던 다른 친구들은 모두 맞힌 문제에서 혼자 틀리는 경우도 있지 않았

나요?

제이: 어! 맞아요. 나중에 틀린 문제들을 살펴보면 '이렇게 쉬운 문제를 틀리다니!' 하고 자책한 경우들이 있었어요.

제이가 격하게 공감했다.

이 박사: 다른 친구들은 쉽게 푼 문제를 왜 틀렸을까요?

제이: '정말 이렇게 쉬워도 되는 걸까? 함정이 있는 건 아닐까?' 하며 혼자 의심하다가 실수하는 경우가 대부분이었던 것 같아요.

이 박사는 양쪽 어깨를 으쓱 올리는 시늉을 했다.

이 박사: 허허허…. 제가 말하려는 것과 유사하네요. 누가 봐도 쉬운 문제가 공부 잘하는 학생에게는 어려운 것처럼, 뻔한 사기인데도 유독 부유층이나 지식인층 눈에는 그렇게 보이지 않는 경우가 있습니다. 오히려 자신들에게만 주어지는 기회라고 생각하고, 권위에 대한 신뢰나 자신에 대한 믿음 때문에 평소에는 그렇게 꼼꼼히 따지던 사람이 정말 허술하게 확인도 안 하고 믿어 버리곤 합니다. 다른 사람들에게는 쉬운 수학문제를 혼자만 어렵게 푸느라 시간은 시간대로 낭비하면서 나 혼자 함정을 찾았다고 좋아하고 있는 것과 다를 바 없지 않겠어요? 우수한 학생들이 공통적으로 어떤 지점에서 실수를 하는지 나는 이미 알고 있습니다. 시험문제를 출제하는 선생님들도 알고 계시겠죠?

제이는 틀렸던 수학문제를 생각하니 언짢긴 했지만 대번에 상황이 이해되었다.

이 박사: 이렇다 보니 생각지도 못했던 어이없는 곳에서 문제가 터집니다. 물론 저와 같은 외부인의 눈에는 보이는데 당사자의 눈에는

보이지 않는 경우들이지요. 이를 방지하려면 외부전문가를 잘 이용해야 합니다. 여러 사정상 외부전문가와 상의하는 것이 여의치 않다면 항상 업무 전반에 걸쳐서 세부단계, 관련규정과 승인과정 등을 표시하는 체크리스트를 가지고 그에 따라 확인해가야 하고요. 심리전에 말리지 않고 객관적인 제3의 시각으로 보기 위해서 말입니다.

심 대리: 그렇군요.

이 박사: 또 이런 심리도 있습니다. 일단 발을 담근 뒤에는 어떻게는 주어진 조건에서 해결해 보려고 할 뿐, 담근 발을 빼는 대안은 고려하지 않는 것이 그것입니다. 이행에 법적 강제성이 있다든가 혹은 중단했을 경우 신뢰에 심각한 피해를 주는 단계가 아니라면 상황에 따라서는 프로젝트 자체를 재검토하는 것도 대안에 넣어야 합니다. 특히 '이미 본사 경영층에 보고된 사항'이라는 것은 충분한 이유가 될 수 없습니다.

이야기를 듣던 심 대리는 이 박사가 앞서 '시장에서의 철수전략도 중요하다'고 말했던 이유가 이런 경우를 강조하기 위함이었다는 생각이 들었다.

이 박사: 이게 참 월급쟁이 샐러리맨으로서는 쉽지 않은 일입니다. 본인이 보고한 것을 뒤집으면 경력에 심각한 타격이 될 거라는 두려움이 생기죠. 만에 하나 회사를 관두는 상황이라도 발생하면 가족들은 어떻게 하겠어요? 게다가 본사에서 이미 경영층에까지 자랑스럽게 보고되는 바람에 수고했다는 치하라도 받은 상황이면 '되돌리기에는 너무 멀리 왔다'고 생각해서 아예 시도 자체도 하지 않습니다. 하지만 아무런 증거가 존재하지 않는 약속만 믿고 비즈니스를

진행하는 것은 위험한 일입니다. 무섭게 떠오르고 있는 경쟁상대들이 즐비한 해외라면 더욱 그렇죠. 만일 자신과 비즈니스를 약속했던 관료가 다른 지방으로 전근을 가거나 좌천되고 새로 부임한 관료가 문제제기를 한다면 어떻게 대응할 수 있을까요? 특히나 새로 부임한 관료가 전임자와 사이가 좋지 않다면? 정말 만일의 상황이지만 말입니다.

제이: 상상만 해도 아찔하네요.

이 박사: 그렇기 때문에 논의가 될 때의 상황과 심각하게 다른 환경의 변화가 있다면 바로 보고하고 상의해야 합니다. 서면약속을 받을 줄 알고 있었는데 계속 미루는 상황도 그 예가 될 수 있고요. 그런데 이렇게 담당자가 최악의 상황까지도 고려한 여러 가능성을 열어두는 데는 본사의 도움이 절실합니다. 이미 보고했던 사항에 변경이 생기더라도 충분히 이해하고 지원해 줘야 한다는 뜻이죠. 본사에 다시 보고하기까지 그 담당자는 상황 변화나 그에 따른 입장 정리가 얼마나 힘들었겠습니까? 그럼에도 그렇게 해준 용기, 또 회사를 위해 깊게 고민한 노력을 인정해 주어야 합니다.

사실 이런 상황이 발생하면 본사에서도 대응이 쉽지는 않습니다. 하지만 본사와 해외진출 업무를 맡은 담당팀 간에는 이러한 유기적인 소통과 협조가 매우 중요합니다. 물론 마음이 급해서 확정되지 않은 것을 확정된 사항처럼 보고하거나, 반대로 본사 입장에서 신규프로젝트의 TF팀을 자꾸 재촉하고 압박을 가해 확정인 듯 보고하게 하는 것도 금물입니다. 잘되는 사항은 관여했던 여러 부서가 제각기 생색내고 싶어 하고, 또 혹시나 공을 빼앗길까 서두르다 보니 선부른 성과보고가 이루어지는 경우들도 있습니다. 그러니 순가락 싸움이 일어나지 않도록, 그리고 프로젝트의 주무부서나 팀은 아니더라도 관련된 모두가 공헌한 부분을 인정받게 하는 것이 중요합니다.

이 박사가 잠시 말을 멈추자 심 대리가 짚고 넘어갈 것이 있다며 로이와 제이를 쳐다 보았다.

심 대리: 자, 우리 시작 전에 이야기한 것처럼 각자 역할을 나누어서 간략하게 정리해 볼까? 지금 자세히 하기는 어렵겠지만 일단 개략적인 내용을 불릿포인트(bullet point) 형태로라도 정리하지 않으면 나중에 내용이 쌓여서 까먹고 정리하기도 쉽지 않을 것 같아. 예습은 못하더라도 복습을 위한 기본 메모는 빼먹지 말자고.

로이: 네, 알겠습니다.

제이: 저, 죄송한데 제가 말뜻을 명확히 모르겠어서요. 불릿포인트라는 것이 정확히 뭔가요?

심 대리: 이런, 내가 실수했네. 그냥 습관적으로 쓰다 보니 배려하지 못하고 이야기했어. 불릿은 총알이라는 말이잖아. 불릿포인트는 정식으로 자세하게 정리하는 것이 아니라 키워드가 되는 내용만 간단히 추려서 앞에 총알 모양을 붙이듯이 분류한 뒤 요점만 간단히 정리하는 것을 말해.

심 대리는 순간 이 박사가 말했던, '업계용어를 사용하는 기똥차게 재수 없는 놈'이 된 듯해 움찔하며 기분이 묘해졌다. '단어 하나를 쓰더라도 정말 상대방을 고려해야겠구나' 하는 심 대리의 마음을 읽었는지 로이가 "많이 쓰는 말이니 미안해 하실 필요 없어요"라면서 씩 웃었다.

로이는 이 박사의 이야기에 집중했던 탓에 자세히 필기하지는 못했지만 나중에 잊어버리지 않기 위해 간단히 불릿포인트 형식으로 요점만 메모했다.

산업별 우대혜택

이 박사: 두 번째로 확인해야 할 것은 우대혜택에 관한 내용입니다. 물건을 사도 이왕이면 같은 가격에 좋은 물건을 얻거나 같은 물건을 좀 더 싸게 살 수 있다면 발품을 팔 가치가 있는 것 아니겠어요? 마찬가지로 투자하고자 하는 분야가 우대혜택을 받을 가능성이 있는지를 적극적으로 살펴봐야 합니다.

일동: 네.

이 박사: 우대혜택은 기업소득세(企業所得稅, Corporate Income Tax), 증치세(增值稅, Value Added Tax), 관세(關稅, Customs Duty) 등 여러 면에서 확인할 수 있습니다. 증치세나 관세 등에 대해서는 회사를 설립하고 운영하면서 알아야 하는 사항들과 함께 나중에 알려 드리기로 하고, 오늘은 먼저 기업소득세상의 혜택에 대해 이야기해 봅시다. 기업소득세는 한국에서는 법인세라고 불리는 것으로, 기업이 벌어들인 수익에서 비용을 차감한 순수익에 대하여 내는 세금이라고

만 해두죠. 자, 여기서 질문! 여러분이 정부기관에서 일하고 있다면 외국자본의 투자를 장려하기 위해 우대혜택을 줄 때 어떤 기준을 마련하겠습니까?

제이는 아직 이야기도 해 주지 않았으면서 질문부터 외치는 이 박사가 미웠다.

로이: 외국자본과 기술이 들어와서 발전시켜 주기를 기대하는 산업에 우대혜택을 주겠습니다.

이 박사: 그리고요?

로이: 꼭 유치가 필요한 산업일수록 그리고 투자의 규모가 크고 기간이 오래 걸리는 산업을 조금 더 우대해 주면 좋을 것 같습니다. 이왕이면 낙후된 지역발전도 도모해 준다면 더 좋을 것 같기도 합니다만 그건 욕심이겠죠? 헤헤.

이 박사: 아닙니다. 일을 담당하는 공무원이라면 당연히 그런 욕심을 내야죠. 건전한 욕심은 필요한 것이고 그러한 희망이 있어야 투자도 유치할 수 있을 테니까요.

로이가 말한 것처럼 중국도 산업에 대한 우대정책을 기본으로 하면서 지역에 대한 우대정책을 보충하고 있습니다. 일례로 중국은 소프트웨어에 대한 장려책을 통해 소프트웨어 산업에서 괄목할 만한 성장을 이루었는데 이는 산업에 대한 우대정책입니다. 산업규모도 많이 확대되었고 기술수준도 많이 높아졌으니 우대정책을 통해 양적 성장과 질적 성장 모두를 이루어 낸 것입니다. 서부대개발과 관련된 정책은 지역에 대한 우대정책의 예에 해당합니다. 낙후된 지역을 산업자본이 개발해 줄 수 있다면 이야말로 국토 균형발전의 좋은 본보기가 되겠죠. 균형이 깨지면 갈등과 혼란이 야기될 수 있습니다. 발전이 시급하던 시기에 초기 성장은 동부해안을 따라서 이루어졌지만 발전의 동력을 제대로 받은 지금은 균형발전으로 인한 사회안정이 중요하니까요.

'산업과 지역을 고려한 우대정책이라……'

제이는 로이가 특별히 더 많이 알고 있는 것 같진 않지만 확실히 자신보다 똑똑하다는 생각이 들었다. 로이가 자신보다 나은 것에는 아무런 문제가 없다. 다만 로이와 계속 비교가 되는 자신이 한심하고 초라하게 느껴졌다.

이 박사: 세수우대에는 세액감면이나 세액공제 등 여러 방법이 있고, 조건에 부합하면 복수의 혜택을 동시에 누릴 수도 있습니다. 애니메이션 산업을 예로 들면 소프트웨어 산업발전을 장려하기 위한 법인세 우대정책을 받을 수 있고, 부가가치세의 경우에는 17%로 징수한 후에 실질적인 부담이 3%를 초과하는 부분은 즉시 환급합니다. 간단히 말해서 3%만 부담하면 된다는 뜻이죠. 또한 자주적인 개발에 꼭 필요한 상품이라면 수입 시 수입관세와 부가가치세 징수를 면제받을 수 있습니다.

로이: 이렇게 다양한 우대혜택이 있는 줄 몰랐어요.

이 박사: 그런데 세상에 공짜가 어디 있나요? 이렇게 우대혜택을 주는 것은 그렇게 해서라도 그 산업을 육성하는 것이 더 수지가 맞기 때문이겠지요?

심 대리: 아무래도 그럴 것 같습니다.

이 박사: 심 대리는 항공사 마일리지 카드 있나요?

심 대리: 네? 네. 있습니다만…….

심 대리는 이 박사가 갑자기 항공사 마일리지 카드는 왜 묻나 싶었지만 관계없어 보이는 엉뚱한 이야기가 이해를 돕고 있으니 일단 들어 보기로 했다.

이 박사: 이번에 북경행 비행기를 탈 때도 마일리지 카드를 사용했나요?

심 대리: 네, 다행히 제가 중점적으로 미는 항공사의 비행기를 타게 되어서요. 하지만 타 항공사를 이용하는 경우에도 일단은 마일리지 카드를 만들어서 적립하고 있습니다. 적립해서 손해 볼 것은 없으니까요.

이 박사: 중점적으로 민다? 표현이 재미있네요.

심 대리: 아무래도 여러 항공사로 분산해서 쌓는 것보다는 하나의 카드에 집중해야 혜택이 더 크잖습니까. 요새 대부분의 지출을 현금이 아닌 신용카드로 결제하고 있다 보니 신용카드도 그 항공사와 제휴한 것을 이용하고 있습니다. 신용카드를 사용할 때마다 마일리지가 쌓일 수 있게 하려고요.

이 박사: 어떤 혜택이 있죠?

심 대리는 이 박사가 뻔한 내용을 자꾸 묻는 것이 조금 이상하게 여겨졌다.

심 대리: 마일리지를 적립해서 일정 수준까지 쌓이면 공짜 티켓이 생길 수도 있고 좌석 업그레이드도 가능하잖아요. 그리고 이번에는 마일리지 카드 승급이 된 뒤 처음 타는 비행기였는데 체크인(check-in)을 하는 줄도 따로 있고 수하물 무게도 더 여유 있게 해 줘서 아

주 좋았습니다.

　이 박사: 잘됐네요. 그럼 앞으로는 계속 일반석 승객들과는 달리 빠른 줄을 이용하고 수하물도 많이 실을 수 있으니 편리하겠습니다.

　심 대리: 아니요. 이번에 자격이 돼서 2년 동안 혜택을 누릴 순 있지만 앞으로 2년 동안의 누적실적이 조건에 미달되면 다시 급이 내려갑니다.

　이 박사: 그럼 승급된 클래스(class)를 유지하려면 조건을 만족할 수 있도록 마일리지를 잘 쌓아야겠네요.

　심 대리: 그렇죠. 그런데 계속 그 클래스를 유지하는 게 어려울 것 같습니다. 작년엔 해외출장이 좀 많이 있었기 때문에 누적 마일리지가 평소보다 많이 쌓인 거거든요. 신용카드도 제휴해 놓긴 했지만 저는 신용카드를 자주 쓰지도 않은 데다 마일리지 쌓자고 불필요한 카드 사용을 할 수는 없는 노릇이라서요.

　이 박사: 그렇군요. 조건에 조금 미달하는 정도면 몰라도 차이가 많이 나면 불필요한 지출까지 해 가면서 유지할 필요는 없겠네요. 그런데 심 대리는 미혼 직장인이면 이것저것 사고 싶은 것도 많을 텐데 신용카드 사용도 적다고 하는 걸 보니 저축을 많이 하나 봅니다.

　심 대리: 많이는 아닙니다만 꼭 필요한 것 외에는 쓰지 않고 아끼려고 합니다. 백세시대라고 하는데 백세시대를 살려면 지금부터 준비를 해야 할 것 같아서요.

　이 박사: 백세시대라……. 안 그래도 나중에 백세시대에 대해서 토의해 보려 했는데 잘 상기시켜 주었네요. 어쨌든 좋습니다. 심 대리는 저축을 하고 있으니 정기예금에 대해 알고 있죠?

심 대리: 네.

이 박사: 그럼 1년 만기 정기예금과 정기적금, 5년 만기 정기예금과 정기적금에 대해서 제이와 로이에게 설명을 좀 해 주겠어요?

심 대리: 제가 은행원은 아니지만……. 만기라는 것은 말 그대로 기간을 다 채우는 것을 의미합니다. 그래서 5년 만기 정기예금이라는 것은 5년이라는 정해진 기간 동안 예금을 묶어 두었다가 그 기간이 지난 후에 찾을 수 있는 것입니다.

이 박사: 그럼 5년 동안은 그 예금을 전혀 찾을 수 없나요?

심 대리: 아니요. 그렇지는 않습니다. 해지하면 되니까요. 하지만 기간을 다 채우지 못하고 해지할 경우에는 예금 금액에 대해 보통예금의 금리밖에 적용 받을 수 없습니다. 예를 들어 5년 만기 정기예금에 가입했다가 4년이 지난 뒤에 급히 돈 쓸 일이 있어서 해지를 한다면 4년 전체에 대하여 보통예금 금리를 지급받습니다. 기간을 묶어 두는 정기예금은 은행 입장에서도 안정적인 자금이기 때문에 우대금리를 주는 것인데, 만기를 채우지 못하고 중도에 해지하면 안타깝지만 우대금리 혜택을 보지 못하는 것이죠.

이 박사: 참고로 현재 중국의 경우 보통예금의 이자율은 연 0.35% 정도고, 정기예금은 기간에 따라 다르겠지만 연 3~5%까지 운영되고 있습니다. 기간이 길수록 당연히 이자율도 높겠죠?

이 박사가 거들었다.

심 대리: 정기예금과 달리 정기적금은 정해진 기일에 일정 금액씩 적금을 불입하는 것입니다. 보통은 매월 불입하죠. 이것도 만기가 되었을 때 찾을 수 있는데 연속해서 두 번의 납입 기한을 놓치고 제

때에 불입하지 못하는 등 일정조건을 만족하지 못하면 자동으로 해지됩니다. 정기적금도 금리가 비교적 높은 상품인데 해지되면 보통 예금의 이자밖에 받을 수 없습니다.

제이: 와, 이자율에서 그렇게 차이가 난다면 당연히 정기예금이나 정기적금을 들어야 하겠지만, 만일 중도에 해지하면 물거품이 될 테니 신중해야 되겠는데요? 그렇다면 5년은 너무 긴 것 같아요.

로이: 정말 여유자금과 필요자금을 잘 구분해서 형편에 맞게 운영해야 할 것 같아요. 이자율이 높다고 욕심내서 덜컥 5년짜리 금융상품을 들었다가는 낭패를 볼 수 있겠어요.

제이와 로이가 맞장구를 치면서 대답했다. 이 박사의 미소를 본 심 대리는 그제야 이 박사가 무슨 이야기를 하려는 것인지 알 수 있었다.

이 박사: 자, 여기서 제이에게 질문! 내가 지금 하려는 질문은 무엇일까요?

'엥? 하려는 질문이 무엇인지 알아맞혀 보라니……'

마일리지 카드와 정기예금 이야기를 하다가 난데없이 질문을 맞혀보라는 이 박사의 말에 제이는 헛웃음이 나왔다.

'확실히 상대방을 당황하게 만드는 데 일가견이 있으셔.'

심 대리도 웃었다. 답을 충분히 알아챌 수 있는 제이가 저런 이상한 화법 때문에 당황하는 모습이 웃음을 자아냈다. 제이는 속으로 되뇌었다.

'침착하자, 침착하자……. 당황하지 말고 생각해 보자.'

이 박사: 맞습니다.

제이: 네?

이 박사: 제이가 생각하는 것이 맞아요.

제이는 어리둥절했다.

'아니, 아까는 자기 질문이 무엇일지 맞혀 보라고 하더니 지금은 대답도 안 했는데 내 대답이 맞다고 하시네?'

이 박사: 제이가 맞힐 수 있을 거라고 알고 있었습니다. 다만 이야기를 나누는 모습을 보니 너무 긴장되어 있는 것 같아서 일부러 질문했습니다. 집중은 하되 긴장은 하지 마세요. 자신감을 가집시다!

로이와의 은근한 경쟁심과 조바심 같은 것이 은연중에 표출되었는지 이 박사는 제이를 힘껏 격려했다.

이 박사: 그렇습니다. 여러분이 짐작하고 있는 것처럼 투자의 우대혜택은 아무렇게나 주어지는 것이 아닙니다. 우대혜택을 향유할 수 있는 조건을 만족해야 되겠죠. 그런데 우대혜택의 조건은 반대로 이야기하면 그 조건을 만족하지 못할 시 혜택이 취소될 수 있는 실효조건이 되기도 합니다. 그렇기 때문에 처음 신청할 때뿐 아니라 혜택을 받는 기간 동안에는 조건을 만족시켜야 합니다. 그렇지 않으면 취소가 될 테니까요. 마치 승급된 마일리지 카드처럼 말이죠.

'그런데 정기예금 이야기는 왜 꺼내신 것이었을까?'

제이는 궁금해졌다.

이 박사: 정기적금 가입도 이와 마찬가지입니다. 해지 사유를 보면 대부분 처음 가입할 때 금액과 기간을 무리하게 설정했기 때문입니다. 지금 당장 생각해 보면 매월 불입하는 데 문제가 없는 것 같아서 다소 과하게 기간과 금액을 정하는 거죠. 그런데 살다 보면 급전

이 필요한 때도 생기기 마련인데, 빡빡하게 적금을 붓다 보니 여유자금이 전혀 없어서 결국은 부득이하게 적금을 깨는 상황이 발생합니다. 로이 말처럼 여유자금과 필요자금을 잘 구분하고 향후 수요처와 예기치 못한 상황에 대한 약간의 거품도 고려해서 현실성 있는 상품에 가입하는 것이 중요합니다. 연금보험도 마찬가지입니다. 연금보험 상품들은 대부분 5년 만기 정기적금보다도 불입기간이 훨씬 긴데, 이 역시 매월 꾸준히 끝까지 보험료를 다 불입하는 비율이 생각보다 높지 않습니다. 현실이 처음 생각했던 것과 많이 다르니까요. 여러분은 신입사원들이니 한국으로 돌아가면 보험에 가입하라는 요청이 많을 겁니다. 보험설계사가 찾아왔을 때에 중도해지율이 얼마나 되고 만기까지 다 불입한 비율이 얼마나 되는지 직접 물어보세요.

제이는 정말 열심히 불입해 놨는데 만기를 얼마 안 남긴 시점에서 해지해야 한다면 너무 아깝겠다 싶었다.

이 박사: 나중에 필요하면 우대혜택 사례를 다시 살펴보겠습니다만 예를 들어서 고신기술기업(高新技術企業)이라는 것이 있습니다. 한자로 '높을 고(高)'와 '새로울 신(新)'을 쓰는데 이는 곧 하이테크(Hi-Tech) 산업과 신(New)산업을 지칭합니다. 고신기술기업으로 지정이 되면 25%가 아닌 15%의 세율을 적용받기 때문에 세금을 많이 절약할 수 있습니다. 그렇다 보니 당연히 고신기술기업으로 지정되려면 만족시켜야 하는 조건들도 있겠죠. 이 자료를 보세요.

고신기술기업의 인정 요건

1. 기업의 인증신청시 설립기간이 1년 이상이어야 한다.
2. 자체 연구개발, 양수(讓受), 수증(受贈), 인수합병 등 방식을 통해 기업의 주요 제품(서비스)에 대해 기술 상 핵심지지작용을 하는 지식재산권의 소유권을 취득하여야 한다.
3. 기업의 주요 제품(서비스)에 대해 핵심지지작용을 하는 기술이 〈국가가 중점적으로 지원하는 고신기술영역〉의 규정한 범위에 속한다.
4. 기업 내 연구개발 및 기술혁신 활동에 종사하는 과학기술 직원이 당해연도 총 직원수의 10% 이상이어야 한다.
5. 기업의 최근 3개 회계연도(실제 경영기간이 3년 미만일 경우 실제 경영기간에 따라 산정)의 매출총액 대비 연구개발비용 비율이 다음과 같은 조건을 만족시켜야 한다.
   1) 최근 1년의 매출수입이 5,000만 위안 이하인 기업은 5% 이상
   2) 최근 1년의 매출수입이 5,000만 위안 초과, 2억 위안 이하인 기업은 4% 이상
   3) 최근 1년의 매출수입이 2억 위안 초과인 기업은 3% 이상
      그 중 , 중국 내에서 발생한 연구개발비용은 전체 연구개발비용의 60% 이상
6. 최근 1년간 고신기술제품(서비스)의 수입은 기업의 동기간 총매출수입의 60% 이상이어야 한다.
7. 기업의 혁신능력에 대한 평가가 일정한 요구에 부합되어야 한다.
8. 신청 전 1년 내에 엄중한 안전, 품질사고 혹은 환경위법 행위가 발생하지 않은 기업이어야 한다.

(출처: 국가발화[2016] 32호 과학기술부, 재정부,
국가세무총국의 '고신기술기업인증관리방법' 통지)

이 박사: 조건을 보면 전체 매출에서 연구개발비가 일정 비율 이상되어야 한다는 조건, 그리고 연구개발인력의 비율이 일정 수준 이상이어야 한다는 사항이 있습니다. 처음 공장을 설립해서 생산을 시작할 때는 매출액이 크지 않기 때문에 비율을 맞추는 것이 상대적

으로 용이합니다. 그런데 매출액이 비약적으로 성장하면 2~3년 뒤에는 비율조건을 만족시키는 것이 어려울 수도 있습니다. 그러니 지금 당장 가능한가의 여부보다 지속적으로 가능할지를 시작할 때부터 살펴봐야 합니다. 여기서도 생산과 판매에 대한 수요예측이 중요하겠네요. 만일 달성하기 어려운 조건이 있다면 극복 가능한 것인지 아닌지를 빨리 판단하여 추가조치를 취해야겠죠.

이 박사는 심 대리, 제이와 로이의 표정을 살피더니 다시 말을 이었다.

이 박사: 다들 잘 믿기지 않는 표정들인데, 이런 경우들은 정말 발생합니다. 25%와 15% 사이의 10%의 세율 경감은 굉장히 매력적인 조건이기 때문에 사업하는 측에서는 욕심나지 않을 수 없고, 그래서 덜컥 신청을 합니다. 지역에서 부추긴 영향도 있고요. 초기에는 지역마다 목표 할당이 있어서였는지는 몰라도 각 지역마다 고신기술기업을 장려하는 분위기였기 때문에 쉽게 신청이 가능했습니다. 그런데 몇 년이 지난 후에 기준을 충족하지 못하는 기업에 대하여 전국적인 차원에서 대대적인 조사가 이루어졌고, 기준 미달인 회사들은 세금과 지연이자 등을 보충 납부하게 되었죠. 쉽게 생각하지 마십시오. 욕심에는 항상 대가가 따르니 냉정하게 평가해야 합니다. 나중에 보험과 적금을 들 때에도 마찬가지고요. 현지 정부가 투자를 유치할 때 세제혜택을 위해 고신기술기업을 제안할 경우에는 그를 위한 여러 조건을 충족시켜야 하는 것이니 신중히 생각해야 합니다.

여러 지방정부 보조금도 있는데 특별자금 형식으로 지급되다 보니 유의할 사항이 있습니다. 중국 국무원(國務院)과 재정부(財政部)는 지방정부의 재정보조금이 법을 위반해 혜택을 부여한 것이라고 간주하면 취소를 한다는 '세수혜택의 정리와 규범화에 관한 통지'를 발표한 바 있습니다. 위법이나 비합리적 부정경쟁을 초래하는 혜택은 정리하겠다는 것이죠. 다소 전문적인 이야기지만 재정보조금에 대해서는 기업소득세를 납부해야 합니다. 만약 재정보조금을 비과세 수입으로 처리했다면 관련지출에 대해서도 공제가 불가능하므로 여전히 조세부담이 존재한다고 봐야 합니다. 이렇게 혜택을 받더라도 그 혜택을 정확히 분석할 필요가 있다는 것을 기억해두세요.

심 대리: 막상 보이는 것보다 실질적으로는 혜택이 작을 수 있다는 말씀이시지요?

이 박사: 그렇죠. 만일 재정보조금을 받기로 약속을 했고 과정 또한 적법했다고 가정해 봅시다. 그런데 재정보조금을 못 받는 상황이 발생하면 어떻게 하죠? '안 주겠다는 것이 아니라 지금 재정상황이 좋지 않으니 조금 기다려달라'고 하면 그런 상황에서 지방정부를 상대로 계속 달라고 할 겁니까?

일동: ……

'당연히 여러 번 말하기 어려운 일이겠네. 이런 상황이 있는지도 확인해 봐야겠어.'

심 대리는 마음속으로 생각했다.

모두들 대답 없이 고민하는 모습을 살펴보던 이 박사는 어차피 곧 점심시간이니 식사 후 다시 대화하자며 이내 자리를 떴다. 스스로 생각하는 것을 중시하는 이 박사가 사람들에게 고민할 시간을 좀 더 주기 위한 배려 같았다.

지역별 우대혜택 6

이 박사: 아까 로이가 지역발전을 잠깐 언급했으니 지역조건에 대해서도 한번 이야기를 나누어볼까요?

손에 든 녹차를 한 모금 천천히 마시면서 이 박사가 돌아왔다.

이 박사: 일전에 소비재를 생산하는 한 회사가 기업소득세에 대한 5면5감(5免5減)이라는 매혹적인 조건에 이끌려 내몽고 지역에 공장을 설립하기로 결정한 적이 있습니다. 5면5감은 5년 동안 기업소득세를 면제하고 그 이후의 5년 동안은 기업소득세를 반만 내면 된다는 것입니다. 좀 더 보충하면 보통 감면정책은 법인을 설립한 해가 아니라 법인을 설립하여 경영하면서 누적수익이 발생한 해부터 시작하여 계산하는 것이 기본입니다. 올해 흑자가 났다고 해도 전년도의 적자가 올해 흑자보다 크다면 올해는 기업소득세를 납부할 필요가 없는 것이죠. 보통 설립 초기에는 적자이기 마련입니다. 중국의 기업소득세에서는 5년을 차기 이월(carry forward) 할 수 있는데, 이 말은

과거 5년치의 적자를 메우고 나서 흑자가 될 때부터 시작을 한다는 뜻입니다.

제이: 우와, 그럼 누적매출이 흑자로 전환된 해부터 5년은 세금을 내지 않고 그 후에도 5년 동안은 절반만 내면 되는 거네요? 잘만 하면 그 10년 안에 투자에 대한 회수도 가능하겠는데요.

이 박사: 허허허, 비즈니스를 10년만 하고 말 것은 아니지만 빠른 투자회수는 중요합니다. 수익이 나도 세금을 낼 필요가 없다는 것은 정말 매혹적이죠. 그래서 이 회사도 내몽고 지역에 투자를 결정한 것인데 이후 많은 문제들에 부딪히게 되었습니다. 어떤 문제들이 있었을지 생각해 볼까요?

일동: ······.

한동안의 침묵을 깨고 로이가 말문을 열었다.

로이: 회사가 가장 중시하는 것은 생산과 판매인데 이 부분에서 무엇인가 어려움이 있지 않았을까 싶습니다. 내몽고라고 하셨으니 동부의 연안도시보다는 아무래도 생산을 위한 원재료 구입도 용이하지 않았을 것 같고, 소비재 제품이라고 하셨는데 그걸 판매할 시장에 접근하는 일도 어려웠던 것 아닐까요?

이 박사: 잘 추리했습니다. 생산설비를 능숙하게 다루려면 숙련공이 필수적인데 외곽지역이다 보니 좋은 인력들이 오려고 하지 않아 인력 모집에 큰 곤란을 겪었습니다. 사람이 없으니 생산에 차질을 빚은 것은 두말할 필요도 없고, 그나마 교육된 인력에 대해서는 이탈을 막기 위해 급여를 추가인상했는데 이로 인한 인건비 상승이 문제가 되었죠. 또 대도시 소비자가 주 사용층이고 타깃이다 보니

생산공장과 시장 사이의 물리적인 거리가 상당해져서 물류비가 많이 들었습니다. 원재료 구입도 마찬가지였죠. 재료 구입이든 제품 판매든 그나마 제때에 맞추어 공급하는 데 제약이 있다 보니 시장장악에 불리했습니다. 또 영업활동은 내몽고가 아닌 대도시에서 했는데 이 경우 세무상으로는 외지경영(外地經營)을 신고 없이 진행한 것에 해당되어 세무상 위험을 키웠다는 문제도 있었습니다.

로이: 아……. 정말 저는 생각하지도 못했던 어려움이네요.

제이: 이게 우대조건이 좋다고 덜컥 결정할 일은 아니군요? 차라리 도시 근교에 있고 혜택을 안 받느니만 못하네요.

이 박사: 우대혜택이 중요하기는 하지만 그것이 전부는 아닙니다. 비즈니스 관점에서의 판단이 훨씬 중요하니까요. 내몽고 후방에 큰 시장이 존재하는 것도 아닌데 제품의 특성과 지역을 연결하여 생각해 보지 않았던 것이죠. 잘 교육된 인력의 중요성, 인력 및 생산과 판매의 제반비용에 대해서도 말입니다. 회사 입장에서는 장단점을 열심히 비교하고 고민했을 뿐 아니라 장기적으로는 중국시장 외 유럽으로의 진출도 고려하여 두 마리 토끼를 잡겠다는 의욕이 있었습니다. 내몽고가 유럽과 중국 본토의 중간쯤 되니까요. 하지만 내몽고는 중국과 유럽 양쪽 시장 모두 도달하기에 너무 먼 곳이었던 거죠.

제이는 이전에 '중국은 생산기지로서 중요하냐, 소비시장으로 중요하냐'라는 이 박사의 질문에 상당히 당황했었는데 그 질문의 중요성을 다시금 이해할 수 있었다. 목적적합성과 수요예측의 필요성을 다시 볼 수 있는 사례라고 생각했다.

이 박사: 중국정부는 서부대개발 등을 통해 중서부 지역의 개발을

촉진하려고 합니다. 그래서 타 지역보다 더 많은 혜택들을 제시하죠. 그런데 중서부 지역에 위치한다는 것은 회사의 상황에 따라 굉장히 유리할 수도 있지만 반대로 불리할 수도 있습니다. 남보다 더 좋은 조건을 준다면 남보다 더 큰 위험이나 다른 불리한 점이 있을 거라는 점을 꼭 명심해야 합니다. 세상에 공짜는 없습니다.

이 박사는 앞에 칠판에 커다란 글씨로 다시 적었다.

세상에 공짜는 없다(There is No free lunch)!

일동: 명심하겠습니다.

이 박사: 또 다른 경우 하나를 살펴보죠. 여러분이 중국 전문가이고 컨설턴트로 활약하고 있다고 가정해 봅시다. 여러분은 중국의 중소도시에 있는 한 회사를 방문했습니다. 최근 크게 이슈가 되는 사항이 있어서 그에 대한 내용을 전달했는데 회사에서는 이러한 세무 이슈에 별로 귀를 기울이지 않습니다. 오히려 자기네 회사가 그 지역의 납세 1위 업체고, 필요한 사항이 있으면 지방정부와 세무국이 잘 협조해 주고 있다고 자랑합니다. 여러분이 지적한 내용이 위험 요소인지 아닌지는 잘 모르겠지만 하여간 꽌시(關係)가 좋고 납세실적도 뛰어난 자기네 회사와는 관련 없는 일이고, 그러니 이렇게 찾아와서 말해 주는 헛걸음도 할 필요가 없다고 이야기합니다. 이럴 경우에는 어떤 문제가 있을 수 있을까요? 이 회사는 내몽고 사례와 달리 비록 작은 지역이기는 해도 대도시 근교에 위치해 있어서 대도시 접근성

도 좋고 물류며 인력채용에도 문제가 없다고 가정합시다.

'대도시 근교에 있는 데다 비용도 적게 들고 운영에 문제가 없으면 좋은 것 아닌가?'

제이는 결점을 찾을 수 없었다.

로이: 음……. 다 좋은데 그 지역의 대표기업이라는 것이 보기에 따라서는 부담이 될 수 있을 것 같습니다.

이 박사: 호오? 어째서요?

로이: 작은 지역이고 그 회사가 제일 큰 대표기업이라면 '너만 믿는다'는 식의 문제가 있을 수 있지 않을까요? 세수가 부족해지면 아무래도 대표기업에 의존할 수 있잖아요. 반대로 그 회사의 실적이 갑자기 안 좋아져서 납세액이 적어지면 그 지역 세무국으로서는 다른 대안도 없으니까요.

심 대리는 고개를 끄덕이며 무의식적으로 로이의 말에 동의를 표했다.

이 박사: 그간 잘 대해 준 상대인데 그쪽이 어려울 때 도와주지 않으면 서운해 할 수 있겠죠. 이것이 바로 잠재위험입니다. 회사 관계자가 법을 준수하며 업무를 잘 운영해 오고 있는 경우라면 그나마 괜찮겠지만, 꽌시만 믿고 회사관리가 잘 이루어지지 않고 있다면 문제가 될 것입니다. 세수가 부족하면 지방정부 입장에서는 세무조사를 통해 세수를 보충하려 할 텐데, 그 대상이 될 만한 곳이 그 회사 외에는 없을 수 있겠죠. 담당자가 '우리는 지역 관계당국과 관계가 좋다'면서 자랑스럽게 말하는 회사는 이런 점에서 위험합니다. 경기가 어려워지면 조사대상이 될 가능성이 다른 회사보다 높을 테니까

요. 막상 문제가 닥치면 예상과 달리 해결도 쉽지 않을 거고요. 거듭 말하지만 위험은 자만하는 순간 다가옵니다.

제이: 하지만 회사가 꽌시가 좋다면서요? 중국에서는 꽌시가 중요하다고 들었는데요.

이 박사: 제이는 꽌시가 뭐라고 생각하나요?

다시 질문을 받은 제이는 당황했다.

'맞아, 바로 대답해 주신 적이 없는데 어리석게 준비도 안 하고 질문을 하다니…….'

이 박사: 한번 생각해 보세요. 좋은 질문을 한 것이니 당황하지 말고요. 생각해 보는 것 자체가 중요하니까 생각해 보라는 겁니다. 허허.

제이는 안도의 한숨을 쉬었다.

이 박사: 일단은 지금 얘기하고 있는 이 주제 먼저 마치고 꽌시 이야기도 같이 해 보도록 합시다.

제이: 그럼 세금을 많이 납부하고 있어도 문제고 꽌시가 좋아도 활용하기 어렵다는 말씀이신가요? 이것도 안 되고 저것도 안 되고……. 그럼 어떻게 해야 하죠?

이 박사: 하하하. 그런 뜻은 아닙니다. 법에 맞춰서 잘 관리하고 있으면 큰 위험은 없을 테니까요. 다만 지역 내 최대 납세자가 된다거나 하는 상황은 피하고, 여러 회사들이 있어서 서로 정보도 교류할 수 있는 곳이라면 좀 더 좋을 것 같습니다. 중국에 '창타출두적조(搶打出頭的鳥)'라는 속담이 있습니다. '머리를 내미는 새가 총을 맞는다'는 뜻으로 한국 속담의 '모난 돌이 정 맞는다'와 같은 의미죠. 준 것

이 많으면 받을 것에 대한 기대도 큰 법입니다.

제이: 고려할 것이 많네요.

이 박사: 이 외에 사회·정치적인 면에서도 관심을 가지면 좋겠습니다. 지역도 단순히 비용 측면만이 아니라 역사적 배경이나 특성 차원까지 고려해서 정할 필요가 있습니다. 예를 들어 상해 근처의 항주(杭州)는 아름다운 도시지만 중국에서 소송이 제일 많은 지역 중 하나이기도 합니다. 좋게 이야기해서 자기 권리에 대한 주장이 강한 지역이란 뜻이죠. 항주는 중소기업이 가장 많은 곳인데 여러분이 잘 아는 온라인 상거래업체 알리바바(Alibaba)의 마윈(馬雲) 회장도 바로 항주 사람입니다. 어쨌거나 그래서 항주 사람들은 돈이 많고 자부심이 강합니다. 세계적인 유명 소비재 브랜드들은 대부분 항주에 매장을 가지고 있습니다. 항주를 중요한 소비도시로 눈여겨봤기 때문이겠죠? 매장들도 한결같이 엄청난 규모로 지었는데 모두 문전성시를 이루고 있습니다.

로이, 제이: 대단하네요.

이 박사: 따라서 항주에서 항주기업과 합자법인을 만들 경우에는 통 큰 합작도 좋지만 법률적 측면을 좀 더 각별히 신경 쓸 필요가 있습니다.

제이: 법률적인 검토야 세심히 해서 나쁠 것은 없지만…….

이 박사: 다른 예를 볼까요? 북경 근처의 바오딩(保定)이라는 지역은 한국으로 치면 수도방위사령부가 있던 지역이죠. 이 지역의 수장은 증국번(曾國藩)과 이홍장(李鴻章)이 거쳐 간 요직입니다. 이러한 지역의 지역민이 가지고 있는 자부심을 이해하면 직원 고용 시에도 참고가

될 것 같습니다.

일동: 네, 알겠습니다.

이 박사: 투자검토와 관련하여 한 가지만 더 덧붙일까 합니다. 사소한 일까지 그렇게 하지는 않겠지만 어떤 중요한 일을 결정할 때에는 대부분의 사람들이 여러 조건을 신중하게 비교한 뒤 결정을 내리기 마련입니다. 그런데 내 경우는 한 단계를 더 거칩니다. 그게 바로 '그럼에도 불구하고'입니다.

그럼에도 불구하고

로이: '그럼에도 불구하고'요?

이 박사: 이미 여러 면을 자세히 비교했지만 단점이나 불리한 점을 적어놓고 '그럼에도 불구하고' 이렇게 하는 게 옳다거나 이걸 사는 것이 맞다는, 말하자면 마지막 테스트 관문으로서 한 번 더 생각하자는 것입니다. 그럼 결과는 '그럼에도 불구하고 하는 경우'와 '그렇게까지 하면서 할 필요는 없는 경우'로 나뉘게 됩니다. 여유가 있어서 모두 할 수 있으면 좋겠지만 굳이 하나를 선택해야 하는 상황이라면 '그렇게까지 하면서 할 필요는 없는 경우'는 일단 제외시키는 것이지요.

심 대리: 재미있네요.

이 박사: 사실 대부분의 사람들이 여러 조건을 비교해 볼 때 이미 이런 사고과정(process)을 밟을 겁니다. 다만 나는 굳이 이것을 적어

놓은 뒤 따로 생각해 본다는 것이 차이점이죠. 글로 적은 다음 다시 한 번 생각한다는 것은 그 자체만으로도 신중을 더한다는 의미가 있어서 나는 중요한 의사결정 시에는 이 과정을 되도록이면 거치려고 합니다. 생각할 시간을 갖는다는 것은 의사결정에 있어서 정말 중요한 요소입니다. 그리고 이 테스트까지 통과했다면 그다음에는 마음을 결정하고 지체 없이 빨리 실행하려고 합니다.

'그럼에도 불구하고'의 또 다른 의미는 리스크(risk)를 감내하는 정도와 관계가 있습니다. 동일한 결론이 내려진 다음에도 그걸 실제로 진행하는 사람이 있고 그렇지 않은 사람이 있습니다. 사람이나 조직에 따라 좀 더 보수적이거나 공격적일 수 있는데, 이렇게 기업문화에 따라서 투자성향이 다르다 보니 같은 조건하에서도 서로 다른 결정을 내립니다. 시간을 가장 중요한 요소로 여기는 기업이라면 다른 조건이 다소 불리해도 시장에 좀 더 빨리 진입할 테지만, 다른 요소를 중시하는 회사라면 그렇지 않을 수도 있죠. 이것은 전적으로 비즈니스적인 판단입니다. 그래서 리스크를 고려한 마지막 판단을 위한 여유를 한 번 갖는 것이 좋다고 얘기하는 겁니다.

7 / 꽌시

이 박사: 자, 이제 꽌시에 대해 얘기해 볼까 합니다. 꽌시의 뜻이 뭔지 다들 생각해 봤나요?

제이: 자세히는 모르겠어요. 다들 중국에서는 꽌시가 중요하다, 혹은 누구누구는 중국에서의 꽌시가 좋다는 식으로 얘기하는 걸 보면 무엇인가 좋은 관계가 형성되어 있는 인적 네트워크(human network) 같은 것을 의미하는 말로 들립니다.

이 박사: 제이가 말한 것처럼 꽌시를 중국어로는 '关系'라고 적는데, 이는 정말 글자 그대로 '관계'라는 뜻입니다. 그런데 사실은 단순한 관계가 아니라 이해관계를 초월하여 믿을 수 있는 관계를 꽌시라고 합니다. 꽌시라는 단어는 예전부터 있었으나 문화대혁명(文化大革命) 시기를 거치면서 그 고난 속에서도 정말 의지하고 믿을 수 있는 비밀리의 관계 네트워크를 의미하게 된 것으로 알고 있습니다. 그렇다 보니 인맥이나 배후세력 등으로 표현할 수 없는 또 다른 의미를 내

포하고 있는 것이죠.

그랬다. 사용되는 맥락을 보면 인맥이나 배후 같은 의미 같았지만 그것만이라고 하기에는 뭔가 부족한 듯했다고 다들 생각했다.

이 박사: 자, 그렇다면 여기서 질문입니다. 첫 번째, 꽌시는 쉽게 형성될 수 있을까요? 두 번째, 중국의 많은 비즈니스맨이나 정부관료들은 뭐가 부족해서 외국인과 꽌시를 형성해야 하는 것일까요? 세 번째, 소위 꽌시를 통해 우리는 무엇을 얻고자 하는 것이죠?

'역시 쉽게 가는 법이 없으시다니까……'

혹시나 했던 심 대리, 로이와 제이의 기대는 물거품이 되었다. 그런데 정말 대답하기가 난감했다. 별로 어렵지 않은 질문인 것 같았는데 말이다.

제이: 일단 첫 번째 질문에 대답해 보자면 꽌시는 쉽게 형성되지 않을 것 같습니다. 두 번째 질문의 대답으로는, 특별히 꽌시를 맺어야 할 필요성도 없어 보이고요. 비즈니스맨의 경우 특별히 외국인과 협업할 비즈니스 기회가 있고 상대가 믿음직해서 파트너로서 일하기를 희망하는 상황이 아니라면 말이죠. 정부관료는 외국인과의 교류를 통해 새로운 학습의 기회가 있다거나 아니면 투자를 유치할 수 있어서 업무에 기여할 수 있는 경우가 아니라면 굳이 외국인과 꽌시를 형성할 필요가 없지 않을까 싶고요. 세 번째, 우리가 얻고자 하는 것은 중국 진출에 있어서 믿음직하고 실력 있는 비즈니스 파트너가 되겠고, 정부관료로부터는 인허가 획득 절차나 그 소요시간을 줄이도록 도와 주는 것 혹은 예상치 못한 상황이 발생했을 때 잘 이해해 주고 해결에 도움을 주기를 기대하겠죠.

이 박사: 당연한 대답처럼 들리겠지만 사실 느끼고 있는 그대로 답해 주었다고 생각해요. 그렇다면 꽌시에는 대가가 따를까요, 아닐까요?

제이: 대가가 있어야 할 것 같습니다. 나와 굳이 꽌시를 맺을 필요성이 없는 상대와 꽌시를 형성하려면 그에 상응하는 무엇인가가 있어야 할 것 같습니다.

이번에도 제이가 대답했다. 제이는 꽌시에 대한 질문에 대해 본인이 마무리를 하려는 듯했다.

이 박사: 그럼 마지막 질문입니다. 제이의 대답을 요약하자면 서로 주고받는 것이 중요한 듯한데 이렇게 형성된 관계가 꽌시 맞나요?

일동: ······.

정말 이렇게 이해관계로 맺어진 것이 중국에서 중요하다고 말하는 꽌시일지 모두가 혼란스러웠다.

제이: 박사님 말씀을 듣고 보니 현재 외국인들이 말하는 꽌시는 과거 이야기하던 꽌시와는 정도가 다른 것 같습니다. 좀 더 물질적 교환관계처럼 느껴져요.

이 박사: 허허허. 지금 모두들 경제를 우선으로 하는 관계를 형성해오다 보니 그런 감이 없잖아 있습니다. 꽌시라는 것을 잘못 이해한 일부가 상호이익을 위해 접근했고 그로 인해 여러 부정이나 부작용이 발생한 것도 사실이고요. 그러나 경제가 우선일 수는 있어도 전부일 수는 없습니다. 중국은 원래 인본주의(人本主義)와 인치(人治)를 중시했던 곳이니 사람 간에 천천히 신뢰를 형성해 간다면 이 역시 장기적으로는 좋은 꽌시의 출발점이 되지 않을까 생각합니다.

일동: 네 .

대답과 함께 다들 이 박사의 말에 고개를 끄덕였다.

이 박사: 그럼 마지막으로 질문 하나 더 하죠.

"아~" 하는 원성이 동시에 터져 나왔다.

제이: 아까 마지막 질문이라고 하셨잖아요?

이 박사: 하하. 미안미안. 정말 마지막. 좋은 꽌시가 형성되었다고 가정합시다. 그럼 그다음엔 과연 어떻게 해야 할까요?

제이: 그다음이라뇨?

이 박사: 만일 정성을 들여 어느 중국인과 꽌시의 좋은 출발점이 싹텄다고 합시다. 그럼 그다음에는 어떻게 해야 하냐는 말입니다.

제이: 잘 관리해야겠죠. 싹이 자라고 꽃을 피울 수 있게요.

이 박사: 어떻게요? 외국에 부임한 주재원들은 대개 4~5년의 기간 동안 근무하다가 자국으로 돌아가는 것이 일반적입니다. 즉, 그간 열심히 교류해서 꽌시라는 것이 막 형성된 것 같은데 본국에 귀임해야 할 때가 오면 어떻게 하죠?

제이: 본국으로 돌아가서도 계속 연락하며 교류를 유지해야 하지 않을까요?

제이가 이야기했다. 제이는 괜히 꽌시를 물어보는 바람에 오늘 하루 고생한다는 생각이 들기 시작했다.

이 박사: 돌아가서도 열심히 연락한다?

이 박사는 고개를 좌우로 갸우뚱거리면서 세 명의 얼굴을 번갈아 쳐다보았다.

이 박사: 심 대리, 한국에서 근무했을 때, 예전에 친했던 대학교

동창이나 고등학교 동창과 얼마나 자주 만났나요?

이 박사가 갑자기 심 대리에게 질문을 했다.

심 대리: 음……. 말들이야 뭉치자, 한 번 보자고 하지만 다들 일하기 바빠서 업무상 서로 연관된 경우가 아니라면 실상 그다지 자주 보지는 못합니다. 회사생활도 회사생활이지만 결혼도 하면서 가족도 챙겨야 하고요. 오죽하면 '1년에 한 번 보면 그래도 친한 친구, 두 번 보면 진짜 친한 친구'라는 농담이 있겠어요.

심 대리의 자조 섞인 말은 모든 직장인을 대변하는 것 같았다.

이 박사: 그렇다면 중국에서의 주재생활을 마치고 본국으로 돌아간 다음 해외에 있는 중국친구를 챙긴다는 것은 여간 힘든 일이 아닌 것으로 들리네요?

이 박사의 말은 질문형이었지만 거의 확신에 가까운 부정이었다.

심 대리: 사실 마음은 있어도 쉽지는 않을 것 같습니다. 아니, 쉽지 않은 것이 아니라 거의 불가능에 가깝다는 생각입니다.

심 대리 역시 정말 솔직하게 대답했다. 그걸 들으면서 제이는 '앞으로 직장생활을 잘할 수 있을까' 하는 생각도 들었다. 직장인의 삶이라는 것이 너무 팍팍하게 느껴졌으니까.

이 박사: 그럼 4~5년 열심히 노력해서 막 좋은 관계를 이루었는데 이후 관리가 전혀 안 된다면 결국 쓸데없는 짓을 하고 만 것인가요?

다들 아무 말도 없이 가만히 있었다. 맞다고 하기도 싫지만 그렇다고 틀렸다고 말할 수도 없었다.

이 박사: 10년 전에 한국계 대기업의 과장 한 명이 천진(天津)에서 주재원 생활을 했습니다. 젊고 패기 넘치기도 했지만 업무처리도 깔

끔하고 정도 많아서 회사 내부의 중국직원들이 아주 좋아하는, 그야말로 인재였지요. 공장이 위치한 지역의 각 정부부처 사람들과도 관계가 매우 좋았습니다. 그 부모님께서 중국에 놀러 오셨는데 평소 그와 알고 지내던 정부부처 사람들이 서로 자기가 관광을 시켜드리겠다고 할 정도였으니까요. 제가 아는 한 뇌물이라고 불릴 만한 금전적인 거래도 없었고 성실하게 일하는 모습에 정부부처 사람들도 인간적인 매력을 느낀 것 같았습니다. 퇴근 후 가끔 만나서 검소하지만 즐거운 저녁자리도 하면서 다양한 소재의 대화도 많이 했지요. 또 명절 때가 되면 선물도 잊지 않았는데 금액이 큰 것보다는 어느 누가 봐도 정성껏 골랐다는 느낌이 들도록 준비했습니다. 업무평가를 떠나서 '젊은 나이에 어떻게 저럴 수 있을까' 싶을 정도로 사람을 대하고 끄는 힘이 대단했습니다.

심 대리: 대단하신 분이네요.

이 박사: 그런데 그 과장은 본국으로 부임하기 전 마지막 1년을 북경의 또 다른 자회사에서 근무하게 되었어요. 그래서 이후 업무에 차질이 없도록 자신의 후임자에게 업무 인수인계도 해야 하고 특히나 각 정부부처 사람들도 소개시켜 줘야 하니 북경으로 옮기기 전에 보름의 시간을 달라고 여러 차례 이야기했습니다. 하지만 당장 마음이 급한 윗사람은 과장의 요청을 들어주지 않았어요. 사실 그 상사도 시간을 주고 싶었지만 모든 것이 빠르게 이루어지는 한국회사의 특성상 불가능했던 거죠. 결국 그 과장은 후임자와 주변사람들을 제대로 인사시켜 주지도 못한 채 북경으로 급히 가게 됐지만, 금요일 저녁이나 주말에 시간이 나면 누가 시키지 않아도 기꺼이 천

진에 내려가곤 했어요. 후임자와 본인이 아는 중국친구들을 같이 식사에 초대하면서 서먹서먹한 관계를 해소해 주려는 노력을 아끼지 않았지만, 결과적으로 본인의 마음만큼 그렇게 잘할 수는 없었습니다. 북경 업무도 있다 보니 한계가 있을 수밖에 없었고요.

심 대리: 정말 안타깝네요.

이 박사: 시간이 흘러 한국으로의 귀임이 두 달여 남았을 때였어요. 천진에서 친하게 지내던 중국인 정부관료들이 마침 북경에 출장 올 일이 있다며 만나자고 먼저 연락을 했습니다. 과장은 무척 기뻤죠. 다른 친구들도 많을 텐데 바쁜 출장길 중에도 시간 내서 얼굴 보자는 그 마음이 너무 고마웠으니까요. 그런데 마침 그때 그 윗사람이 상해의 다른 자회사에 시스템 구축과 관련하여 업무지원을 나가라는 지시를 내렸어요. 과장은 중국친구들의 북경 방문 계획을 이야기했고 그들과 만나는 것의 중요성을 여러 차례 얘기했습니다. 그러나 윗분의 입장에서는 상해 출장 건이 더 중요하다고 여겨졌는지 요청이 받아들여지지 않았고, 과장은 할 수 없이 상해로 지원을 나갈 수밖에 없었습니다. 핸드폰이 아닌 상해회사의 유선전화로 천진의 친구들에게 전화를 걸어 부득이하게 상해에 출장을 왔다며 양해를 구했습니다. 중국친구들은 당연히 일이 우선이니 괜찮고 다음 기회에 보자고 했지만 많이 섭섭해하는 것을 느낄 수 있었습니다.

제이: 왜 유선전화로 전화를 걸어야 하나요?

제이가 끼어들어 눈치 없는 질문을 했다.

심 대리: 에휴, 그래야 발신자 확인(caller ID)으로 정말 상해에 있음을 증명할 거 아니야.

심 대리가 재빨리 제이의 말에 대답했다.

이 박사: 그때가 10년 전이니까 지금과 비교하면 정부관료를 만나기도 상대적으로 쉬웠고 실제로 만났던 관료들도 상당히 고위직에 있었지요. 하지만 후임자는 이 과장처럼 적극적으로 관계를 맺으려 하지도 않았고 과장 본인도 미련이 남게 관계를 마무리하고 귀임하는 바람에 장기적인 관계로 꽃을 피우지는 못했습니다.

제이: 아, 정말 아쉬웠겠네요.

이야기를 들은 모두가 아쉬움의 한숨을 쉬었다.

심 대리: 좋은 관계를 만들어 놨어도 계속 유지되지 않는다면 그것도 정말 문제겠네요.

제이: 그럼 박사님께서는 어렵게 싹튼 꽌시를 지속시키려면 후임자를 통한 유지가 대안이라고 말씀하시는 건가요?

이 박사: 'Yes and No'입니다. 그렇기도 하고 아니기도 하다는 거죠.

제이: 으음, 그건 또 무슨 말씀이신가요? 너무 아리송해요.

이 박사: 'Yes'라고 말하는 이유부터 이야기하지요. 후임자를 통한 유지는 아주 중요합니다. 심 대리가 이야기한 것처럼 전임자는 사실 한국으로 귀임한 이후엔 중국에서의 관계까지 챙기기가 어렵습니다. 이럴 때 후임자는 '전임자가 안부를 전하라고 했다'거나 하면서 전임자와 꽌시가 있었던 인물들에게 계속 연락을 취하는 것이 좋지요. 전임자 입장에선 멀리서도 관계를 챙길 수 있고, 중국 상대방은 멀리서도 챙기는 전임자의 따뜻한 마음을 느낄 수 있고, 또한 후임자는 전임자의 이름 덕에 호가호위(狐假虎威)하면서 계속 관계를 이어나갈 수 있습니다. 물론 허세를 부리면 안 되겠지만요. 중국에서는 체

면을 중시하기 때문에 전임자를 봐서 연락을 받고 만나 주는 경우들이 많습니다.

제이: 누이 좋고 매부 좋은 것이네요.

이 박사: 그런데 아까 이야기한 과장처럼 후임자에게 자신의 관계를 물려주지 못하고 돌아가는 것을 아쉬워하는 전임자도 있지만, 보통은 자신의 꽌시를 다른 사람에게 전달해 주려 하지 않습니다. 꽌시는 자신의 경쟁력이라서 함부로 남에게 줄 수 없다고 생각하는 것이죠. 한편으로는 나만큼 신경을 잘 써 줄까 싶어서 그런 면도 있겠지만요.

제이: 하지만 4~5년이 지나면 결국 귀임해야 되잖아요?

이 박사: 그렇습니다. 그래서 많은 회사들이 소위 꽌시를 담당하는 인력들에게는 주재기간을 연장해서 계속 근무하게 했었죠. 중국에 10년 이상, 많게는 20년까지 근무한 중국 전문가들이 존재하는 이유입니다. 이렇게 근무기간이 긴 사람들은 대부분 대관(對官)업무, 즉 중국 정부부처와 관련된 일들을 했던 경험이 있습니다.

제이: 다행입니다. 그렇게 꽌시가 유지되고 있으니까요.

이 박사: 다행일까요?

제이: 네?

제이는 이 박사의 질문을 이해할 수 없었다.

제이: 명맥이 유지되고 있으니 다행인 거 아닐까요?

이 박사: 허허허. 그럼 그 명맥은 언제까지 유지될 수 있을까요?

'언제까지라……. 하긴 20년씩 근무한 중국 전문가들도 나이를 먹을 것이고 언젠가는 퇴직하게 되겠지. 이 질문은 꽌시의 지속가능성

에 대한 거네…….'

심 대리는 이 박사의 질문이 정말 의미 있다고 생각했다.

이 박사: 이제부터가 'No'이기도 하다고 말하는 이유입니다. 이런 중국 전문인력은 회사의 아주 중요한 자산입니다. 그러므로 회사에서도 어떤 어려움이 있는지 항상 관심을 가지고 잘 보살펴야 되겠지요. 대관업무는 접촉해야 하는 부서와 사람, 또 해야 할 일이 많아서 업무부담이 큽니다. 항상 저녁 늦게까지 밖에서 사람들을 만나야 하거든요. 그런데 사람의 능력과 시간에 한계가 있다 보니 대관업무 담당자들은 중국 비즈니스의 실무에서 자꾸 멀어지게 됩니다. 마케팅과 판매 등 중국 현장을 뛰어다녀야 하는 일에서 빠지게 되는 거죠. 이렇게 실제 업무는 다른 부서에서 하고 자신은 대관업무를 주로 맡다 보니 최고의 중국 전문가이면서도 중국 비즈니스의 실상에 대해서는 오히려 잘 모르게 되는 경우가 발생합니다. 그런데 실무를 모르면 대관업무에서 상대를 설득하고 설명할 때에도 전문성이 떨어지게 되니 이게 참 아이러니인 거죠.

심 대리: 아!

이 박사: 지금은 이전과 분위기가 달라서 관련 부서들도 많아졌고 논의도 아주 깊이 있게 이루어집니다. 대관 전문인력이 계속해서 전임자, 후임자로 이어지는 것도 의미 있긴 하겠지만 각 업무 담당자들이 저마다 관련된 부서의 대관업무도 전담할 수 있도록 배양시켜 주는 것이 필요합니다. 즉, 씨줄과 날줄을 종횡으로 엮듯이 이루어져야 한다는 말입니다.

로이: 그럼 투입되는 인력과 비용도 상당해질 텐데, 자칫하면 배보

다 배꼽이 큰 상황이 될 수도 있지 않을까요?

이 박사: 그렇겠죠? 대부분의 사람들은 자기의 일이 제일 중요하다고 생각합니다. 사실 그렇게 생각하는 것이 맞고요. 하지만 자기 일이 중요하다고 해서 남의 일이 하찮은 것은 아닙니다. 남의 일도 존중해 주는 밸런스가 있어야 합니다. 흔히들 중국업무에서는 꽌시가 제일 중요한 것처럼 많이 묘사되곤 하는데, 이건 맞는 말이 아니라고 생각합니다. 대관도 중요하고 꽌시도 중요하지만 그와 동일하게 중요한 다른 많은 것들이 있으니까요. 생산효율을 높이고, 제품품질을 향상시키고, 소비자의 마음을 읽는 등 비즈니스에서 이루어지는 일련의 활동 말입니다. 그러니 너무 꽌시에 의존하지 말고 평상시대로 업무를 하면 좋겠습니다.

하나 덧붙인다면, 그러면서도 자기 업무와 관련된 정부부서의 사람들과 적극적으로 교류하고 각자의 후임자에게 그 관계를 인수인계하는 것이 좋습니다. 이렇게 해야 인간관계가 어느 한 명에게 의존하지 않고 형성될 수 있는 데다 전문성도 더 높아질 수 있죠.

심 대리는 이 박사의 말에 맘속으로 동의했다.

'한 명에 의존하다 보면 문제가 생길 수밖에 없어. 아무리 걸출한 인물이라 해도 말이지……'

이 박사: 꽌시는 업무로 인해 만들어진 회사의 자산이 되어야 합니다. 일개 개인의 전유물이 되어서는 안 된다는 뜻이죠. 어차피 한국으로 돌아가니 직접 관리할 수 없다고 생각하면 마음이 편하겠지요. 꽌시를 후임자에게 모두 전수해 주고 가려고 해도 시간이 걸리고, 다 사람이 하는 일인지라 후임자와도 서로 마음이 맞고 상대를

좋아해야 관계도 계속 유지되기 마련입니다. 그게 진정한 꽌시일 거고요. 후임자를 통해 원격으로 관리한다고 생각하고 인수인계가 잘 이루어질 수 있도록 회사가 시스템적으로 관리해야 합니다. 그러려면 본사에서 그 중요성을 인지하고 귀임 시에도 충분한 시간을 줘야 합니다. 또한 그런 중국 전문인력들을 장기적 관점에서 계속 중국 업무와 관련해 성장시키는 것도 중요하지요. 잠시 중국근무 시에만 담당하고 말게 하는 것이 아니라 말이죠.

일동: 네, 알겠습니다.

이 박사: 꽌시와 관련해서 생각해 볼 것들이 몇 가지 더 있습니다. 원래 꽌시는 오늘의 주제가 아닌 만큼 이것들은 먼저 각자 생각해 본 뒤 다음에 다시 토론하면 좋을 것 같습니다. 우선 첫 번째, '한 다리를 건너는 꽌시'란 어떤 의미일까요?

제이: '한 다리 건너는 꽌시'요?

이 박사: 네, 관련 부서가 많으니 모든 사람을 다 알 수는 없는 게 보통인데, 그렇다 보니 직접 아는 관계가 아니고 소개를 받아서 꽌시를 행사하는 경우가 있습니다.

'아무래도 정말 성의 있게 봐 줄 가능성은 줄어들 것 같아.'

로이는 생각에 잠겼다.

이 박사: 둘째, 꽌시만 믿다가 도리어 낭패를 본 경우들은 없을까요? 이 경우 어떻게 해야 하나요?

제이: 그런 경우도 있나요? 꽌시가 안 만들어지는 게 아니라, 만들어졌는데 도리어 낭패를 당하는 경우라니요?

이 박사: 허허허. 한번 생각해 보세요. 그리고 셋째이자 마지막, 꽌

시를 이용하여 문제를 해결할 때는 어떤 기준이 필요할까요?

이 박사는 세 가지 질문을 던진 뒤 이어서 이야기했다.

이 박사: 다들 '누구누구는 꽌시가 좋다더라'라고 이야기하거나 혹은 스스로 자기 꽌시를 자랑하는 사람들도 있습니다. 그런데 현직에 있을 때 좋았던 꽌시는 그 자리를 바라보는 꽌시입니다. 다시 말해 퇴직 후에도 이어질 수 있는 꽌시를 가지고 있는지를 보면 그 꽌시의 깊이를 알 수 있습니다. 퇴직하고 나서 끊어지는 꽌시는 꽌시가 아니니까요. 또한 정말 꽌시가 좋은 사람은 그런 걸 떠벌리고 다니지 않습니다. 자신으로 인해 상대에게 행여 부정적인 영향이나 오해가 가지 않게끔 배려하기 때문입니다. 설령 꽌시를 통해서 어떤 문제를 해결했다고 하더라도 그게 알려지면 도와준 사람에게 과연 도움이 되겠습니까? 진정한 꽌시는 조용히 움직입니다. 그게 서로 진정 의지하고 믿을 만한 꽌시 아닐까요?

이 박사는 조금 쉬었다가 투자 관련 이야기를 마무리하자며 10분간 휴식을 선언했다.

변화와 트렌드를 읽어라 8

이 박사: 자, 잠시 꽌시 이야기를 하기는 했지만 우리는 중국 투자와 관련하여 필요한 사항들, 또 시장 진입 및 유지를 위한 트렌드의 지속적인 확인에 대해서 살펴봤습니다. 앞서 외상투자산업지도목록이 외국자본의 투자에 대한 장려, 허가, 제한, 금지 분류를 담고 있는 규정이라고 했는데 사실 이 목록은 단순한 규정을 넘어서 트렌드를 볼 수 있는 주요 자료 중 하나입니다. 여러분이 말했듯이 '요우커'를 통해 사회·경제적 변화를 볼 수 있다면, 외상투자산업지도목록에서는 정부정책 방향의 변화 트렌드를 읽을 수 있습니다. 즉, 이 목록은 중국정부가 외국인 투자를 이용하려는 방향인 동시에 산업구조조정의 방향을 가늠해 볼 수 있는 지표(barometer)가 됩니다.

이 외에 '중국 경제 및 사회발전 5개년 계획'을 보며 향후 경제정책의 운영방향을 가늠해 보거나 '산업구조조정지도목록(産業結構調整指導目錄)'도 참고하면 좋겠습니다. 산업구조조정지도목록은 외상(外商)

뿐 아니라 중국 내자기업에게도 적용되는 것이니까 외상투자산업지도목록과 비교해 보면 참고가 될 겁니다. 뉴스를 통해서 사회적 변화를 감지함과 동시에 이런 규정들도 정기적으로 검색해서 변화된 내용을 살펴보는 것이 트렌드 파악에 필요하겠습니다. 거듭 말하지만 변화의 트렌드를 아는 것은 미래의 방향을 설정하는 데 아주 중요합니다.

일동: 네, 알겠습니다.

이 박사: 이전에는 중국기업을 대상으로 하는 '내자기업기업소득세법'과 외상투자기업에 적용되는 '외자기업기업소득세법'이 있었는데 2008년도에 이 두 개가 통합되었습니다. 과거에는 세율이 33%였는데 통합 후 25%로 바뀌었습니다. 이전에는 명목상의 세율이 33%였지만 실질적용세율이 15% 정도였기 때문에 사실상 15%에서 25%로 세율이 인상되는 효과가 있었죠. 그러면서 과거 생산기업들이 적용받던 2면3감(2免3減)의 혜택도 모두 사라졌습니다. 지역적인 혜택이 아니고 생산기업에게는 누적이익이 발생한 해부터 기업소득세를 2년간 면제해 주고 추가로 3년간 절반으로 경감해 주었으니 상당히 큰 혜택이었습니다만 폐지된 거죠. 또 해외주주에게 보내던 배당에는 세금을 매기지 않았었는데 이때부터 10%의 원천징수세가 부과되었고, 그전에는 배당을 재투자하면 세금을 환급해줬는데 이 규정도 없어졌습니다.

로이: 아, 그때부터 이미 투자환경은 점점 어려워지기 시작했군요.

이 박사: 그래도 중국이 원하는 첨단기술에 대해서는 여전히 투자

를 원하고 우대혜택도 제공하고 있습니다. 외상투자가 필요한 시기에는 각종 우대혜택을 통해 투자를 유치했지만 투자가 궤도에 올랐다고 판단되면 그것들을 없애는 거죠. 그다음으로 보통은 세무조사, 해관조사, 노동쟁의의 순서로 진행될 가능성이 많은데 '팍스콘(Foxconn, 富士康)' 사태 때문에 노사이슈와 세무이슈가 동시에 떠올랐습니다.

제이: 팍스콘 사태요?

이 박사: 네. 팍스콘 사태란 2010년 광둥성에 위치한 팍스콘 심천(深圳) 공장에서 열 명이 넘는 노동자들이 연이어 자살한 사건으로 큰 사회문제가 되었죠. 그 후에도 장시간 노동 등에 불만을 품은 이들의 소요사태가 이어졌고요. 그로 인해 팍스콘 사태는 임금과 초과근무수당 인상 등 노동환경 개선을 통한 노동자 권익보호에 관심을 기울이게 만든 시발점이 되었습니다.

로이: 아! 자살을 했다니……. 정말 큰 이슈였겠어요.

이 박사: 그랬죠. 그래서 노사이슈가 빨리 대두된 것입니다. 자세한 내용은 뉴스를 한번 검색해보면 좋을 것 같네요. 과거의 역사를 배우는 것이 현재를 이해하는 데 중요한 것처럼, 어느 나라에 투자할 경우에는 그 나라 제도의 변천을 이해하는 것이 현재와 미래를 이해하는 데 중요하다고 할 수 있습니다. 트렌드라는 것이 시간개념이 들어간 것이잖습니까. 물론 과거가 미래를 대변하는 것은 아니니 여러 정보를 취합하여 본인만의 기준으로 판단해야겠죠.

심 대리는 업무를 위해서는 작은 것들이라도 관심을 가지고 살펴볼 필요가 있겠다는 생각이 들었다.

9 / 외상투자의 중요성

이 박사: 지금부터는 이러한 외상투자가 왜 중요한지와 함께 중국 정부가 얼마나 방향을 잘 설정했는지를 보충하려고 합니다. 아까 '외국인 투자의 중요성'에 대해서 따로 이야기하겠다고 했었죠? 먼저 뉴스 기사를 하나 같이 살펴보겠습니다.

그리스 마침내 국가부도, 선진국 디폴트는 IMF 71년 역사상 처음...3차 구제금융 재논의 예정

그리스가 사실상 디폴트(채무상환 불이행) 상태에 빠졌다. 국제통화기금(IMF)에 대한 부채 15억여 유로(약 2조 원)를 갚지 못했기 때문이다.

IMF는 재정 위기에 빠진 그리스가 15억 3,000만 유로(약 1조 9,000억 원)의 채무를 상환하지 않았다고 지난달 30일 밝혔다. IMF는 성명에서 그리스는 체납 상태라고 표현했다. '디폴트' 대신 '체납'이라는 용어를 쓴 것이다.

(중략)

디폴트는 부채를 갚을 때가 됐는데도 원금상환이나 이자지급이 불가능한 상태를 의미한다. 세계 3대 국제신용평가사(피치·무디스·S&P)도 민간 채권자에 부채를 상환하지 못할 경우만을 디폴트로 규정하고 있다. 블룸버그도 금융시장은 그리스의 IMF 채무상환 실패를 실질적인 디폴트로 간주하지 않는다고 전했다.

그러나 전문가들은 '디폴트'라는 용어를 사용하지만 않았을 뿐 그리스의 현재 상황이 디폴트와 큰 차이가 없다고 보고 있다. 영국 경제지 파이낸셜타임스(FT)는 디폴트인지 체납인지는 순전히 용어상의 차이일 뿐이라고 지적했다.

(출처: 〈아주경제신문〉 2015년 7월 1일)

'중국정부 이야기를 하신다고 했는데 웬 그리스 관련 기사지?'

로이는 의아했다.

이 박사: 그리스는 IMF와 유로존에서 자금을 빌렸던 적이 있는데 시한이 되어도 갚지 못해 수모를 당하고 있습니다. 앞으로는 채권자들의 요구에 따라 강력한 구조조정을 겪을 수밖에 없는 데다 실업과 경제곤궁 등의 긴 터널도 지나야 하고요. 그런데 그리스가 왜 채권자들의 말을 들어야 하죠?

제이: 그거야 채권자들이 돈을 빌려줬으니까요.

심 대리: 그것보다는 그 빌린 돈을 갚지 못하고 있는데 추가자금까지 필요로 하는 상황이니 채권자들의 요구사항을 들을 수밖에 없다는 것이 맞지 않을까?

이 박사: 네, 다 좋습니다. 제이와 심 대리 말처럼 누군가에게 돈을 빌린다면 당연히 갚아야 합니다. 갚을 생각이 없는 사람에게 돈을 빌려줄 사람은 없겠죠. 그런데 투자는 갚을 필요가 없습니다. 투자는 투자자 자신의 의사결정으로 자신의 책임하에 단행되는 것이니 투자에 따른 위험은 투자자가 지는 것입니다. 맞나요?

제이: 네, 맞습니다.

이 박사: 그렇다면 만일 외국기업들이 단기투자에 그치지 않고 장기적으로 중국에 투자하게끔 한다면 이건 경제발전 및 산업구조 변화에 아주 큰 도움이 되지 않겠습니까? 금융시장에 흘러 들어온 금융자본은 굉장히 쉽게 이동하지만 산업자본은 그럴 수가 없습니다. 공장설립이나 설비수입에 들어가는 향후 몇 십 년을 내다보는 투자이기 때문입니다. 그리스는 돈을 빌렸지만 중국은 돈을 빌리지 않았습니다. 여러 나라의 많은 기업들이 스스로 중국투자를 결정한 것입니다.

심 대리: 아! 그렇네요.

이 박사: 투자하기 좋은 환경이라는 분위기가 조성된다면 투자가 투자를 부르는 선순환 구조가 만들어져서 더욱 많은 자금이 투자될 겁니다. 투자자는 바보가 아닙니다. 투자가치가 있다고 신중히 판단한 다음에야 투자를 결정할 것이고 가능한 한 이익을 극대화하려고 할 것입니다. 그렇기 때문에 투자자에게는 '이 투자는 반드시 이익을 가져올 것'이라는 확신을 심어 줘야 하는데, 중국에겐 그들을 유혹할 무기가 있습니다. 바로 큰 시장이죠. 중국은 시장을 무기로 투자자들을 끌어들였습니다. 이것이 중국의 외국인직접투자가 높은 이유입니다. 어느 기업이든 이 큰 시장을 선점하고 싶어 할 텐데 여기에 우대정책으로 불을 당겨 준 덕분에 투자로 이끌 수 있었지요. 생산기지로서의 메리트 역시 극대화해 줬습니다.

이 박사는 계속 설명을 이어 나갔다.

이 박사: 외상투자를 이용하는 것은 중국의 개방 및 개혁에 있어

주요한 정책 방향입니다. 그렇기 때문에 적극적으로 외자유치를 촉진시켰고 이것은 현재 중국경제에서 주요 부분을 차지합니다. 지금은 중국 내자기업들의 수출이 증가세에 있지만 과거 중국의 수출실적에서는 외상투자기업의 해외수출이 차지하는 비중도 컸죠. 다국적기업의 중국법인이 다국적기업의 해외법인으로 수출하는 것도 많았다는 뜻입니다. 중국은 현재도 외상투자를 가장 효율적으로 이용하기 위해 노력 중이고 그 이용방식 또한 다양하게 개발하고 있습니다.

로이: 말씀하신 대로 정말 중국정부가 똑똑한 것 같네요.

이 박사: 네. 아주 현명합니다. 외상투자가 강력하고 무서운 이유는 외국으로부터 돈도 받으면서 자국의 기술수준을 끌어올릴 수 있는 기회도 잡을 수 있기 때문입니다. 예를 들어 북경의 중심상업지구(CBD, Central Business District)에는 세계적인 커피숍 체인들이 있는데, 내부 인테리어가 굉장히 고급스럽습니다. 그 인테리어는 누가 담당했을까요? 인테리어를 지휘하는 사람은 그 세계적인 커피체인의 본사에서 파견됐을지라도 실제 업무는 중국 현지업체가 하는 것이 일반적입니다. 그렇게 외국인력과 협업하는 중국업체들은 엄청난 연습을 하고 눈을 뜨게 됩니다. 한마디로 업그레이드가 되는 거죠. 그것도 돈을 받으면서 말입니다. 투자에 수반하여 부수적으로 발생하는 업무에서도 기술이전이 일어나는데 직접 투자하여 운영하는 공장의 품질관리나 내부통제 측면에서는 더욱 직접적인 영향이 있을 겁니다.

심 대리: 아, 정말 그러네요.

이 박사: 그런데…….

이 박사는 갑자기 말을 멈추고 셋을 바라보았다. 무엇인가 중요한 것을 강조하려고 할 때 항상 말을 멈춤으로써 주의를 환기시키는 이 박사 특유의 화법이었다. 답답하리만큼 한참의 시간이 지난 후에 이 박사는 다시 입을 열었다.

이 박사: 이렇게 높아진 수준은 부메랑이 되어서 돌아오게 됩니다. 그게 바로 무서운 점이고요.

로이: 부메랑?

이 박사: 부메랑 모르나요?

제이: 당연히 알지요. 던지면 다시 돌아오는 장난감이잖아요. 근데 갑자기 부메랑이라고 하시니까 이상해서요.

이 박사: 그간 많은 외상투자기업들이 앞다투어 중국으로 진출해서 회사를 설립하고 제품을 생산했습니다. 자동차 산업을 예로 들어보죠. 여러분이 알고 있는 자동차 기업들을 말해 주세요.

제이: 대표적인 독일기업으로는 아우디, 폭스바겐, 벤츠, BMW가 있고 프랑스 기업으로는 푸조, 시트로엥, 르노가 있습니다.

로이: 일본기업은 도요타, 혼다, 닛산, 마츠다, 미츠비시, 스바루 등이 있으며 한국기업에는 현대와 기아자동차가 있습니다.

이 박사: 방금 여러분이 말한 자동차 기업들이 모두 중국에 공장을 설립하고 제조라인을 가동시키고 있습니다.

제이: 우와, 전부 다요?

이 박사: 중요한 것은 독일차라고 해서 독일에서 만든 제품을 가져다가 파는 것이 아니라 중국 현지에서 직접 제조하여 판매하고 있다

는 점입니다.

'어? 그러고 보니 한국에서는 방금 말한 차들이 모두 수입차들이네.'

로이는 뭔가 발견한 듯했다.

이 박사: 그런데 중국에서는 외국의 자동차 기업이 독자적으로 100% 자회사를 설립할 수 없고 합자회사(Joint Venture, JV) 형태로만 진출할 수 있습니다. 그래서 앞서 말한 회사들 모두 장춘(長春), 상해, 북경 등지에 중국기업들과 같이 합자법인을 세워서 운영하고 있습니다. 회사별 JV 현황을 정리해둔 게 있는데 같이 살펴볼까요?

[표 1] 각 자동차 기업별 합자회사 상황

합자사(JV)	외자기업 파트너사(주주사)	중국 기업 파트너사(주주사)
북경현대자동차	현대자동차	북경자동차
북경벤츠자동차	벤츠	북경자동차
상해대중자동차	폭스바겐	상해자동차
일기대중자동차	폭스바겐	일기자동차
상해통용자동차	제너럴 모터스(GM)	상해자동차
동풍열달기아자동차	기아자동차	동풍자동차, 열달
동풍푸조자동차	푸조	동풍자동차
동풍닛산자동차	닛산	동풍자동차
동풍시트로엥자동차	시트로엥	동풍자동차
일기도요타자동차	도요타	일기자동차
광주혼다자동차	혼다	광주자동차

이 박사: 이 표를 보면 재미있는 것을 발견할 수 있는데 누가 이야기해 보겠습니까?

표를 찬찬히 살펴본 제이가 물었다.

제이: 그 전에 여쭤 볼 것이 있는데요. 이 표에서는 벤츠의 중국 합자파트너가 북경자동차라고 되어 있는데 현대자동차의 중국 합자 파트너의 이름도 똑같네요. 이건 같은 회사인 건가요, 아니면 이름만 같은 건가요?

심 대리: 음……. 다른 회사인 거 같진 않아. 닛산, 푸조, 시트로엥의 합자사도 모두 동풍자동차라고 되어 있잖아.

심 대리가 제이의 질문에 대신 대답했다.

이 박사: 맞습니다. 동일 회사들입니다. 일기자동차도 도요타와 폭스바겐과 각각 따로 합자회사를 세웠고 상해자동차 역시 미국계 GM자동차와 폭스바겐과 각각 따로 합자회사를 세웠습니다.

제이: 서로 다른 경쟁자들과 동시에 합자회사를 세울 수 있다는 것이 말이 되나요?

이 박사: 가능하니까 세웠겠지요? 가능 여부는 뒤로 하고, 일단 이러한 합자형태는 외국 자동차 기업들에게 큰 부메랑이 되어서 돌아올 겁니다. 기업들 입장에선 직격탄을 맞는 격이지요.

로이: 직격탄이요?

이 박사: 내가 생각하는 세 가지를 얘기해 보겠습니다. 보충해서 각자 더 생각해 보는 것도 좋습니다.

'직격탄'이라는 표현이 강하다 보니 다들 숨을 죽이고 귀를 기울였다.

이 박사: 사실 대규모 투자를 해서 경쟁회사를 인수하지 않는 한 경쟁회사 인력을 한두 명 데려온다고 해서 경쟁사의 기술수준, 품질관리, 기업문화, 업무방식을 이해할 수 있는 것은 아닙니다. 그런데

JV 형식을 통해 함께 기업을 운영함으로써 기술을 발전시킬 뿐 아니라 경영도 벤치마킹할 기회를 준 것입니다. 외부에서 아무리 경쟁사를 이해하려고 해도 내부에서 매일매일 같이 생활하면서 이해하는 것과는 질적으로 다를 수밖에 없겠죠.

제이: 돈은 돈대로 벌면서 배우기까지 하는 거군요.

이 박사: 또한 많은 비용투입 없이 브랜드 제고를 가져온 것 역시 굉장히 큰 성과가 될 것이라고 예상합니다. 이전까지 북경자동차나 동풍자동차가 어떤 회사인지 몰랐던 사람들도 '벤츠와 합자사를 운영하고 있다' 혹은 '시트로엥의 합자파트너다'라고 하면 쉽게 인정하지 않을까요? 즉, 합자파트너의 브랜드 가치까지 덤으로 활용할 수 있는 거죠.

셋째로 여러 기업과 여러 합자회사를 만듦으로써 강력한 기술축적과 마케팅 수단 확보가 가능했을 것으로 생각됩니다. 이들이 '우리는 닛산, 시트로엥, 푸조를 만들어 본 경험을 바탕으로 각 회사들의 장점을 살리고 단점을 극복한 데다 가격경쟁력까지 있는 제품을 개발하는 데 성공했다'고 광고하면 다른 자동차 회사는 어떻게 대응할 수 있을까요?

세 사람은 침묵했다. 이 박사가 이야기하는 세 가지 효과는 폭풍처럼 강력할 수 있겠다는 생각이 들었다.

10 / 부메랑 효과

이 박사: 지금 다들 중국 내수시장에만 혈안이 되어 있는데 사실 세계시장에는 중국만 있는 것이 아닙니다. 그리고 중국 합자파트너 회사도 중국 안에서는 파트너지만 중국 외의 시장에서는 경쟁자에 해당하고요. 현재까지 중국 자동차들의 해외 진출은 많지 않았지만 앞으로는 자동차 수출도 상당히 늘어날 것이라고 전망합니다. 이런 중국회사들이 내수시장에서도 약진하겠지만 해외진출을 본격화할 경우 다른 회사들은 중국 외의 시장에서 이들과 경쟁할 전략을 충분히 갖추고 있는지 궁금합니다. 이게 바로 부메랑이라고 표현한 이유입니다.

심 대리: 호랑이 새끼를 키운 셈이군요.

이 박사: 나폴레옹도 중국의 잠재력을 알아보고 '잠자는 사자를 깨우지 말라'고 이야기했잖습니까? 앞다투어 들어와서 중국을 깨운 것이죠. 모든 자동차 업체들에게 중국으로의 진출은 선택의 문제가

아닌 피할 수 없는 현실이었기에 이 부분을 더 거론할 필요는 없을 것 같습니다. 그러나 '시장'을 정의할 때 중국만이 아닌 전 세계로 확대할 때를 대비한 준비를 해야 합니다. 특히 초기에는 중남미와 아프리카 시장에서 시작하여 구미 시장으로 진출이 확대되겠죠. 게다가…….

'아! 이보다 더 심각한 사안도 있는 걸까?'

심 대리는 가슴이 철렁했다. 다들 이 박사의 다음 이야기가 두려웠다.

이 박사: 자동차 산업을 흔히 종합예술이라고들 합니다. 자동차에는 약 2~3만여 개의 부품이 들어가기 때문이죠. 따라서 완성차 업체가 차량을 생산하는 데는 수많은 부품업체들이 필요합니다. 그런데 일반적으로 부품 업체들은 완성차 업체들이 해외에 공장을 세우면 대개 그 나라로 부품을 수출하기보다는 아예 그 업체들과 동반 진출을 하는 경우가 많습니다. 완성차 업체 입장에서는 빠른 부품 수급과 대응 면에서도 좋지만 현지에서 생산하는 편이 수출입하는 경우보다 가격경쟁력에서 앞설 수 있기 때문에 좋아하죠. 부품 업체 입장에서는 중국 완성차 업체로 시장을 확장하기 위해서 진출하는 것이고요.

로이: 산업 전체로 보면 규모가 어머어마하겠네요.

이 박사: 자동차 산업은 단순히 규모의 문제가 아닙니다. 그냥 고무덩어리로 생각하는 사람도 있겠지만 사실 타이어만 해도 종합 과학적인 결과물입니다. 타이어 표면의 패턴 또한 그 모양새에 따라서 급정거, 회전 등에서 차의 성능을 좌우하는 중요한 요소고요. 이렇

게 전자, 화학, 금속 등 여러 산업으로의 파급이 커서 전 산업의 발전을 가져올 수 있는 효과적인 산업이 바로 자동차 산업입니다.

일동: ……

이 박사: 우리는 앞서 왜 중국정부가 외상투자를 중요하게 생각하고 잘 이용했는지에 대한 예시를 보았습니다. 그런데 전기자동차 핵심부품 제조는 여전히 장려항목이고, 완성차 업종은 제한항목으로 바뀌었습니다. 이건 무엇을 의미할까요?

오늘 논의를 시작하며 물었습니다. 모든 고민에 앞서 생각할 대전제는 중국 진출의 목적과 그에 맞는 전략의 변화입니다. 왜 모두들 중국에 진출하려는 걸까요? 값싼 노동력을 이용한 생산기지로서 매력적이라서? 혹은 무한한 시장을 타깃으로 하기 때문에? 혹은 둘 다거나 중국 외에는 특별한 대안이 없어서? 사실 중국업체의 도전에 대해서는 선진국의 업체들도 수없이 고민했을 것입니다. 지금 갑자기 나타난 새로운 사실이 아니니 각 업체들도 여러 대안을 고민하고 전략을 수립할 거고요. 중국의 발전이 위협적으로 들렸을 수 있으나 지피지기면 백전불태(知彼知己百戰不殆)라고 생각합니다. 나는 여러분들이 현재를 냉정히 살펴보고 미래를 고민하기를 바랍니다. 나는 여러분이 행운아라고 생각합니다.

제이: 네? 이렇게 무거운 이야기를 하신 뒤에 갑자기 행운아라니요?

이 박사의 의미를 알 수 없는 말에 제이가 볼멘소리를 던졌다.

이 박사: 여러분, 나는 산업혁명의 시기에는 맨체스터에 있어야 하고 지금은 중국에 있어야 한다고 생각합니다. 세계의 흐름을 가장

중심에서 볼 수 있는 곳 말입니다. 그곳으로 여러분이 연수를 왔어요. 이 얼마나 다행입니까? 사소한 것 하나라도 유심히 관찰하십시오. 내 눈에는 정말 변화가 보이니 여러분에게도 보일 것입니다. 치열하게 고민하고 이 연수가 여러분들에게 실질적인 도움이 될 수 있게 하세요. 상대를 잘 알면 알수록 어떻게 상대와 함께 살아갈 수 있는지에 대한 해답도 구할 수 있다고 생각합니다.

모두들 묵묵히 고개를 끄덕였다.

이 박사: 내가 분위기를 너무 가라앉힌 것 같네요.

심 대리: 아닙니다. 정말 진지하게 고민해야 하는데 너무 세계를 바라보지 못한 채 우물 안 개구리처럼 있었던 것이 아닌지 생각했습니다.

이 박사: 모든 일에는 장점과 단점이 있습니다. 그런데 장점을 너무 부각시켜 버리면 단점을 볼 기회를 놓치고, 그러면 단점을 극복할 수 있는 대안을 세울 기회까지 놓치기 마련이니 항상 장점과 단점 모두를 볼 줄 알아야 합니다. 힘들 내세요!

이야기를 마친 이 박사는 심 대리, 제이와 로이의 어깨를 두드리며 격려를 하고는 밖으로 나갔다. 제이도 처음 비행기를 탔을 때의 생각과는 달리 중국으로 연수를 온 것이 다행이라는 생각이 밀려왔다. 세 사람은 오늘 들은 내용 중 사소한 것 하나라도 놓치지 않기 위해 각자 내용 정리에 나섰다.

로이: 심 대리님, 외상투자산업지도목록과 관련한 기사를 하나 찾았는데요. 정말 이 박사님 말대로 외상투자산업지도목록은 단순한 규정을 넘어 트렌드를 볼 수 있는 주요 단서 중 하나인 것 같아요.

중, 2015년판 외상투자산업지도목록 4월달 발효… 제한목록 절반 가까이 축소

중국의 외상투자산업지도목록의 6차 개정판이 2015년 4월 10일 정식 발효된다. 이번 목록의 주요 특징은 제한목록 항목과 조건이 대폭 완화됐다는 것이다.

특히 제조업의 제한 완화가 눈에 띄었는데, 제한목록에서 삭제된 37개 항목 중 26개가 제조업 분야였다. 특히 에너지 절약과 환경보호에 관한 공업 분야에서 외자에 대한 규정이 대폭 완화됐다.

서비스업의 경우는 국제해상운송, 전자상거래, 금융회사, 보험회사, 프랜차이즈, 부동산 개발, 수출입상품 검사 등 기존의 제한업종을 대대적으로 완화했다. 그러나 문화, 체육, 엔터테인먼트, 교육에 대한 외자규제는 변함이 없었다.

담배 판매, 골프장과 별장의 건설, 지질탐사, 온라인 출판, 문화재 경매 등 일부는 새로이 외자 진입 금지 목록에 추가되기도 했다.

반면에 친환경 기업농, 첨단기술, 선진제조업, 친환경, 신에너지, 금융 및 물류 서비스업 등의 분야는 외자투자가 장려되고 제한분야가 완화된다. 방재설비 개발, 인프라 보수 등 건축 설계와 양로 시설은 지난 판본에서는 제한목록이었으나 이번 판본에서 장려 목록이 되었다.

선박, 항공기, 전자설비, 부품 등의 제조업 면에서 외자의 독자 투자 제한조건이 사라졌으며, 부동산, 전자상거래, 금융, 도소매업 등 외자와 R&D참여가 장려되었다. 녹색 무공해 사료 및 첨가제 개발, 양탄자 및 자수 등 의류 설계, 사물인터넷 기술개발 및 응용 등의 분야에서도 제한이 완화됐다.

그러나 기존 장려 목록에서 빠져나온 산업도 있어, 전체적으로는 장려산업의 목록 개수가 오히려 약간 줄어든 것으로 나타났다. 장려목록으로 선정된 산업은 면세 등 중국 당국의 투자 인센티브를 받을 수 있다.

(후략)

(출처: 〈주간무역〉 2015년 3월 25일)

*참고로, 발개위는 2016년 12월 〈외상투자산업지도목록〉
7차 개정안을 발표하고 공개의견 수렴 중

로이: 이와 관련해서 재밌는 기사들도 많이 있네요. 정말 외국인 직접투자의 중요성과 각국의 치열한 경쟁도 느낄 수 있었습니다. 이

기사도 한번 보세요.

'모디 총리를 잡아라'… 미중일 구애 전쟁

나렌드라 모디 인도 총리가 9월 말 미국을 방문해 극진한 환대를 받았다. 버락 오바마 미국 대통령은 9월 29일 모디 총리와 백악관에서 90여 분간 비공개 만찬을 열었다. 이튿날 아침엔 모디 총리가 백악관 인근 내셔널 몰에 자리한 흑인 인권 운동가 마틴 루터 킹 목사 기념관을 방문할 때도 오바마 대통령이 길을 안내했다. 모디 총리는 지난 4월 총선에서 당선되기 전까지 인권 문제로 미국 입금 금지자였던 점을 고려하면 격세지감이 아닐 수 없다.

미국이 모디 총리에게 공을 들인 가장 큰 이유는 중국 견제 목적이다. 미국은 아태 지역에서 중국의 세력 확대를 막기 위해 '일본-한국-필리핀-인도'를 잇는 군사·안보 동맹을 구축해야 한다. 또 인구 13억 명의 거대한 수출 시장을 놓칠 수 없다. 모디 총리 역시 경제회복과 투자유치를 위해 미국의 도움이 절실하다. 두 정상은 아주 이례적으로 워싱턴포스트에 '21세기 인도·미국의 새로운 동반자 관계'라는 공동 기고문을 실으면서 새로운 우정을 과시하기도 했다.

미국뿐만이 아니다. 아태 지역을 둘러싸고 주도권 싸움을 벌이고 있는 중국과 일본도 남아시아 맹주인 인도를 우군으로 만들기 위해 모디 총리에게 '러브콜'을 보내고 있다. 아베 신조 일본 총리는 9월 초에 모디 총리를 일본으로 초청해 직접 유적지를 안내하는 등 극진히 대접했다. 두 정상은 경제와 안보 분야를 중심으로 한 새로운 양자관계 구축을 목표로 하는 '일본·인도의 특별한 전략적 제휴에 관한 도쿄 선언'에 서명했다. 아베 총리는 5년간 인도에 약 3조 5,000억 엔의 투자 및 융자를 지원하는 선물 보따리를 풀었다. 아베 총리가 인도에 공을 들이는 이유는 중국과 센카쿠 열도(중국명 댜오위다오) 영토분쟁을 벌이고 있는 일본이 인도를 끌어들여 중국의 '남진'을 차단하겠다는 계산이 깔려 있다. 특히 중국은 항구 운영권 인수와 경제 원조를 통해 방글라데시 치타공 항구와 스리랑카 콜롬보·함반토타 항구, 파키스탄 과다르 항구를 연결하는 인도양 항로를 완성했다. 인도양의 패권을 차지하려는 중국의 '진주 목걸이' 전략이다. 그런데 이 지역은 일본이 중동·아프리카의 석유를 수입하는 해상통로인 '시 레인(sea lane)'과 맞물려 있다. 모디 총리는 일본의 집단적 자위권 행사를 지지함으로써 일본이 '시 레인'을 방어할 길을 열어줬다는 평가가 나왔다.

모디 총리 '실용적 외교' 천명

아베와 모디 총리의 의기투합을 지켜본 시진핑 중국 국가주석은 9월 중순 직접 인도를 찾았다. 모디 총리의 생일파티에 참석하고 간디의 생가를 방문해 직접 물레를 돌리는 시범을 보였다. 중국은 아직 인도와 영토 분쟁을 해결하지 못했다. 미국에 맞서 아태 지역의 패권을 장악하려면 인도와의 관계 개선이 그 어느 때보다 중요해졌다. 중국은 인도와 아세안(동남아시아국가연합)을 발판으로 미국의 아태 지역 세력 확대를 봉쇄하겠다는 전략이다.

미 시사 주간지 타임은 최근 '왜 열강들이 인도 구애 전쟁을 벌이는가'라는 제목의 특집 기사에서 인도가 아태 지역의 파워 게임에서 와일드카드로 부상했다고 분석했다. 경제 회복의 기치를 내건 모디 총리는 '돈의 국적을 따지지 않겠다'는 실용적 외교를 천명했다.

(출처: 〈한경비즈니스〉 2014년 10월 24일)

심 대리: 어느새 기사 검색을 다 했네? 수고했어.

로이: 아니에요. 금방 검색되던걸요.

로이는 지금껏 이 박사가 들려준 이야기의 요점도 불릿포인트로 정리하여 제이와 심 대리에게 보여주었다.

- 시장과 경쟁자를 분석, 시간 요소를 고려하라.
- 투자제한 규정을 살펴라. 외상투자산업목록의 중요성
- 제약조건을 확인하라. 규정 및 절차상 제한
- ……

제이는 특별히 정리할 용어가 없었기에 이 박사가 한 말 중 생각나는 것을 본인 참조용으로 적어 놓기로 했다. 이게 과연 정리할 만한 내용인가 싶기는 했지만 손해 볼 것은 없다는 생각에 일단 기억나는 것은 모두 적어 보기로 하고 기억을 더듬었다. 심 대리 역시 JK 그룹의 미래 중국사업과 관련하여 확인해 봐야 할 내용들을 적어 내려갔다.

제이와 로이를 보니 정말 열심히 하고 있었다. 심 대리는 진지하게 임하는 신입사원을 보면서 힘이 났다. 동시에 막상 중국에 와 보니 자신이 중국에서 해야 할 일의 중요성이 더욱 무겁게 어깨를 누르고 있음을 깨달았다.

로이의 노트

1. 시장과 경쟁자
- 시장은 그 정의를 광의와 협의로 나눠서 작게는 중국을, 크게는 세계시장도 고려한다. 각 시장의 연령별, 지역별, 소득수준별 현황과 트렌드를 확인한다.
- 경쟁자는 현재, 잠재 경쟁자를 분석한다. 문화, 역사 등 기타 환경적 변화에도 관심을 갖는다.

2. 중국시장의 진출
- 전제조건: 본사와 프로젝트 팀 간의 유기적 의사소통이 필요하다.
- 철수도 중요한 전략이자 용기다.
- 성과의 공정한 평가가 매우 중요하다.
- 투자검토 시의 포인트

  첫째: 어떠한 제약조건이 있는지, 그리고 제약조건을 피할 수 있는 방법 혹은 제약조건하에서 최선의 대안이 무엇인지 확인한다.

  둘째: 어떠한 우대정책이 있는지, 그리고 해당 우대정책을 누리기 위한 조건이 무엇인지 확인한다. 우대정책의 절차상 요건을 확인하여 후에 진행 시 문제가 발생하지 않도록 한다.

  셋째: 우대정책이 실효할 수 있는 조건을 확인한다. 우대정책 실효 시의 효과와 대안을 분석하고 지속적인 관리가 가능한지 확인한다.

  넷째: 이 모든 제약과 혜택을 다른 의사결정 사항들과 비즈니스적인 관점에서 비교하여 비교우위가 있는지 확인한다.

  다섯째: '그럼에도 불구하고' 올바른 결정인지 다시 한 번 점검한다.

3. Case 설명
- 수요예측의 중요성: 영국의 올림픽 경기장 해체 vs. 스페인의 공항 매각
- 투자 시 확인할 사항: 제한항목 규정을 몰라서 협상에 불리한 사례. 협상 상대가 말해 주기를 기대하지 말라.
- 협상에 임하는 자세: 받을 것과 줄 것. 자기가 원하고 관철시켜야 하는 것만 들고 협상에 임하는 것은 문제. 상대도 마찬가지임을 명심하라.
- TFT(Task Force Team) 구성의 중요성: 다른 문화와 언어 환경의 중요성 이해. 요약통역은 없다.
- 보여주기 관행의 문제: 언론공개는 신중하게 하라. 스스로 목을 죄는 행동을 하지 마라.

3장_

투자구조

1 / 외국인 직접투자

이 박사: 오늘은 어떤 일정들이 있었나요?

심 대리: JK그룹에 관한 오리엔테이션이 추가로 있었습니다.

이 박사: 그렇군요. 회사에 대한 이해는 매우 중요하니 항상 집중해서 듣기 바랍니다.

제이, 로이: 네, 알겠습니다

큰 소리로 대답하는 제이와 로이에게선 강한 투지가 넘쳤다.

이 박사: 자, 우리는 투자에 관한 이야기를 이어서 하겠습니다. 투자를 결정했다면 그다음엔 어떻게 투자를 할지 투자구조를 결정해야 합니다. 앞서 투자할 때부터 회수를 고민해야 한다고 말했지요? 그런데 투자회수모델은 투자구조를 결정하는 데도 중요합니다. 그래서 종합적인 고려 후에 투자구조를 결정해야 하죠.

제이: 박사님, 투자구조는 정확히 뭘 의미하는 건가요? 저희에겐 좀 생소해서요.

이 박사: 그럼 투자구조라는 것에 대해 먼저 알아볼까요? 일단 중국 내 외국인직접투자 실적을 먼저 살펴보면 좋겠네요. 이건 중국 상무부 사이트에 있는 2014년도 중국 내 외국인 직접투자 상위 10개국 자료입니다. 나중에 2015년도 및 2016년도 숫자도 살펴보세요. 투자국 트렌드 변화도 볼 수 있을 것입니다.

[표 2] 중국 내 외국인 직접투자 상위 10개국

주요 국가/지구	투자금액 (백만 달러)
홍콩	85,740
싱가폴	5,930
대만성	5,180
일본	4,330
한국	3,970
미국	2,670
독일	2,070
영국	1,350
프랑스	710
네덜란드	640

한국과 영국은 동기대비 각각 29.8%와 28% 증가, 네덜란드와 일본은 각각 50.1%와 38.8% 하락. 상술한 국가/지구의 대중국투자는 상기 국가/지구가 BVI, 케이만군도, 사모아, 모리셔스와 바베이도스 등의 자유항을 통한 대중국투자를 포함하는 것임. (출처: 중국 상무부 전국외자이용상황통계)

이 박사: 어떻습니까? 직접투자를 살펴본 각자의 느낌은?

심 대리: 투자국별 순위를 살펴보니 한국도 상위에 랭크되어 있네요. 한국과 중국 간 경제교류가 크다는 것을 다시 한 번 실감할 수 있습니다.

심 대리의 대답에 이 박사는 고개를 끄덕이면서도 살짝 찡그리는 표정을 지었다. 긍정과 부정의 의미를 동시에 내포하는 듯한 이 반응은 너무 뻔한 의미 없는 이야기를 한다는 뜻일까?

그때 표를 유심히 살펴보던 로이가 작은 목소리로 중얼거렸다.

로이: 어라? 홍콩에 이렇게 회사가 많았나?

이 작은 목소리에 이 박사는 즉각 반응하며 용수철처럼 자리에서 일어났다.

이 박사: 로이, 방금 뭐라고 했지요?

로이: 홍콩의 중국 투자가 유난히 많은 것 같은데 이게 특이해서요.

이 박사: 왜 특이하다고 생각하죠?

로이: 사실 전 홍콩이 영국에서 중국으로 반환된 도시 정도라고만 생각했는데 투자액수가 한국보다 월등히 크네요. 그러고 보니 서방 선진국의 투자액은 경제규모나 중국에서의 비즈니스를 고려할 때 상대적으로 적은 것 같다는 생각도 듭니다.

로이가 고개를 갸우뚱하며 이야기하자 그제야 이 박사의 얼굴에 웃음기가 돌기 시작했다.

이 박사: 왜 그럴까요? 한국이 지리적으로 가깝다 보니 서방 선진국보다 상대적으로 투자가 더 많을 수도 있잖습니까?

로이: 물론 그럴 수 있지요. 하지만 제가 아는 바로는 세계 500대 기업의 대부분이 중국에 진출해 있습니다. 한국에 기반을 둔 기업 중 세계 500대 기업에 드는 곳은 손가락에 꼽을 정도밖에 되지 않는다고 알고 있거든요. 그런데 그 많은 나머지 다국적 기업들은 도대체 어떻게 투자를 했냐는 것입니다.

이 박사는 로이의 궁금증에 대답을 하지 않고 웃고만 있었다. 역시 누군가 다른 사람이 대답하라는 말이다. 틀리든 맞든 상관없이 토의를 하라는 뜻 아니겠는가.

제이: 혹시 중국에 법인이나 공장을 설립하지 않고 그냥 제품만 파는 건 아닐까?

심 대리: 글쎄……. 저렇게 큰 시장에 투자 없이 제품만 판다는 게 가능할까?

심 대리와 제이는 골똘히 생각했지만 명확한 답은 얻을 수 없었다.

제이: 근데 표 밑에 'BVI(British Virgin Island), 케이만군도, 사모아, 모리셔스와 바베이도스 등의 자유항을 통한 대중국 투자를 포함하는 것'이라고 되어 있네요? 이게 도대체 무슨 뜻인지 모르겠어요.

제이가 이상한 점을 발견했다는 듯이 외쳤다.

'BVI는 도대체 뭐 하는 곳이지? British가 들어가고 Island가 들어가니까 영국의 섬인가? 들어본 적도 없는 섬인데?'

이상한 점을 발견했다고는 해도 도대체 무슨 뜻인지 알 길이 없으니 더욱 어려워졌다. 이 박사는 대답 없이 그 특유의 웃음소리를 내며 웃었다.

이 박사: 충분히 잘 파악했습니다. 그림을 하나 그려 보도록 하죠.

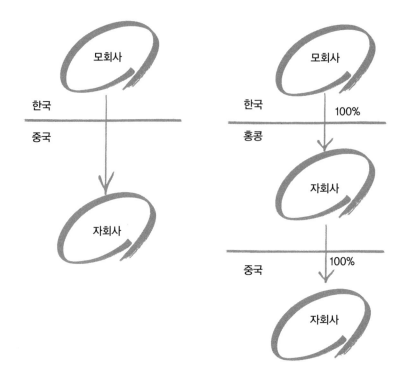

[그림 2] A: 한국에서 직접투자, B: 한국에서 홍콩을 통한 투자

그림을 그린 이 박사는 펜을 내려놓으며 간단한 설명을 덧붙였다.

이 박사: 그림 A에서 중국회사는 한국회사의 자회사, 그림 B에서 중국회사는 한국회사의 손자회사가 되었네요. 자회사인 홍콩회사의 자회사니까요. 물론 자금은 모두 한국회사에서 나간 것이지만……. [그림 2]

이 박사는 말꼬리를 흐리면서 세 명의 얼굴을 번갈아 바라보았다. 이게 바로 힌트라는 의미였다.

로이: 아!

뭔가 발견했다는 듯 로이가 무릎을 탁 치며 소리쳤다.

로이: 그럼 A의 경우는 한국의 투자, B는 홍콩의 투자로 집계되는 것인가요?

이 박사: 맞습니다.

제이: 그런데 바로 투자하면 될 것을 왜 이렇게 홍콩을 거쳐서 투자한 걸까요?

이 박사: 글쎄요……. 왜 그렇게 했을까요?

'역시나 바로 대답해 주시는 적이 없었지' 하고 생각하는 순간 이 박사가 환한 표정으로 웃으며 다시 입을 열었다.

이 박사: 여러분, 시간이 필요한 일이고 쉽지도 않겠지만 꼭 고쳐 주었으면 하는 나쁜 버릇이 있습니다. 내가 여기에 있는 이유는 여러분이 아무거나 묻기만 하면 답을 해 주기 위해서가 아닙니다. 남들이 주는 정보를 받는 데 익숙해져 있어서 그런지는 몰라도, 여러분은 생각도 해 보기 전에 너무도 거리낌 없이 곧바로 질문부터 합니다. 조금만 생각해 보면 알 수 있는 것들도 말이죠.

역시 이 박사답게 직설적으로 지적했다. 맞는 말이라 다들 뭐라 할 말도 없었지만 웃으며 말하니 더욱 창피했다. 특히 제이는 자신한테 하는 이야기인데 심 대리와 로이도 같이 혼나고 있다는 생각이 들어서 미안했다.

이 박사: 시험공부는 어쩔 수 없이 그렇게 했는지 몰라도 회사생활은 그렇게 하면 안 됩니다. 답이 있는 문제야 풀이과정과 답을 외우면 된다지만 앞으로 매일 맞닥뜨릴 문제에는 정답이 없습니다. 가치관과 자신만의 사고로 신중하게 결정을 해야 되는 것들이죠. 젊어서

연습해 두지 않으면 나중에 중요한 의사결정을 내려야 하는 입장에 처해서도 우왕좌왕하고 누군가가 답을 말해 주길 기다리면서 남의 입만 바라보게 될 것입니다. 그러다 잘못되면 그 사람을 탓할 거고요.

전 처음부터 말했습니다 나는 조력자에 불과하다고. 자신만의 생각을 하고 자신만의 의견을 가지라고 여러 번 강조했죠. 나뿐만 아니라 그 어떤 세계적인 석학의 이야기라 해도 반드시 맞는 것은 아닙니다. 절대적인 정답이 있다면 여러 이슈에 대해서 왜 석학들이 논쟁을 벌이고 서로 다른 의견을 개진하겠습니까? 여러분은 본인만의 시각을 가질 수 있도록 끊임없이 고민해야 합니다. 그것도 아주 치열하게 말이에요. 어릴 때부터 그렇게 교육받아 왔더라면 좋았겠지만 지금 한국의 현실이 그렇지 못한 것은 잘 알고 있습니다. 습관이 안 된 것을 이제야 하려니 쉽지 않겠지만 생각이라는 것에 시간을 투자하세요. 생각하는 힘은 여러분의 소중한 자산이 될 것입니다. 물론 이해에 꼭 필요한 지식들은 언제든지 친절하게 설명해 드리겠습니다.

낮은 톤으로 차분히 이야기를 하는데도 호되게 혼나는 느낌이 들어 모두들 얼굴이 새빨개졌다. 이야기가 끝난 뒤 이 박사는 아무렇지도 않은 표정으로 앞의 질문을 다시 던졌고, 로이는 맞든 틀리든 뭐라도 대답해야겠다는 생각이 들었다.

로이: 음……. 그 회사 입장에서는 홍콩을 통하여 투자를 할 경우 그에 상응하는 충분한 이익이 있었기에 그랬을 것 같습니다.

이 박사: 좋습니다. 홍콩을 통한 투자에는 어떤 장점이 있었을 것

이라고 판단했고 그것을 찾아 봐야겠다고 생각한 자체가 큰 수확이네요.

제이: 홍콩은 중국으로 반환되었으니 홍콩을 통해 투자하면 해외에서 투자하는 것보다 편하지 않을까요? 같은 중국 내에서의 투자에 해당될 테니까요.

심 대리: 아니지. 홍콩을 거쳐 중국에 하는 투자라 해서 그게 곧 중국 내에서의 투자는 될 수 없을 거 같아. 어차피 똑같이 중국에 투자하는 거라면 왜 굳이 홍콩을 거쳐서 투자하는 쪽을 결정하겠어? 오히려 더 번거롭기만 할 텐데 말이야.

제이의 말에 심 대리가 이견을 피력했다.

이 박사: 자, 제이와 심 대리가 의미 있는 대화를 했습니다. 제이는 홍콩에서의 투자가 좀 더 편할 것 같다고 얘기했고, 심 대리는 한국에서 중국으로 투자하는 거나 홍콩으로 투자하는 거나 마찬가지일 거 같다고 말했네요. 둘 다 좋은 힌트가 될 것 같습니다.

로이: 힌트라……. 아! 이제 이해가 되었어요!

제이: 뭐가 이해됐다는 말이야?

심 대리와 제이가 로이에게로 시선을 집중했다.

로이: 아까 FDI 표에서 홍콩의 순위가 높은 것이 의아했거든요. 전 영국에서 중국으로 반환된 도시의 순위가 왜 그렇게 높은지만 궁금해했지, 왜 FDI 순위에 홍콩이 끼어야 하는지에 대해서는 생각조차 하지 않았어요.

제이: 그런데?

제이는 로이가 도통 무슨 이야기를 하는지 알 수 없어서 답답했다.

로이: 생각해 봐. FDI는 해외로부터의 직접투자를 뜻하잖아. 북경에서 상해로 투자한 걸 두고선 해외투자라고 안 할 거야. 다시 말해 홍콩을 해외로 간주하지 않는다면 홍콩이 FDI 리스트 자체에 낄 수 없다는 이야기가 되는 거지. 어찌된 영문인지는 모르겠지만 그걸 생각하면 투자에 관해서만큼은 중국에게 있어 홍콩이 여전히 해외로 간주되는 거 같아. 중국으로 이미 반환되긴 했지만 말이야.

제이: 그런데 한국은 왜 굳이 홍콩을 거쳐서 중국에 투자해야 하는 걸까?

로이: 그러니까 뭔가 실익이 있지 않을까 싶은 거지. 박사님께서는 네가 '홍콩에서의 투자가 좀 더 편할 것'이라고 얘기한 게 힌트라고 하셨잖아. 투자 목적상 홍콩은 해외로 보지만 어쨌거나 중국영토의 일부분이니 좀 더 유리한 혜택을 주는 뭔가가 있을지도 몰라.

제이와 로이의 대화를 듣고 있던 이 박사가 입을 열었다.

이 박사: 부가설명을 좀 하겠습니다. 첫째, 홍콩은 영어로 Hong Kong SAR이라고 표현하는데 이는 홍콩특별행정자치구(Hong Kong Special Administrative Region)라는 뜻입니다. 중국 영토로 반환되긴 했지만 자치를 유지하는 지역이라는 거죠. 또한 법률상으로 국방과 외교 관련사항을 제외하면 중국의 법제는 홍콩에 영향을 미치지 않습니다. 홍콩은 홍콩의 법률을 따르기 때문입니다. 따라서 홍콩에서 중국으로 투자하는 것도 해외투자에 해당한다고 봅니다. 그렇기 때문에 로이가 아까 말한 대로 홍콩이 FDI 리스트에 있는 거겠죠?

둘째, 홍콩과 중국은 포괄적 경제동반자협정(CEPA, Comprehensive Economic Partnership Agreement)을 맺고 있습니다. CEPA는 쉽게 말

하자면 자유무역협정과 유사한데 그보다 포괄적으로, 즉 좀 더 넓게 아우르는 것이라고 보면 되겠습니다. FTA나 홍콩의 경제자유도 등에 대해서는 나중에 얘기하기로 하고, 일단 홍콩과 중국 간의 경제장벽은 낮다는 것만 이해하면 됩니다. 홍콩을 경유하여 중국에 투자할 충분한 메리트가 있다는 것이죠. 이 때문에 과거 오랫동안 홍콩이 중국 투자의 교두보 역할을 했던 것도 사실입니다. 그래서 해외 기업들은 자사의 사정과 목적에 따라 중국에 직접 투자하거나 홍콩을 경유하여 투자를 하기도 합니다.

제이: 그럼 무조건 홍콩을 통하여 투자해야 하는 것 아닌가요?

이 박사: 꼭 그렇지는 않습니다. 천천히 살펴보겠지만 방금 말한 대로 그건 회사의 사정과 목적에 따라 다릅니다.

이 박사는 이야기가 너무 깊게 들어가면 혼란스러워질까 봐 이 정도로 선을 그으려 했지만, 세 명의 표정을 보니 상당히 실망하는 것 같았다.

이 박사: 좋습니다. 조금 더 얘기하고 넘어가도록 하죠.

이 한마디에 세 사람의 얼굴이 환하게 바뀌었다. 그 열정을 본 것만으로도 이 박사는 기분이 좋아졌다.

2 / 투자와 법인세

이 박사: 자, 혹시 여러분 중에 '더블 아이리시(double Irish)'라는 말을 들어본 사람 있나요?

로이, 제이: 더블 아이리시?

심 대리: 많은 다국적 기업이 아일랜드에 법인을 세워서 조세상의 혜택을 보고 있다는 기사를 읽은 적이 있습니다. 아일랜드에 회사를 두 개 세운다고 해서 더블 아이리시라고 하는 것 같았어요.

심 대리가 조심스럽게 이야기하자 이 박사는 좀 더 자세한 설명을 요청했다. 하지만 심 대리는 방금 대답한 것 이상의 정확한 것은 모른다며 고개를 저었다.

이 박사: 심 대리 말처럼 더블 아이리시 혹은 '네덜란드가 낀 더블 아이리시(double Irish with a Dutch sandwich)'는 세계적인 다국적 기업들이 활용했던 구조인데 일반인에게 알려지면서 많이 회자되었습니다. 인터넷에서 검색해 보면 바로 자세한 내용을 알 수 있을 테니 여

기서는 모델구조에 대해서만 간단히 설명하지요.

노트를 편 이 박사는 동그라미 몇 개와 선을 그리고 양쪽 끝에 생산자와 소비자라는 글자를 적어 넣었다. [그림 3-1]

[그림 3-1] 중간도매상과 소매상

이 박사: 우리 어머니들이 김치를 담그기 위하여 구매하는 배추의 유통경로를 생각해 봅시다. 생산지의 농부가 받는 가격과 최종 소비자인 어머니들이 구매하는 가격 사이에는 큰 차이가 있습니다.

제이: 네, 김장철만 되면 반복해서 나오는 뉴스 내용이에요.

이 박사: 그렇죠. 그렇게 가격차가 생기는 이유는 바로 유통과정에 중간도매상들이 많기 때문입니다. 그래서 생산자와 소비자들이 직거래 장터라는 것을 통해 직접 연결을 시도하기도 하고요. 그런데 이런 유통구조에서는 중간도매상이나 소매상들 모두가 마진이 그다지 크지 않다고 주장합니다. 왜 그럴까요?

로이: 말씀하신 대로 중간도매상들이 많기 때문입니다. 하나가 차지할 이익을 여럿이 나누다 보면 아무래도 마진이 박해질 테니까요.

제이: 마진이 작기는 뭐가 작아요? 산지와 소비자가격 차이가 그렇게나 큰데요. 중간에서 완전히 폭리를 취하고 있는 거잖아요.

이 박사: 제이는 흥분 좀 하지 말고. 어쨌든 도매상들은 자신들의 마진이 많지 않다고들 이야기합니다. 어찌 보면 그들도 이 경제를 구성하는 주체고 열심히 사는 사람들입니다. 이 문제를 해결하려면 유통의 구조적인 문제를 해결하고 경제체질을 바꿔야 합니다. 그 사람들만 탓하기에는 어려운 점이 좀 있어요. 정부가 더 적극적으로 역할을 해야 하는 부분입니다. 하여간 마진이라는 것은 상품을 판 가격에서 산 가격을 뺀 순익에 해당합니다. 예를 들어 배추를 1,000원 주고 사와서 1,100원에 팔면 100의 차이가 생기긴 하지만, 배추를 운송하는 차량도 운영해야 하고 그 외의 여러 부대비용을 생각하면 남는 것이 없다는 것이죠.

로이: 하지만 사실 특별한 가치를 더하는 것도 없잖습니까? 애써서 배추를 심고 기른 농부도 아니고 중간에 끼어서 마진을 받는 것이니 그 폭이 크지 않은 것은 당연할 것 같습니다.

이 박사: 특별한 가치를 더하는 것도 없으니 마진 폭이 크지 않을 것이다? 로이가 아주 중요한 이야기를 했습니다. 경제구조가 건강해지려면 중간도매상들이 좀 더 가치를 창조하는 일에 종사하는 것이 맞겠네요.

말을 마친 이 박사는 다시 칠판에 큰 글씨로 몇 개의 단어를 적어 내려갔다.

이 박사: 원래 여기서 설명할 개념은 아니었습니다만 이해를 위해서 간단히 살펴보겠습니다. 내가 설명하는 내용 수준에서만 기억하면 되니 걱정하지 말고 그냥 들으세요.

원가분담약정이란 발생하는 원가를 나눠서 같이 부담하는 것, 말

Cost Sharing Agreement(원가분담약정)

Withholding Tax(원천징수세)

Passive Income(수동적 소득)

Tax Treaty(조세 협정)

Resident(거주자)

그대로 원가를 분담하는 약속입니다. 원천징수는 미리 원천(source)에서 징수를 해 버린다는 말인데 이것은 바로 아래 적은 수동적 소득과 관련이 있습니다.

수동적 소득(passive income)은 글자 그대로, 능동적으로 움직여서 얻는 소득이 아니라 가만히 수동적으로 있는데도 얻는 소득을 뜻합니다. 이자소득이나 배당소득, 로열티 소득이 수동적 소득에 속하겠군요. 소득에는 세금이 부과되는데 이러한 수동적 소득에 대한 세금을 원천에서 징수하는 것이 원천징수세입니다.

조세협정은 양 국가 간의 이중과세를 방지하기 위해 어느 국가가 과세에 대한 권리, 즉 과세권을 가지고 있는지를 규정한 협정입니다. 거주자는 각 나라마다 정의가 다른데, 이에 대해서는 나중에 보충하겠습니다. 거주자를 제외한 위 네 용어의 의미가 이해되나요?

제이: 개략적으로 이해가 되기는 합니다만…….

이 박사: 그 정도면 됐습니다. 그럼 앞서 얘기했던 '네덜란드가 낀 더블 아이리시' 구조를 살펴보겠습니다. 더블 아이리시는 아일랜드에 법인이 두 개가 있기 때문에 붙는 말입니다. 아일랜드에 있는 두 개 법인을 Irish의 첫 알파벳을 따서 각각 'I-1법인'과 'I-2법인'이라고 합시다. 이 두 개의 아일랜드 법인 사이에 네덜란드 법인이 마치 샌드위치처럼 끼어 있다고 해서 'Dutch sandwich'라고 하는데, 네덜란드 법인은 편의상 'N법인'이라고 부릅시다. 두 개의 아일랜드 법인 사이에 끼어 있어야 하니 흐름은 'I-1법인→N법인→I-2법인'이라고 보면 되겠네요. 여기까지는 이해가 되었나요? [그림 3-2]

[그림 3-2] 중간도매상과 소매상

일동: 네.

이 박사: 좋습니다. 아일랜드에 소재한 I-1법인은 다국적 기업의 본사가 소재한 나라를 제외한 해외부분 로열티에 대한 권리를 가지고 있다고 가정해봅시다. 이제 I-1법인은 네덜란드 소재 N법인에게 로열티 판권을 팔고, N법인은 다시 I-2법인에게 판권을 넘깁니다.

I-2법인은 세계 각국의 자회사에 다시 로열티 판권을 넘기거나 혹은 소비자로부터 직접 로열티 수입을 거두어들입니다. 이 그림에서의 I-1법인은 생산자에 해당하고 네덜란드에 소재한 N법인, 아일랜드에 소재한 I-2법인 및 다른 해외 자회사 등은 각각 그 순서대로 유통을 시키는 중간도매상으로 보면 되겠습니다. 그런데 로이가 말한 것처럼 생산자 외에는 중간유통자이기 때문에 마진이 크지 않습니다. 법인을 운영하면서 이래저래 관련비용까지 고려하면 별로 세금 낼 것도 없어지고요.

로이: 딱 일치하지는 않지만 말씀하신 배추의 유통경로와 정말 비슷하네요.

이 박사: 네. 그렇습니다. N법인이나 I-2 법인이나 각 소재지 국가에 내야 할 법인세가 아주 적습니다. I-2법인의 경우 N법인으로부터 사온 로열티 판권으로 대부분의 수익을 지급하기 때문입니다. 그런데 통상 한 국가에서 다른 국가로 로열티 대가를 지급하려면 이 수동적 소득(passive income)에 대하여 원천징수세(withholding tax)를 부과하기 마련입니다. 위의 예에선 I-2법인의 소재지인 아일랜드에서 I-2법인이 N법인으로 송금하는 로열티 대가에 대해 원천징수세를 징수하게 되겠죠. 참고로 중국의 경우 로열티에 대한 원천징수세가 10%입니다.

제이: 그럼 아일랜드에서는 최소 N법인이 거두어 가는 로열티 수입에 대해서는 세금을 징수할 수 있겠네요.

이 박사: 그런데 아일랜드와 네덜란드 사이에 체결된 조세협정(tax treaty)의 로열티 관련규정을 살펴보면 아일랜드에서 원천징수세의

납부 없이, 즉 세금을 내지 않고 송부할 수 있습니다.

이 박사: 위 협정이 바로 아일랜드에서 발생하여 네덜란드에 지급된 로열티에 대해서는 네덜란드에서만 과세한다는 의미입니다. 이 조세협정은 양국에 동일하게 적용되겠지요? 따라서 N법인에서 I-1법인으로 로열티 대가를 송금할 때에도 네덜란드에서 원천징수세를 내지 않고 송부할 수 있습니다. 결론적으로 I-2법인에서 N법인으로, 그리고 다시 I-1법인으로 로열티 대가를 보낼 땐 그와 관련된 원천징수세가 없는 것이지요.

로이: 아! 그래서 조세협정을 이야기하셨군요.

이 박사: 네. 이런 과정을 통하여 대부분의 수익이 I-1법인으로 모였습니다.

제이: 그럼 I-1법인만 많은 세금을 내게 되겠네요.

이 박사: 그런데⋯⋯.

이 박사는 집중을 유도하기 위함인지 잠시 멈추었다가 이야기를 이었다. 반전의 의미도 있었으리라.

이 박사: 아일랜드 세법상 거주자라 함은 아일랜드에서 관리와 통제가 이루어지는 회사(any company whose business is managed and controlled in Ireland)를 의미합니다. 즉, 실질적인 관리장소에 따라 거주자 판단을 하는 것이기 때문에 아일랜드에서 실제 관리가 이루어지지 않는다면 아일랜드 거주자가 아닌 것입니다. 거주자 개념에 대해서는 나중에 설명할 테니 그냥 '실질적인 운영과 관리를 하지 않으면 내지 않는다'라고만 알고 있도록 합시다.

로이: 어쨌거나 법인을 운영해야 하니 당연히 아일랜드에서 법인세를 내는 것 아닌가요?

이 박사: 아, 미안합니다. 이해를 위하여 조금 더 자세히 보충해 볼까요. 앞서 설명할 때 빠졌는데 또 하나의 회사가 있습니다. 바로 조세피난처인 버뮤다에 설립되어 있는 회사입니다. 여기서는 Bermuda의 첫 알파벳을 따서 B법인이라고 합시다. 사실 꼭 법인일 필요도 없고 실질적인 관리가 이루어지기만 하면 되는데 여기서는 편의상 법인이라 하죠. 버뮤다의 B법인은 I-1법인의 실질적인 관리를 담당합니다. 간단히 얘기해서 버뮤다에 설립한 B법인이 실질적인 관리와 통제를 하므로 아일랜드에서는 실질적인 관리와 통제가 없습니다. 즉, I-1법인은 아일랜드 거주자에 해당되지 않는 것이고, 그렇기에 아일랜드에서는 납세의 의무가 없습니다. 세적지(稅籍地)가 버뮤다인 것이니까요. 그리고 버뮤다는 조세피난처이기 때문에 법인세가 과세되지 않으므로 역시 납세를 하지 않고요.

제이: 잠깐만요. 그럼 해외로부터 벌어들인 수익에 대해서는 아무 곳에도 세금을 납부하지 않는다는 것인가요?

제이는 당황하여 이 박사의 말을 가로막으며 말했다.

이 박사: 정확한 표현은 아닙니다만 쉽게 말하면 그렇습니다. 조세

협정과 여러 세법상의 개념을 알게 되면 잘 이해할 수 있을 테니 기업들이 사용하고 있는 구조는 나중에 더 이야기하도록 하죠. 일단 지금은 이러한 양측으로부터 모두 과세되지 않는 이중비과세(double non-taxation)가 존재하고 각국은 이 문제를 해결하고자 공조하려고 한다는 것입니다.

로이: 그렇지만 아일랜드에 있는 I-1법인이 해외 로열티에 대한 권리를 가지려면 미국 본사에 마찬가지로 로열티 판권에 대한 비용을 지급해야 하잖습니까? 그러면 본사의 로열티 수익이 클 테니 결국 미국에서 납부하게 되는 것으로 보입니다만……

이 박사: 그게 바로 I-1법인이 중간도매상이 아닌 생산자가 되는 이유입니다. 미국 본사와 공동으로 비용을 대고 제품을 개발한 것은 I-1법인이니까요. 그 투자의 대가로 미국 내 지적재산권은 미국 본사가 갖지만 해외의 지적재산권은 I-1법인이 갖도록 하는 것이죠. 바로 앞서 설명한 원가분담약정을 통해서 말입니다.

일동: 아!

이 박사: 허허허. 이제 뉴스 기사에 자주 나오는 더블 아이리시의 구조를 살펴봅시다. 앞서의 설명을 생각하면서 보면 금방 이해가 갈 겁니다. [그림 4]

심 대리는 다행이다 싶었다. 지난번에 더블 아이리시에 관한 기사를 읽었지만 어떤 구조인지 파악하기가 어려워서 그 명칭만 기억해 뒀던 아쉬움이 이제야 해소되는 것 같아서였다. 제이와 로이도 배추장사를 생각하니 이 그림이 이해가 되었다. 거주자라는 것에 대해서는 여전히 궁금한 점이 많았지만 나중에 설명해 주신다고 했으

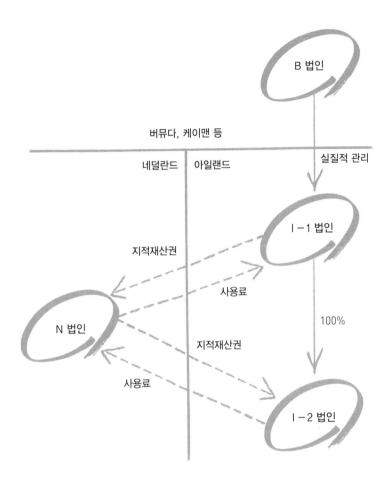

[그림 4] 더블 아이리시의 구조

니 기다리기로 했다. 지금은 이해가 어려우니 기다리라고 하신 것이
리라.

3 / 어디에 투자할 것인가

심 대리: 그림으로 보니 구조는 이해가 가지만 어떻게 이런 일이 가능한지 잘 모르겠습니다.

이 박사: 간단한 예를 들어보죠. 여러분이 인터넷쇼핑몰 사업을 하는데 오프라인 매장은 없이 온라인으로만 판매를 합니다. 서버를 두는 지역에서 운영 및 모든 기업활동을 하고 서버를 어디에 두느냐에 따라 서버가 위치한 나라에 법인세를 납부하게 되어 있다고 가정합시다. 즉, 법인세법상의 규정이라고 생각하자는 말입니다. 서버의 위치를 기준으로 과세한다는 것이 A, B 양 국가가 정한 약속이고요.

A국가는 전체 매출의 80%, B국가는 20%를 차지하고 있습니다. 그리고 A국가의 법인세율은 25%이고 B국가의 법인세율은 15%입니다. 법인세 과표가 되는 소득이 100억이라고 한다면 동일한 과세소득에 대한 법인세도 달라지겠죠. A국에 서버가 있다면 세금으로 25억을 내고 B국가에 서버가 있다면 15억을 내게 되니까요.

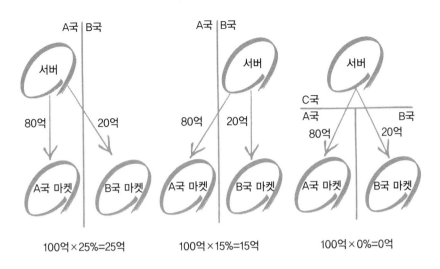

[그림 5] 서버를 어디에 둘 것인가?

이 박사: 자, 그림을 통해 일단 A와 B 두 국가만 비교해 보죠. 여러분들은 매출이 많은 A국가에 서버를 두겠습니까, 아니면 B국가에 서버를 두고 쇼핑몰을 운영하겠습니까? [그림 5]

로이: 서버의 위치에 따라 세금에서 10억의 차이가 생긴다면 아무래도 B국가에서 서버를 운영할 것 같습니다.

이 박사: 지금 100억이라는 금액을 예시로 들었는데 로이는 B국가에서 서버를 운영하겠다고 합니다. 그런데 이보다 몇 십 혹은 몇 백배의 수익을 올리는 다국적기업이라면 B국가에서 서버를 운영할 가능성이 좀 더 크지 않을까요? 회사의 입장에서는 주주이익의 극대화를 성실히 수행해야 하니까요.

제이: 그렇지만 이건 불공평합니다. A국가에서 번 것은 A국가에 세금을 내고 B국가에서 번 것은 B국가에서 세금을 내야 하는 것 아

닌가요?

제이가 흥분해서 이야기했다.

이 박사: 그럼 기업의 입장과는 별개로, A국가에서는 이런 비즈니스 형태에 대해서 어떻게 생각할까요? A국가의 세무당국은 이 회사가 돈은 A국가에서 벌어 가면서 세금은 한 푼도 내지 않는다며 과세할 방법을 찾으려고 할 것입니다. A국가의 국민이나 시민단체들은요? 소위 말하는 먹튀 논란에 불매운동이 벌어질 가능성도 배제할 수 없겠지요.

제이: A국가 입장에서는 당연한 반응일 것 같습니다.

로이: 하지만 A와 B국가 모두 서버가 있는 나라에서 과세하는 것으로 규정을 정했고 또 그거에 동의한 거잖아.

제이가 강한 어조로 대답하자 로이가 반박했다.

이 박사: 지금 무엇이 옳고 그른지가 아니라 이런 상황을 이해하기 위해 토론하는 것이니 너무 흥분하지 말고……

이 박사가 웃으며 제이를 진정시킨 뒤 이어서 말했다.

이 박사: 지금 로이와 제이는 각각 다국적기업과 시민의 입장을 대변해서 말한 것이나 다름없습니다. 기업의 입장에서 보면 아무래도 세금도 일종의 비용이라는 인식이 있을 겁니다. 피해갈 수 없는 비용이죠. 그렇다 보니 현행법의 테두리 안에서 최대한 적극적인 세무계획을 통하여 세금을 절감할 방법을 찾습니다. '법 테두리 안에서 절세할 방법을 찾은 것일 뿐 탈세를 한 것도 아니잖느냐'라고 항변할 수도 있죠. 아까 로이가 '서버 운영지에 따라 세금을 납부해야 한다면 세금을 절약할 수 있는 B국가에서 서버를 운영하겠다'고 대답

했던 것도 그런 판단에서였을 거고요.

이 박사는 잠시 말을 멈추었다가 다시 이었다. 이 박사는 판단은 철저하게 배제하고 현상 위주로 설명했기에 사람들에게 그에 대한 동의 여부도 굳이 묻지 않았다. 하지만 각자가 생각을 해보게끔 유도하기 위해 설명 중간중간에 의도적으로 말을 멈췄고, 각 주제나 사안별로 이야기를 끊었다. 덕분에 비록 세 명을 대상으로 하는 설명이었음에도 프리젠테이션의 느낌을 주었다. 이는 심 대리, 제이와 로이에게 자신들이 한참 어린 후배임에도 이 박사가 충분히 존중하고 있음을 느끼게 했다.

이 박사: 또한 앞서의 예에서는 서버 운영지를 기준으로 세금을 내는 것이 현재 A국가와 B국가가 스스로 정해놓은 세금납부의 기준이라고 가정했습니다. 하지만 제이는 A국가에서 번 것에 따른 세금은 A국가에, B국가에서 번 것에 따른 세금은 B국가에 내야 하는 것 아니냐고 항변했습니다. 제이도 규정상으로는 문제가 없음을 충분히 인식했겠지만, 그럼에도 역시나 비합리적이라고 느꼈기 때문일 겁니다.

제이가 고개를 끄덕였다. 이해를 못해서가 아니라 합리적이지 않다고 말했던 것을 박사님이 알아 주니 다행이라고 생각했다.

이 박사: 세무당국의 입장에서는 실정법의 위반은 아닐지라도 실정법의 미비나 허점을 이용하여 부당한 이익을 취한다고 보겠지요. 그렇지만 분명히 탈세는 아니므로 이러한 경우를 조세회피(tax avoidance)라는 표현을 써가면서 개선하려고 하는 것이고요.

심 대리, 제이와 로이 역시 개선방법이 있을 것 같다는 생각이 들었다.

이 박사: 자, 이 표를 한번 보시죠. 각 국가 간의 법인세율을 정리한 겁니다.

로이: 미국은 법인세율이 다른 나라에 비해 높네요.

이 박사: 미국의 다국적기업들은 미국의 세율이 높아서 기업의 경쟁력을 저하시킨다고 주장하고 있습니다. 왜 해외로 나가는지 정부에서 알고 개선해 줘야 해외에 유보된 자금도 미국 내로 유입할 수 있는 것 아니냐는 거죠. 이것이 복잡한 거래구조를 통한 이중비과세로 소득을 해외에 유보시키는 이유를 모두 설명해줄 수는 없지만 적극적인 절세계획의 한 요인임은 분명합니다.

[표 3] 각국 간 법인세율 비교

국가	세율
미국	38.92%
프랑스	34.43%
독일	30.18%
네덜란드	25%
영국	20%
아일랜드	12.5%

(출처: OECD, 2016년 11월 기준)

제이: 국가 간에 세율이 이렇게 차이가 나는지는 몰랐어요.

이 박사: 사실 과거에는 많은 나라들이 글로벌 기업들을 유치하기 위해 다양한 세제혜택을 제공하며 적극적으로 노력했습니다. 지금도 아일랜드의 경우, 법인세율이 과세표준 12.5%로 매우 낮습니다.

여기에 여러 공제혜택까지 받으면 실효세율은 훨씬 더 낮아지죠. 이는 많은 다국적 IT회사, 제약회사 등이 아일랜드에 둥지를 틀 만한 유인이 됩니다.

로이: 박사님, 공제혜택을 통해 실효세율을 낮춘다는 것이 무엇인가요?

이 박사: 중국의 경우에는 회사의 R&D 활동을 장려하기 위해 R&D 비용에 대해서는 추가공제를 해주는 혜택이 있습니다. 만일 50%를 추가로 공제해 준다면, 이는 실질적인 R&D 비용은 100이 발생했지만 150을 공제해 준다는 뜻이죠. 그러면 추가공제가 된 만큼 과표에서 차감되니까 계산되는 세액도 작아질 거고요.

로이: 마치 가상의 비용을 인정해 주는 것과 비슷하네요?

이 박사: 허허허. 재미있는 표현이네요. 가상의 비용이라……. 이해만 된다면 그렇게 생각해도 무방합니다. 세제상의 혜택이라는 것도 사실은 여러분이 일상생활에서 자주 접하는 개념이니 어렵게 생각할 필요가 없습니다. '중소기업을 지원하기 위해 세제혜택을 주겠다' 혹은 '장애인 고용을 촉진하고 청년실업을 타개하기 위해 고용주에게 세제상의 혜택을 주겠다'는 뉴스는 자주 접하고 있지 않나요?

제이: 네, 그렇네요.

이 박사: 하지만 글로벌 경기가 좋지 않은 탓에 다들 세수부족을 호소하는 상황이다 보니 각 나라들의 입장도 점차 바뀌었습니다. 그래서 자의로든 타의로든 조세정책에 변화가 생겼고 이를 위해 국제사회도 공조하겠다고 나섰지요.

로이: 그게 가능할까요?

갑자기 로이가 고개를 갸웃거리며 의구심에 찬 표정으로 이야기 했다.

이 박사: 왜 로이는 국제사회 공조에 어려움이 있다고 생각하지요?

로이: 박사님 말씀을 들으면서 국가마다 각자의 입장이 서로 다름을 느꼈어요. 손해를 보는 측이 있다면 이익을 보는 측이 있고요. 앞서 말씀해주신 인터넷쇼핑몰의 예에서는 A국가 입장을 이야기해 주셨는데 저는 B국가의 반응이 어떨지 상당히 궁금했어요. B국가 입장에서는 B국가 소비자에 대한 매출이 20%밖에 안 되지만 A국가 소비자로부터 벌어들인 수입까지도 합산하여 세금을 거두니까요. B국가 과세당국의 입장에서는 비록 A국가에도 소비자가 있기는 하지만 서버 운영 및 제반 경영이 모두 B국가에서 이루어지니까 실질적인 기업은 B국가에 위치하고, 따라서 B국가에 세금을 납부하는 것이 맞다고 생각하지 않을까 싶어요. 어떻게 정의하느냐의 문제인 것 같아요.

역시 로이의 질문은 예리했다. 로이는 제이처럼 박사님의 말씀을 듣는 것으로 끝나지 않고 항상 한발 더 나아가 고민하고 있었다.

이 박사: 로이의 생각은요?

로이: 글쎄요. 논란거리가 되지 않는다면 아무래도 자국의 입장에서 해석하지 않을까요? B국가에서는 세금수입도 있겠지만 동시에 서버 운영 및 웹사이트 관리 등을 위해 많은 인력이 고용되어 일자리 창출 효과도 있을 것으로 보입니다. 일자리 창출은 이들의 소비를 진작시켜서 내수를 활성화하는 데도 도움이 될 테고요. 이런 단일한 예로 국제사회의 복잡한 비즈니스를 다 이해할 수는 없지만 이

와 유사한 여러 면을 종합적으로 고려했기 때문에 각국이 글로벌 기업들을 유치하려고 노력하는 것 아닌가 싶습니다.

이 박사: 허허허……. 국제사회는 조세회피 방지를 위해 협력을 강조하고 있습니다. 각자 입장은 다르지만 그럼에도 서로 합의하고 협력해 나가는 것이 성숙된 모델이고, 또 분명히 가능하다고 생각합니다. 그런데 각 나라들은 이러한 공조와 동시에 기업 유치를 위해 차별화되고 경쟁력 있는 정책들을 끊임없이 모색하고 있습니다. 다국적기업의 경우 결국 어딘가에는 유럽본부를 두어야 하는데 이왕이면 자국으로 끌어들이기 위해 매력적이고 차별화된 정책을 제시하려 하는 거죠. 공조는 공조고 자국에의 유치는 유치인 셈입니다.

제이: 공조는 하되 그 와중에 하나라도 더 유치하려 한다니 이건 그야말로 '따로 또 같이'네요. 이거 거의 전쟁 아닌가요?

이 박사: 그렇다고 봐야죠. 지금이야 모든 나라가 공통적으로 직면한 문제라 분위기를 따라가지 않을 수 없겠지만 제각기 경쟁력 있는 정책을 내놓기 위해 끊임없이 고민하고 있을 것입니다. 실제로 영국에서도 세계적인 커피업체가 유럽지주회사를 네덜란드에 세워 놓고서 커피 브랜드, 로스팅 방법 등과 관련한 여러 특허료를 수취해서 문제가 됐고 불매운동까지 벌어지기도 했어요. 영국에서의 매출에 비하면 납부세금이 미약했으니까요. 이 커피업체는 이러한 오해를 풀기 위해 유럽지주회사를 영국으로 이전하기로 결정했다고 발표했습니다. 뉴스 기사를 한번 검색해 보기 바랍니다. 우연인지는 몰라도 마침 영국에서는 로열티에 대하여 낮은 세율을 매기는 특허박스(patent box, 기업의 전체 순이익 가운데 지적재산권[IP]에 의해 창출된 부

분에 대해서는 일반 법인세보다 낮은 세율을 적용하는 제도)가 신설되어 결과적으로 보면 영국으로의 이전이 오히려 더 절세하는 방법이라는 얘기도 나오고 있습니다.

그리고 브렉시트(Brexit)를 결정한 영국과 경제와 일자리 창출을 강조하는 대통령을 뽑은 미국에서 법인세율 인하 논의와 움직임이 있습니다. 이런 것들을 예의주시할 필요가 있겠습니다.

이 박사의 말을 들으면 들을수록 세 사람은 그 치열한 분위기를 몸으로 느낄 수 있었다.

또 다른 이해관계자 4

이 박사: 자, 이왕 범위가 넓어진 김에 다국적기업을 유치하려는 상대국가 외에 다른 이해관계자는 누가 있을지도 한번 생각해 볼까요?

'엥? 이미 다 나왔던 것 아니었나?'

의아해진 제이가 주위를 둘러보니 모두들 진지하게 생각하는 표정이었다. 아까 혼도 났던 터라 이 박사의 질문에는 일단 무슨 대답이라도 해야 했다. 그렇지만 너무나 터무니없는 대답을 할 수는 없기에 여러 갈래로 생각해 보려고 애를 썼다.

종이 위에 무엇인가를 끄적이고 있던 로이가 입을 열었다.

로이: 음……. 각 나라에 있는 다국적 기업의 경쟁자들 아닐까요?

제이: 경쟁자들?

로이: 다국적 기업들이야 세계 여러 나라에서 비즈니스를 하니 이러한 구조도 가능겠지만, 글로벌화되지 않아 자국에서만 비즈니스를 하는 로컬기업들은 그렇지 못하니까요.

이 박사: 좀 더 자세히 설명해줄 수 있을까요?

로이: 박사님 말씀대로 투자를 유치하려는 국가들을 놓고서 생각해봤습니다. 그런데 그 투자는 결국 투자구조의 제일 상위에 위치한, 조세피난처에 설립한 홀딩컴퍼니를 중심으로 이루어지니까 이 그림의 가운데를 조세피난처에 있는 회사라고 가정했습니다. 투자자금도 그렇게 해외 비즈니스로 벌어들인 수익이 유보되어 형성되는 것일 테니까요.

진지하게 이야기를 듣고 있는 이 박사와 심 대리, 제이를 본 로이는 멋쩍게 웃으며 말했다.

로이: 그리 대단한 것은 아니고, 그냥 중심에 유보된 현금을 놓고 그와 연관시켜 생각할 수 있는 것들을 주변에 그려 본 것뿐입니다.

[그림 6]

로이는 종이에 끄적인 것을 마지못해 펼쳐 보였다.

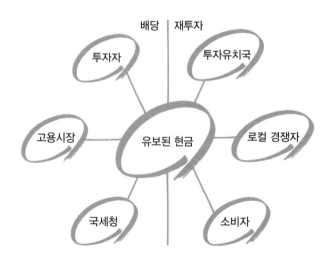

[그림 6] 로이의 그림 – 다국적기업과 이해관계자들

로이: 연관되는 단어들을 적어 넣고선 이것을 분류해 볼 수 없을까 생각해 봤어요. 아까 국제사회 공조도 이야기하셨는데 이 유보된 현금이 다국적기업의 본사가 있는 미국으로 보내지는 경우와 다시 해외에서 쓰일 경우로 나누어 봤습니다. 만일 본사로 보내진다면 본사의 투자자들은 배당을, 국세청은 세수수입을 기대할 수 있다고 생각했습니다. 본사가 현금여력이 높아지면 신규 고용도 생길 수 있을 것 같고요. 반면에 해외에서 재투자가 된다면 그 투자를 유치하려는 나라들, 절세로 확보한 막강한 현금을 쏟아붓는 다국적 기업과 경쟁해야 하는 로컬 경쟁자들, 그리고 신규 투자가 창출한 고용, 소비 등으로 나눌 수 있을 것 같았습니다. 그중에선 로컬 경쟁자가 가장 민감할 수 있을 것 같아서 말씀 드린 것이고요.

이 박사: 재미있는 그림이군요. 아주 좋은 분석이었습니다.

이 박사의 칭찬에 심 대리와 제이도 동의를 표하지 않을 수 없었다.

심 대리: 그렇겠네요. 이러한 다국적기업들은 강력한 브랜드 파워를 가지고 있는 데다 절세를 통해 수익을 극대화하고 있는데, 그렇게 보유한 엄청난 자금을 바탕으로 투자나 인수합병까지 하니 로컬 기업들은 경쟁 자체가 어렵다고 하소연할 수 있을 것 같습니다.

제이: 중소기업을 보호하기 위해 대기업의 진출을 제한하려는 영역도 있는데 글로벌 기업들이 막강한 자금력으로 시장을 공략해 온다면 대응이 쉽지 않겠어요.

이 박사: 자, 이야기의 범위가 넓어지는 바람에 시간이 많이 흘렀습니다. 오늘은 여기까지 하고 내일 우리의 논의를 중국으로 옮겨서

투자구조에 대한 이야기를 계속해 봅시다.

제이: 어? 박사님, 오늘 저녁식사 같이 안 하세요?

이 박사: 응, 내가 오늘 저녁에도 약속이 있네요. 요새 여러분들 쫓아다니느라 볼일을 못 봐서 말이죠. 저녁 맛있게 드세요.

이 박사는 살짝 윙크를 하고 급히 내려갔다.

자본이득

심 대리: 아! 이럴 수가!

로이: 아침부터 왜 그렇게 깊은 한숨을 내쉬고 그러세요?

아침식사를 하려고 내려온 로이는 심 대리가 커피 한 잔을 앞에 둔 채 땅이 꺼져라 한숨을 내쉬는 것을 보고 의아했다. 어제 저녁까지도 멀쩡했는데 무슨 이유에선지 심 대리의 얼굴이 많이 안 좋아 보였다.

심 대리: 응, 조금 심란한 일이 있어서 그래.

로이: 무슨 일이요?

심 대리: 어제 저녁 느지막이 중국에서 일하고 있는 내 친구를 만났거든. 내가 지금 연수하러 와 있다는 소식을 듣고선 연락했더라고. 중국에 주재원으로 나온 지 꽤 된 친구라서 중국에 대한 이야기도 들으면 도움이 되겠다 싶었지. 그래서 친구에게 우리 호텔로 찾아오라고 해서 맥주 한잔 하면서 중국에 관한 이야기를 나누었거든.

많이 늦은 시각이었는데 그때 마침 이 박사님께서 돌아오시더라고. 호텔 커피숍에 앉아 있는 우리를 보시고 합석하셨어.

로이: 그래서요?

로이는 심 대리가 서론이 너무 길다고 생각했는지 재촉을 했다.

심 대리: 내 친구네 회사에서 최근에 중국의 자회사 지분 일부를 중국업체에게 넘겼대. 그러면서 이래저래 세금을 내고 나니 남는 것이 없다는 불평불만을 털어놓더라고. 그 덕에 보기 좋게 면박을 당했지만 말야.

로이: 왜 면박을 당하죠?

심 대리: 박사님이 '낼 필요가 없는 세금을 내놓고서 쓸데없는 불평을 한다'고 하셨거든.

로이: 네? 낼 필요가 없는 세금이요?

로이는 낼 필요가 없는 세금이라는 것이 있나 싶어서 많이 놀란 눈치였다.

심 대리: 하여간 간단히 말하자면 그래.

로이: 낼 필요가 없는 세금이라면 세무국에서 징수를 안 해야 되는 것 아닌가요?

심 대리: 그게 좀 복잡한데, 각 나라와의 조세협정 규정이 다르기 때문에 규정에 따라서 낼 수도 있고 안 낼 수도 있다는 거야.

제이: 조세협정이요? 으…… 지겨운 조세협정이 또 나왔네요.

심 대리: 그런데 문제는 우리 JK그룹도 최근에 중국에 투자한 회사의 지분을 다른 회사에 넘기는 지분양수도(持分讓受渡) 거래가 있었는데 내 친구가 일하고 있는 회사와 마찬가지로 세금을 낸 것 같다

는 거야. 어제는 친구 이야기를 좀 더 들어 주느라 우리도 유사상황이 있다는 얘기를 꺼내지 못했어.

로이: 으음. 전 도대체 무슨 말인지 잘 모르겠어요.

심 대리: 나도 엊저녁에는 자세히 이야기할 겨를이 없었어. 박사님께서 '이미 발생한 일이고 지금 고민해 봤자 바로 방법이 나오는 것도 아니니 다 잊고 맥주나 한잔 더 하자'고 하셔서 말이야. 오늘 저녁에 내 친구가 다시 찾아와서 상의하기로 했으니 그때 듣고 자세히 이야기해 줄게.

머리를 감싸고 앉은 심 대리 폼을 보아하니 상당히 심각한 고민인 모양이다.

이 박사: 좋은 아침! 다들 모였나요?

언제 앞까지 다가왔는지 이 박사가 큰 소리로 웃으며 인사를 했다.

이 박사: 심 대리는 어째 머리가 아픈가? 왜 저러고 있지요?

제이: 이 박사님 덕분에 두통이 온 것 같아요.

이 박사: 나 때문에?

로이: 네, 어제 저녁에 박사님하고 맥주 한잔 하면서 들은 이야기로 머리가 아프대요.

이 박사: 크하하, 자본이득(capital gain) 때문에 그렇군.

다른 때보다 더 활기차게 웃는 이 박사의 웃음을 보니 마치 다른 사람의 고통은 곧 이 박사의 즐거움인 것처럼 느껴졌다. 하여튼 짓궂기도 많이 짓궂으신 분이다.

로이: 박사님, 낼 필요가 없는 세금이라는 것이 도대체 뭔가요?

심 대리가 저녁에 상의하고 얘기해 주겠다고 했지만 로이는 참지 못하고 이 박사에게 질문을 했다.

이 박사: 말 그대로 낼 필요가 없는 세금이죠.

말끝의 톤을 질문처럼 올려서 대답하면서 웃고 있는 이 박사를 보니 얄밉기까지 했다.

이 박사: 중요한 것은 왜 낼 필요가 없는지를 잘 아는 것입니다.

농담처럼 말하던 이 박사는 이내 표정을 진지하게 바꾸고 이야기를 이어나갔다.

이 박사: 자본이득에 관한 한중조세협정을 살펴보면 부동산을 주로 하는 법인의 지분양수도가 아닌 경우 각 체약국 일방에 납부하면 되는 것으로 나와 있습니다. 이건 한국과 중국 양 국가 간의 약속이고요.

예를 들어 한국의 회사가 중국회사의 지분을 가지고 있다고 가정합시다. 이 중국회사는 부동산 투자를 주로 하거나, 혹은 생산을 주로 하는 기업이라도 넓은 땅을 가지고 있어서 그 부동산의 가치가 회사 가치의 대부분을 차지하는 상황이고요. 이런 경우 한국회사가 그 중국자회사의 지분을 양도하게 되면 양도차익에 대해 중국에서 세금을 납부해야 합니다.

당연한 말처럼 들렸다.

이 박사: 그런데…….

일동: 그런데요?

이 박사: 만일 그렇지 않다면, 즉 부동산 투자를 주로 하는 것도 아니고 회사가 보유한 부동산의 가치가 회사 가치의 주를 이루는 것이 아니라면, 한국회사는 중국회사의 지분을 팔아서 이익을 얻는다

해도 중국에서 그에 대한 세금을 낼 필요가 없습니다. 한국과 중국 사이에 그렇게 약속이 되어 있습니다. [그림 7]

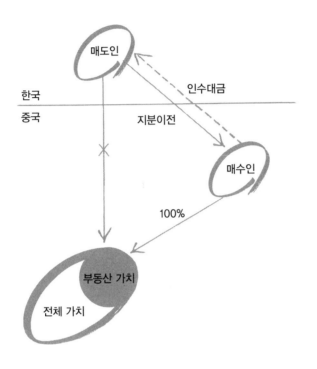

부동산 가치/전체 가치<50%→ **한국에서 과세**

[그림 7] 부동산과 세금

제이: 오, 그렇다면 대단한 혜택 아닌가요? 내야 될 세금을 안 내는 거니까요.

이 박사: 꼭 그렇지는 않아요. 조세협정은 상호적인 것이라서 이중과세를 방지하기 위해 서로 정한 것이지요. 다시 말해 동일한 이

익에 대하여 양쪽에서 두 번 세금을 내는 상황을 막고자 하여 만든 약속입니다. 그리고 한국기업에게 적용되는 규정은 중국기업이 한국에서 비즈니스를 할 때에도 동일하게 적용되는 것이니 특별히 혜택이라고 할 것까진 없어요. 그렇지만 각 국가 간의 조세협정은 OECD(경제협력개발기구, Organization for Economic Cooperation and Development) 규정에 기반하고 있어도 조금씩 서로 다른 부분이 있으니 잘 확인할 필요가 있습니다. 물론 양 국가의 정부 당사자가 조세협정에 대해 협의할 때 자국기업들의 상황을 잘 반영하여 협상하면 더할 나위 없이 좋겠지만 말입니다.

제이: 그렇다면 불공평한데요?

제이가 질문을 했다.

제이: 어느 기업은 부동산의 값어치가 높다는 이유로 중국에 세금을 내고 어느 기업은 부동산 가치가 적다는 이유로 세금을 내지 않으면 불공평한 것 아닌가요? 세금을 얼마나 내야 하는지 모르겠지만 그로 인해서 서로 다른 두 회사 간의 수익에도 큰 차이가 있을 수 있잖아요.

이 박사는 다시 빙그레 웃었다.

이 박사: 누가 제이에게 나 대신 설명해주겠어요?

제이는 날카로운 질문을 던져서 돋보일 생각이었는데 갑자기 얼굴이 화끈거렸다. 괜히 잘 이해하지 못했다는 것만 알린 셈이 되었으니 말이다. 그냥 가만히 있을 걸 하는 후회가 또 밀려왔다.

로이: 조세협정은 상호적인 것이고 이중과세를 방지하기 위한 것이라고 말씀하신 부분에 답이 있을 것 같아요. 즉, 어느 쪽에서든 세

금을 걷기는 하겠지만 만일 지분을 팔아서 생긴 이익에 대하여 중국에서 세금을 내지 않는다면 한국에서 세금을 낸다는 뜻 아닐까요? 중국에서 이미 세금을 냈으면 대신 한국에서 낼 필요가 없고요.

이 박사: 그렇지!

이 박사는 무릎을 탁 치며 기뻐했다.

제이: 그렇지만 두 나라가 그에 대해서 걷는 세금이 같으리라는 보장이 있어? 세율이 다를 수 있잖아.

제이가 로이의 말에 이의를 제기했다.

이 박사: 좋은 질문입니다.

이번에는 이 박사가 제이의 질문을 듣고 로이를 빤히 바라보았다. 이에 대한 답도 내놓으라는 뜻이었다.

로이: 저는 조세를 잘 몰라서 어떻게 처리해야 하는지까진 모르겠지만 이러한 불공평한 상황을 조정해주는 장치는 있을 거라고 생각해요.

이 박사: 호오, 조정할 장치라? 그러한 것들로는 뭐가 있을까요?

이 박사는 이들과의 대화가 무척 흥미로웠다.

로이: 중국에서 세금을 내지 않았다면 한국에서 내야 할 것이고, 또한 중국에서 세금을 냈을 경우 이를 증명하는 서류 같은 것을 제출한다면 한국에서 인정을 해 주는, 뭐 그런 것이 있지 않을까요?

이 박사: 한국에서 인정해 준다는 건 무슨 뜻인가요? 좀 더 구체적으로 이야기해 봐요.

이 박사는 대화를 점점 더 깊게 끌고 들어갔다.

로이: 아……. 정말 모르겠어요. 제가 조세에 대해서 정말 아는 바

가 없어서요.

로이가 난처해 하는 순간 이 박사가 갑자기 로이의 말을 막으며 큰 소리로 이야기했다.

이 박사: 잠깐! 여러분이 조세를 모른다는 건 이미 다 알고 있으니 앞으로 '모르겠습니다만……' 같은 건 붙이지 말고 그냥 말합시다. 모르는 것이 창피한 건 아니지만 자랑도 아니니까 계속 그렇게 강조하지 않아도 됩니다. 틀려도 전혀 상관없어요. 그리고 내가 주는 면박은 한 번씩 당해야 긴장도 되고 좋다고!

로이: 네!

이 박사의 큰 목소리가 모두를 긴장시켰다.

이 박사: 자자, 내가 초반에 이야기한 것을 다시 생각해 봅시다. 나와의 학습을 위한 전제조건 기억나죠? 다들 다시 큰 소리로 외쳐 보세요.

일동: 미리 지레짐작으로 겁먹거나 어려워하지 않는다! 용어가 생소하더라도 단어 고유의 의미에서 출발하여 사고한다!

이 박사: 좋습니다! 침착히 다시 생각해 봅시다.

이 박사의 진지한 표정에 다들 끙끙거리며 고민에 빠졌다.

심 대리: 한국에서 인정해 준다는 것은 한국에서 세금을 낼 경우 중국에 낸 만큼을 빼 준다는 것 아닐까요? 다른 경우는 생각이 나지 않네요.

심 대리가 자신없는 목소리로 조심스레 이야기하자 이 박사의 표정이 환해졌다.

이 박사: 여러분을 보고 있으면 '삼인행필유아사(三人行必有我師)'라는

중국의 성어가 생각납니다. 《논어(論語)》의 〈술이편(述而篇)〉에 나오는 말로 '세 사람이 길을 같이 걸어가면 반드시 내 스승이 있다'는 뜻이죠. 심 대리, 로이와 제이는 정말 좋은 조합입니다. 자꾸 의문을 제기하고 궁금해 하세요. 서로 토론하고 생각을 발전시키다 보면 어려움 속에서도 차근차근 길을 찾게 될 겁니다.

이 박사는 목소리를 낮추어 다시 말을 이었다.

이 박사: 로이의 말처럼 중국에서 납부한 세금을 한국에서 차감해 주는 것을 전문용어로는 외국납부세액공제(Foreign Tax Credit)라고 합니다. 어려운 말 같지만 글자 그대로 외국에서 납부한 세금을 공제해 주겠다는 것이지요. 여러분은 용어만 몰랐을 뿐 조세공정성을 유지하기 위한 제도가 존재한다는 것을 스스로 도출해서 대답한 것입니다. 대단하지 않나요?

이 박사가 정말 기쁜 표정으로 이야기를 한 덕에 다들 마음이 편해졌다. 제이는 정말 자신감의 문제이지 지레 모른다고 움츠리고 겁먹을 일이 아니라는 생각이 들었다. 그때 로이가 다시 이 박사에게 질문을 했다.

로이: 그럼 심 대리 친구분이 다니는 회사는 중국자회사의 지분을 넘기고 얻은 자본이득에 대하여 중국에 납부하지 않았어야 하는 세금을 납부한 것인데, 이에 대해서도 한국에서 외국납부세액을 공제받을 수 있나요?

이 박사: 로이 생각은 어떤가요?

로이: 음……. 외국납부세액공제라는 것이 안 내도 될 세금을 낸 것에 대해서까지 공제해 주는 것 같진 않습니다.

이 박사: 그렇죠? 한강에서 뺨 맞고 종로에서 화풀이하는 것도 아니고, 남의 주머니에 잘못 넣어준 돈을 내 주머니에서 가져가겠다는 것을 한국의 과세관청에서 받아들일 수는 없을 겁니다.

로이: 그렇게 되면 한국에서도 그에 대한 세금을 징수하려고 할 것이고 결국엔 이중으로 납부한 결과를 초래할 텐데 이를 해결할 방법이 없을까요?

이 박사: 과연 무슨 방법이 있을까요?

이 박사는 다시 또 되물었다. 문제가 있다고 대뜸 묻지 말고 생각을 하라는 일관된 메시지다.

로이는 신입사원 연수에서 이러한 기회를 갖는다는 것은 정말 행운이라고까지 여겨졌다. 물론 많이 고통스럽기는 했지만 말이다.

로이: 비록 규정을 잘 몰라서 납부한 것이지만 실수로 납부한 경우라면 이를 되돌려 받을 수 있는 길이 있을 것 같아요.

이 박사: 그렇죠. 당연히 구제절차가 있어야겠죠. 회사는 중국에서 환급절차를 진행하여 납부한 세금을 돌려받을 수 있도록 해야 합니다. 하지만 한번 주머니에 들어간 돈이 다시 나온다는 건 쉽지 않으니 여러 귀찮은 작업을 해야겠죠. 당사자 혼자서는 힘에 부치니 회계법인 등 전문가 집단과 같이 일을 해야 할 것이고, 그럼 시간과 비용도 추가로 들어갈 거고요. 그렇기 때문에 항상 미리미리 확인하고 생각해 보는 것이 시간과 비용과 정력을 아끼는 길입니다.

제이는 이 박사의 설명만 듣고 마는 것이 아니라 한 번 더 생각한 뒤 문제를 해결하는 답안에 대해서까지 토의하는 로이의 능력이 정말 탁월하다고 느끼며 다시금 자신과의 격차를 실감해야 했다.

조세협정

이 박사: 여러분들과 이야기하다 보면 원래 생각했던 주제가 아니라 자꾸 옆으로 빠지는 경향이 있네요. 하지만 좋습니다. 우리가 꼭 오늘 무엇을 배우겠다고 정해 놓는 것보다는 필요할 때 필요한 내용을 토의하는 것이 더 중요하니까요. 오늘 중국에 대해서 이야기해 보려고 했는데 이왕 이렇게 된 것 잠시 다른 이야기 하나 먼저 해 보도록 하죠. 혹시 바베이도스(Barbados)라고 들어본 사람 있나요?

로이: 중앙아메리카 베네수엘라 북동쪽 카리브 해에 있는 섬나라입니다. 대항해 시대에 포르투갈이 발견한 이후 영국령인 서인도 연방에 속해 있다가 1966년에 독립했고요. 작은 섬나라지만 1977년에 남북한 모두와 수교를 맺은 것으로 알고 있습니다.

심 대리: 이야, 로이는 어떻게 그런 것도 다 알아? 난 처음 들어 보는 나란데?

처음 들어 보기는 제이도 마찬가지였다.

이 박사: 과거 해외자본이 중국에 투자할 때 이 바베이도스를 통하는 경우들이 있었습니다. 중국과 바베이도스 간에 체결되었던 조세협정의 일부를 한번 살펴볼까요? 양국은 2000년에 조세협정을 체결했는데 2010년에 자본소득 부분과 관련하여 일부 개정이 있었습니다.

중국-바베이도스 조세조약 제13조

Capital Gains

1. Gains derived by a resident of a Contracting State from the alienation of immovable property referred to in Article 6 and situated in the other Contracting State may be taxed in that other State.

2. Gains from the alienation of movable property forming part of the business property of a permanent establishment which an enterprise of a Contracting State has in the other Contracting State or of movable property pertaining to a fixed base available to a resident of a Contracting State in the other Contracting State for the purpose of performing independent personal services, including such gains from the alienation of such a permanent establishment (alone or with the whole enterprise) or of such a fixed base, may be taxed in that other State.

3. Gains derived by an enterprise of a Contracting State fromthe alienation of ships or aircraft operated in international traffic by that enterprise or movable property pertaining to the operation of such ships or aircraft shall be taxable only in that Contracting State.

4. Gains from the alienation of any property other than that referred to in paragraphs 1, 2 and 3 shall be taxable only in the Contraction State of which the alienator is a resident.

개정안

Article 5

1. The existing paragraph 4 in Article 13 of the Agreement shall be deleted.

2. The following paragraphs shall be added to Article 13 of the Agreement as paragraphs 4, 5 and 6:

4. Gains derived by a resident of a Contracting State from the alienation of shares deriving more than 50 per cent of their value directly or indirectly from immovable property situated in the other Contracting State may be taxed in that State.

5. Gains derived by a resident of a Contracting State from the alienation of stocks, participation, or other rights in the capital of a company which is a resident of the other Contracting State may be taxed in that other Contracting State if the recipient of the gain, at any time during the 12 month period preceding such alienation, had participation, directly or indirectly, of at least 25 percent in the capital of that company.

6. Gains from the alienation of any property other than that referred to in the preceding paragraphs shall be taxable only in the Contracting State of which the alienator is a resident.

제이: 어려워요. 한글로 해 주시면 안 되나요?

이 박사: 그러게요. 좀 어렵지요? 한국과 맺은 조세협정이 아니라 중국과 바베이도스 간의 조약이다 보니 한글본이 없네요. 설명하고 자 하는 부분을 지금 알려 줄 테니 걱정하지 마세요. 조약의 표현은 어려워서 이해하기 쉽지 않은 것이 정상이니 당황하지도 마시고요. 다만 설명을 들은 다음에 나머지 부분도 각자 천천히 다시 읽어 보 면 좋을 것 같아서 원문을 그대로 보여 드린 겁니다.

이 박사는 친절한 목소리로 모두를 안심시켰고 어렵지만 한번 도

전해 보라는 격려도 빠뜨리지 않았다.

이 박사: 요점은 원 조약의 제13조 4항이 2010년 개정을 통하여 삭제되고 그것을 대신하여 4~6항이 추가되었다는 것입니다. 원 조약의 제13조 4항을 보면 '1~3항에 언급된 것이 아닌 어떠한 자산의 양도에 의한 소득은 양도자가 거주자인 체약국에서만 과세한다'고 되어 있습니다.

심 대리: 'alienation'이라는 단어에 '양도'의 의미가 있다는 건 처음 알았어요.

이 박사: 법률용어는 생소하지요. 그래서 계약서를 검토할 때 세세히 살펴봐야 합니다. 문장 전체의 구성으로 뜻이 조금이라도 이상하다 싶으면 바로 찾아봐야죠.

제이: 보통 계약서 검토는 법무팀이나 변호사들이 담당하지 않나요?

이 박사: 좋은 질문입니다. 일단은 이것부터 먼저 논의하고 토의해 봅시다. 계약서는 법무팀이나 변호사만 보면 되는지 제이의 의견을 나중에 알려 주세요.

'이런. 또 토의 주제가 추가됐네. 요놈의 입방정······.'

제이는 말을 꺼내기가 무서웠다.

이 박사: 원조약 제13조 4항의 의미는 바베이도스의 거주자가 1~3항에 언급된 자산을 제외하고는 중국 내에 있는 자산을 처분해도 중국이 아닌 바베이도스에서 과세가 된다는 뜻입니다. 지분양수도의 경우에는 1~3항에 언급된 자산의 처분이 아니기 때문에 4항과 관련이 있겠습니다.

제이: 한마디로 말하면 지분양수도의 경우에는 바베이도스에서

과세된다는 이야기가 되겠네요.

심 대리: 어째 중국에서 납세하지 않는다는 것이 앞서 말씀해 주신 사례들과 비슷한 듯하네요.

이 박사: 1~3항이 무엇인지는 나중에 보고, 이 4항이 없어지고 대신 추가된 4항을 보면 '체약국 일방의 거주자가 지분의 양도를 통해 수취하는 소득은 그 가치의 50% 이상이 직접 혹은 간접적으로 타방체약국 내에 위치한 부동산으로부터 파생되는 경우 타방체약국에서 과세한다'라고 되어 있습니다. 이 말은 바베이도스의 거주자가 중국에 가지고 있는 회사의 지분을 팔았는데 그 회사의 부동산 가치가 커서 전체 가치의 50% 이상을 차지할 경우에는 지분양도이긴 해도 바베이도스가 아닌 중국에서 과세한다는 뜻입니다.

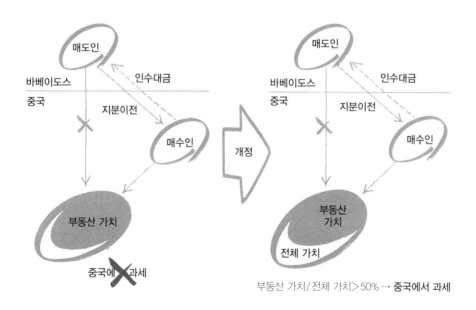

[그림 8] 중국-바베이도스 조세조약 개정

제이: 그림을 보니까 확실히 알겠네요. 원래는 부동산 가치가 얼마든 상관없이 무조건 중국에서는 과세를 하지 않았는데 이제는 부동산 가치가 40%면 바베이도스 과세, 60%면 중국 과세가 되는 것이네요? 앞서 그려주신 한국 사례의 그림과 같아졌어요. [그림 8]

이 박사: 그렇습니다. 제이는 이 개정에서 무엇이 느껴지나요?

제이: 음…….

이 박사: 심 대리는 무엇이 보입니까?

심 대리: 40%냐 60%냐가 아니라 개정 전에는 지분의 양도소득에 대해서 아예 세금을 내지 않던 것을 수정했다는 데 눈길이 갑니다. 잘은 모르겠지만 바베이도스를 통해서 과거 해외자본이 중국 부동산회사들을 구입해서 차익을 실현한 뒤 세금을 내지 않고 나갔던 혜택은 더 이상 없을 것 같습니다.

'이런, 나도 모르게 또 잘 모르겠다고 말해 버렸네. 내가 원래 이렇게 자신감이 없었나?'

심 대리는 자책과 함께 순간적으로 이 박사의 눈치를 살폈다.

이 박사: 잘 말해 줬습니다. 부동산 비율에 상관없이 지분양수도는 무조건 과세되지 않았다는 것은 심 대리 말대로 바베이도스가 중국의 부동산 회사들에게 있어 지분양수도에 최적인 구조(vehicle)를 갖고 있었다는 것이죠. 사실 바베이도스는 세계 10대 조세피난처라고들 합니다. 중국이 합리적이지 않은 규정과 조약을 적극적으로 개정하려는 움직임을 보였고 조세피난처를 통한 소위 '먹튀'에 대해 관리감독을 강화하겠다는 중국의 의지를 여러분이 읽어 냈다면 그것으로 충분합니다.

이 박사의 말에 그제야 안도의 한숨을 내쉬려는 찰나 로이가 입을 열었다.

로이: 심 대리님 친구분 회사도 보유부동산의 가치가 적었던 것 아닐까요?

심 대리: 어라? 그런가?

이 박사님 질문에 긴장해서 그런지 심 대리는 그 이야기를 잠시 잊고 있었다.

로이: 한국과 중국 사이에 체결된 조세협정에서의 양도소득 부분이 유사하다면 바로 이 내용이 납부할 필요가 없는 이유일 것 같아요.

'이 박사님, 역시 긴장을 늦추지 않게 해 주시네. 바베이도스의 조세협정 구절을 통해서 답을 주신 거야. 그런데 이렇게 돌려 이야기하시고선 우리가 알아들었는지 진짜 살펴보시려고 했을까?'

심 대리는 그나마 로이가 알아차렸기에 다행이라는 생각이 들었다. 이 박사는 그런 듯 아닌 듯 테스트를 하는 것 같기도 하고, 친절히 답은 주지만 생각해 보라고 우회적으로 말하는 것 같기도 해서 도저히 종잡을 수가 없었다.

심 대리: 친구도 지금 답답할 텐데 빨리 알려 줘야겠어.

잠시 친구에게 전화를 하고 오겠다는 심 대리를 불러 세우며 이 박사가 이야기했다.

이 박사: 이왕 할 거면 조금 더 정확하게 얘기해 줘야지요. 자, 이것이 한중조세협정의 관련조항이니 조항도 같이 일러 주도록 하세요. 어제 이야기를 들어 보니 ㄱ 회사는 부동산 비율도 높지 않고

다른 특이사항도 없었으니 빨리 환급신청을 하는 것이 좋겠습니다. 아니, 그보다 중국법인을 매수한 상대방을 만나서 어디까지 업무가 진행되었는지부터 확인해 보는 편이 낫겠군요.

한중조세협정

제13조 양도소득
(4) 회사의 재산이 주로 일방체약국에 소재하는 부동산으로 직,간접적으로 구성된 경우 동 회사의 자본주식의 지분양도로부터 발생하는 이득에 대해서는 동 체약국에서 과세할 수 있다.

심 대리는 이 박사에게 양해를 구하고 나가서 자신이 이해한 상황을 전화로 친구에게 이야기해 주었다. 환급받을 수 있다는 소식에 친구는 안도의 한숨을 쉬며 연신 고맙다는 인사를 했다. 심 대리는 관련서류를 잘 챙기고 환급신청 절차도 잘 확인해서 실수가 없게 하라는 당부도 잊지 않았다.

'야호! 한 건 해결했군!'

비록 자신의 일은 아니었지만 큰 사건 하나가 해결된 느낌에 심 대리는 아주 뿌듯했다. 중국에 와서 며칠 있지도 않았건만 여러 걱정거리들이 생기기 시작했는데, 이렇게 제발 하나씩 해결되어 나가기를 바라는 마음도 간절했다.

투자구조와 지분양도 7

통화를 마친 심 대리가 돌아오자 이 박사는 재차 이야기를 이어 나갔다.

이 박사: 자, 지금까지 우리는 지분양도를 하는 경우에 그로 인한 양도소득과 그 세금을 알아 봤습니다. 지분양도는 투자회수의 전형적인 방법 중 하나입니다. 투자회수와 회수전략이 투자구조와 관련되어 있다고 시작했던 이야기가 벌써 여기까지 흘러왔네요. 지분양수도와 구조에 대해서 조금 더 살펴보도록 합시다. 우리가 맨 처음에 그렸던 그림에 다른 구조 하나를 더 추가해 봤습니다.

먼저 다시 한 번 상기시키자면 지금 우리는 지분양수도를 통한 투자회수(exit)에 대하여 얘기하고 있습니다. 그림 C는 그림 B와 무엇이 다를까요? [그림 9]

'다르긴 뭐가 다르지? 그냥 홍콩에 회사 하나가 더 있는 것뿐인데…… 이런 것은 더블 홍콩이라고 하나?'

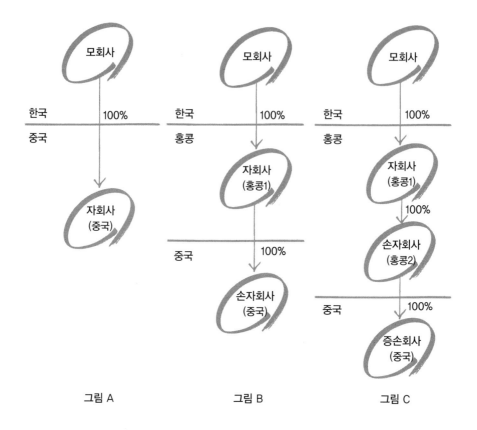

[그림 9] 한중 투자 구조 1

망설이던 제이는 조심스레 입을 열었다.

제이: 그냥 똑같아 보이는데 '차이가 없다'가 정답 아닐까요?

이 박사: 허허허. 지금 많이 사용하는 구조는 아니지만 차이는 있습니다. 여러분 이해에 도움이 될 것 같아서 예로 든 것이니 잘 생각해 보세요.

'그래. 한번 잘 생각해 보자. 지분양수도를 통한 투자회수가 힌트

야……'

제이가 생각에 잠기려는데 로이가 이야기를 꺼냈다.

로이: 그림 B에 비해 그림 C에서는 일단 옵션이 하나 더 생겼습니다. 증손회사(중국)를 양도해도 되고 손자회사(홍콩2)나 자회사(홍콩1)를 양도해도 됩니다. 그런데 단순히 옵션 하나가 더 생겼다는 것보다 더 큰 의미가 있을 것 같습니다. 제 생각에는…….

로이는 훌륭한 답변을 내놓으면서도 신중한 것인지 자신감이 없는 것인지 대답 전에 항상 조금씩 머뭇거리곤 했다.

로이: 일단 **증손회사(중국)의 양도**가 이루어지면 앞서 계속 이야기한 바처럼 증손회사(중국)의 부동산 가치를 봐야 합니다. 그래서 부동산 가치가 증손회사 가치의 대부분을 차지한다면 중국에서 납세를 할 가능성도 있을 것입니다. [그림 10]

자회사(홍콩1)의 양도는 그림 B에서 자회사(홍콩1)를 파는 것과 같은 효과가 있을 것 같습니다. [그림 11] 어차피 자회사(홍콩1)의 자회사인 손자회사(홍콩2)나 증손회사(중국) 입장에선 최종주주가 인수회사로 바뀌는 것 말고는 변화가 없을 테니까요. 사실 손자회사(홍콩2)나 증손회사(중국) 입장에서는 여전히 자회사(홍콩1) 산하에 있는 것이고 주주조차도 바뀌는 것이 아닙니다. 자회사(홍콩1)의 주주만 바뀔 뿐이죠.

홍콩에 소재한 손자회사(홍콩2)의 양도도 중국에 있는 증손회사(중국)의 지분이 옮겨지는 것이 아니고 손자회사(홍콩2)의 지분에 대한 거래가 홍콩에서 이루어지는 것이잖습니까? 즉, 자회사(홍콩1)가 그 아래 손자회사(홍콩2)의 지분을 파는 것이니 이는 중국과 관련이

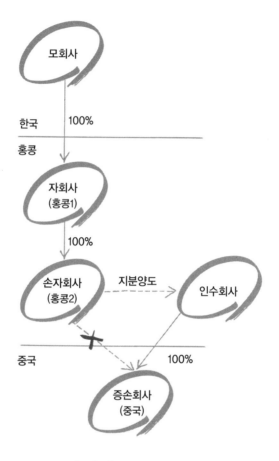

[그림 10] 증손회사의 지분양도

없는 것이죠. [그림 12] 여기까지는 자회사(홍콩1)의 양도나 손자회사(홍콩2)의 양도나 같습니다. 홍콩은 조세목적상 외국으로 간주된다고 하셨잖아요. 손자회사(홍콩2)의 양도시 홍콩에서 양도소득은 어떻게 처리하는지 모르겠지만 일단 우호적일 것이라고 가정을 했습니다. 그런데…….

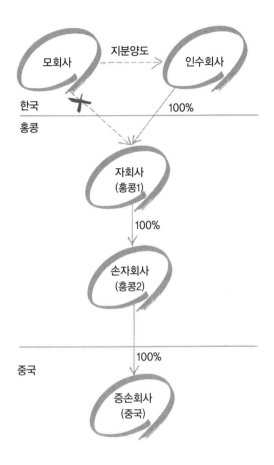

[그림 11] 자회사의 지분양도

제이: 그런데?

로이: 자회사(홍콩1)의 지분을 양도하는 것이나 손자회사(홍콩2)의 지분을 양도하는 것이나 모두 중국 밖의 해외에서 거래하는 것이기는 하지만 둘 사이에는 차이가 있습니다.

제이는 모두 해외거래인데 무슨 차이가 있다는 것인지 궁금해졌다.

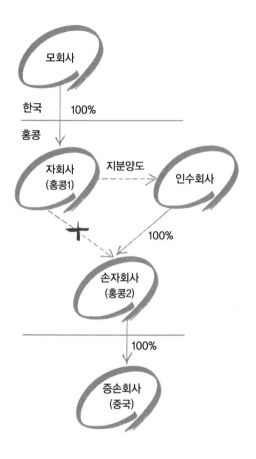

[그림 12] 손자회사의 지분양도

로이: 자회사(홍콩1)를 처분하는 경우에는 양수도 거래의 당사자가 한국에 있는 원래 모회사와 인수회사잖아. 그렇다면 지분이전 거래가 있을 때 그 지급대금이 한국의 모회사로 이루어지겠지. 그런데 손자회사(홍콩 2)를 양도하는 경우엔 자회사(홍콩1)와 인수회사가 거래 당사자야. 그래서 지분이전 거래의 대가가 자회사(홍콩1)로 귀속

되는데, 이 경우 한국의 모회사로 양수도에 따른 대가를 보낼 필요가 없으니 자회사(홍콩1)에 매도대금을 유보시켜 놓을 수 있다는 장점이 있을 것 같아. 마치 조세피난처에 현금을 유보시키는 것처럼 말이야. 해외에 자금이 있으니 다음 번 투자 시에도 신속하게 움직일 수 있지 않을까? 어느 안과 대비해도 가장 편리해. 어? 그러고 보니 이런 구조는 중국 내에 부동산 법인을 가지고 있는 경우에 좋겠는데?

제이는 로이의 분석에 혀를 내둘렀다. 심 대리는 별것 아닌 예시라고 생각했는데 듣고 보니 이 사례에 이 박사가 앞서 말했던 내용이 모두 들어 있다는 생각이 들었다.

이 박사: 질문을 기똥차게 잘 이해했네요. 그럼 만일 홍콩의 양도소득에 대한 세율이 높을 경우엔 어떻게 될까요?

로이: 그렇다면 수치로 뽑아서 세금 측면 그리고 비즈니스와 기타 편의성 측면에서 어떤 것이 더 나은지 비교해 봐야죠. 그렇지만 홍콩이 중국보다 우호적일 것이라고 생각합니다.

이 박사: 오호! 그렇게 확신하는 이유는요?

로이: 어제 배운 국가별 법인세나 더블 아이리시 등을 찾아보다 보니 자연히 조세피난처와 관련된 기사들이 같이 검색됐습니다. 제 나름으로는 재미있다고 생각되는 것을 발견했는데요…….

제이: 뜸 들이지 말고 빨리 좀 얘기해 봐.

제이가 제일 안달이 난 것 같았다.

로이: 많은 조세피난처가 영국계라는 사실이었습니다. 케이맨 제도, 버뮤다, 그리고 계속 이야기하시던 BVI 등은 해외 영국령이고 몰

타, 바베이도스, 모리셔스 등은 영국으로부터 최근에 독립한 나라들이었습니다. 홍콩, 바하마, 싱가포르도 일부 자료에서는 조세피난처와 유사한 표현으로 기재되어 있더군요. 모두 영국의 입김이 미쳤던 나라였으니 제도도 유사하지 않을까 싶어서요. 아무래도 역사적 연유상 중국보다는 조세 측면에서 유리하지 않을까 생각했습니다.

이 박사: 재미있는 얘기네요.

이 박사는 그저 웃을 뿐이었다. 홍콩에서는 자본소득(capital gain)에 대한 세금이 없으니까 로이 말이 맞았다. 하지만 이 박사는 즉각 확인해 주지 않은 채 추가 질문을 던졌다.

이 박사: 로이는 손자회사(홍콩 2)의 양도 같은 해외에서의 지분양도 방식이 중국 내 부동산 회사의 양도 시에 편리할 것 같다고 말했습니다. 그렇다면 중국이 바베이도스와의 조세협정을 개정한 것이 의미가 없는 것이 될 수도 있겠네요? 바베이도스에서 직접 중국의 회사를 지배하다가 지분양도를 하는 것보다는 페이퍼 컴퍼니(paper company)를 중간에 하나 더 세워서 중국 밖에서 지분양수도 거래를 하면 되니까요.

로이: 아, 그런 뜻으로 한 이야기는 아니었습니다. 다만 이렇게 홍콩에 다단계로 회사를 설립해서 지분양수도를 할 경우엔 조세협정을 볼 필요도 없이 간편히 해결할 수 있겠다는 생각이 순간적으로 들어서 말씀드린 겁니다.

이 박사: 아닙니다. 아주 좋은 아이디어였어요. 우리의 주제는 여러분이 이야기하는 중에 넓혀 가는 것이 많잖습니까? 활발히 토의할수록 더 많은 것을 배울 기회가 생깁니다. 일단 로이의 아이디어에

대하여 결론부터 얘기하겠습니다. 과거에는 실제로 많은 회사들이 로이가 말한 구조를 이용했습니다. 중국보다 절차도 훨씬 간편했고 중국 경외에서의 지분 이전이었으니 중국과 관련이 없다는 이유에서요. 그런데……

이 박사의 '그런데'가 나온 것을 보니 무엇인가 중요한 것이 나올 타이밍이었다. 그러고 보니 로이도 가끔 이 '그런데'를 사용한다는 생각이 문득 제이에게 들었다.

이 박사: 형식적으로는 홍콩의 회사를 양도하는 것이지만 실질적으로는 중국에 있는 부동산 법인을 양도하는 것이라면 중국 세무당국은 어떻게 반응할까요?

제이: 음……. 아무래도 세금을 걷는 것이 맞다고 생각할 것 같습니다.

로이: 하지만 그걸 어떻게 알 수 있을까?

제이: 응?

로이: 거래가 있었던 것을 어떻게 알겠냐고. 중국회사의 주주가 바뀌는 것도 아니고 아무런 변화가 없는데 어떻게 알아낼 수 있는 방법이 없잖아.

제이: 그렇지만 실질적으론 중국의 부동산을 양도하는 거니까 세금을 걷으려 할 것 같아.

제이와 로이가 다시 옥신각신하며 답을 찾으려 노력했다.

이 박사: 자자, 열띤 토론 아주 좋습니다. 답을 이야기하지요. 중국 세무당국은 이렇게 해외 지분양도를 통한 중국의 부동산 양도에 대하여 과세를 합니다.

제이: 거봐, 당연히 과세하려는 게 맞지.

이 박사: 허허허. 그리고 이러한 거래가 있을 시엔 자진신고를 하도록 규정하고 있습니다. 소위 말하는 698호 규정이라는 것인데, 후에 7호 규정으로 추가 보완하고 있습니다.

심 대리: 이야, 정말 과세를 하기는 하는군요.

심 대리는 한편으로는 놀라면서도 다른 한편으론 회사에 유사 케이스가 있는지 확인해 보기 위한 메모를 잊지 않았다. 동시에 로이의 끊임없는 사고가 연수의 내용을 정말 풍부하게 만드는 것 같아 고마운 마음이 들었다.

이 박사: 허허허. 여러분, 보십시오. 여러분이 자꾸 고민하고 질문하니까 토론 주제가 한층 더 다양하고 깊어지죠? 저도 아주 즐겁습니다. 자, 어려운 주제 공부하느라 수고가 많은데 점심식사 후 다시 이어가죠.

결국은 올바른 조세

8

제이: 어? 심 대리님은 커피 안 하세요? 제가 가져다 드릴까요?

심 대리: 아냐, 됐어. 오후에 커피를 마시면 밤에 잠을 잘 수가 없어서 말야.

로이: 카페인에 민감하신 건가요?

심 대리: 그런 것 같아. 그런데 오전에는 커피를 아무리 몇 잔씩 마셔도 전혀 상관없거든. 왜 그런지 잘 모르겠어. 하여간 한국에 있을 때는 카페인이 들어가지 않은 전통차를 마셨는데 그것도 좋더라고. 인터넷에서 검색해 보니 몸에 좋은 차들이 많이 있던데, 요새 그런 것 찾아 보는 데 재미가 붙었어. 중국에 왔으니 중국 차들에 대해서도 좀 배워 보면 좋겠는데 쉽지 않을 것 같아.

배워야 할 것도 많고 힘들다는 것을 에둘러 말하는 듯했다.

이 박사: 자, 이제 이어서 중국에 대해 이야기해 봅시다. 조세피난처는 기업들뿐 아니라 개인들도 활용합니다. 부유한 개인들 말이죠.

또 독재정권으로 축재한 재산 등을 은닉하는 검은 돈들도 상당히 많다고 추정하고 있습니다.

이런 것이 가능한 이유는 비밀주의 덕분이죠. 계좌정보를 철저히 비밀에 부치는 겁니다. 그렇다 보니 일부 국가 같은 경우는 자금을 예치한다고 해도 이자를 주는 것이 아니라 오히려 보관료를 받기도 합니다.

제이: 검은 돈이 관여되고 있으면 소위 돈세탁(money laundering)을 도와주는 것 아닌가요?

이 박사: 그렇습니다. 돈세탁과 탈세의 온상이라는 비난과 압박이 심해지고 있고 현재 이를 방지하기 위해 한창 논의 중인데, 향후 어떤 방향으로 흘러갈지 주목받고 있죠. 중국에서도 반정투자(返程投資)라고 불리는 되돌이투자, 즉 사실상 중국인의 자금인데 해외를 거쳐서 다시 중국으로 되돌아오는 자금을 규제하기 위해 노력하고 있습니다.

자금 A가 홍콩과 BVI를 거쳐 다시 들어온 자금 B는 해외투자자금으로 둔갑했습니다. 원래는 해외의 외국인직접투자가 되어야 함에도 사실상 중국인의 자금이 해외를 거쳐서 재유입되는 것이죠. 물론 이 자금도 FDI로 집계됩니다. [그림 13]

로이: 어쨌거나 중국의 미래를 낙관적으로 보고 있다는 것이네요. 이미 해외로 나간 자금이면 전 세계 어디로든 투자할 수 있을 텐데 굳이 다시 중국으로 들어온다는 것은 중국경제가 밝다고 판단해서가 아닐까요?

제이의 생각에 로이는 문제점을 바라보는 각도가 다른 것 같았다.

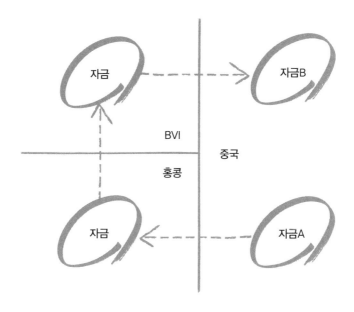

[그림 13] 반정투자 개념도

'이 대목에서 중국경제 전망을 떠올리다니……'

이 박사: 초기에 중국은 조세피난처에 대한 규제에 명확한 공식 입장을 표명하지 않았어요.

로이: 왜 그렇죠? 기사들을 검색해 보니 조세피난처로 유입된 자금 중 가장 많은 것이 중국자금인 것 같던데요.

이 박사: 규제를 하지 않았다는 것이 아니라 공식적으로 분명하게 밝히지 않았던 거죠. 제 개인적인 생각으로는 두 가지 이유가 있을 것이라고 추측됩니다. 첫 번째는 그 유명한 덩샤오핑의 '흑묘백묘(黑猫白猫)', 즉 검은 고양이든 흰 고양이든 쥐만 잘 잡으면 된다는 생각이 기저에 깔려 있어서가 아닐까 하는 겁니다. 외자를 이용해서 경

제부흥과 발전을 도모한다는 것이 큰 명제였던 만큼 그 FDI가 미국에서 들어오는 것이든 BVI에서 들어오는 것이든 상관없이 그 활용가치에 의미를 둔 것이죠.

두 번째로 '하나의 중국(One China)'이라는 기본방향 때문일 가능성도 있습니다. 금융센터인 홍콩과 마카오가 조세피난처로 간주되고 공격을 받는데 홍콩과 마카오도 지켜야 하는 입장이기 때문 아니었나 싶은 거죠. 단견으로 보면 당장 대륙의 문제가 시급하다고 할 수 있지만 비록 특별행정자치구라 해도 홍콩 역시 중국의 일부분이니 홍콩의 이익을 적극적으로 대변하는 포용력과 장기관점을 보여주는 것이죠.

그러나 아까도 이야기했지만 지금은 중국도 조세회피에 대한 관리를 강화했고 또 타국과 협력하고 있습니다. 중국의 경제적 위상이 높아짐에 따라 정치적 위상도 그에 걸맞게 끌어올려 국제사회와 적극 공조하려는 것이죠. 그리고 홍콩과 마카오도 중요하지만 해외 투기자본에 대한 규제, 자국민의 탈세 및 부패와의 전쟁도 중요하니까요. 중국은 탈세가 단순히 세금을 납부하지 않는 것이 아니라 부패와도 관련된 사안이라고 생각합니다.

심 대리: 저도 수뢰액수에 대한 기사를 읽었는데 혀를 내두를 정도였습니다.

이 박사: 지금 중국에서는 전례 없는 부패와의 전쟁이 한창입니다. 이에 대해선 여러 시각이 존재하지만 부패 문제에 대한 해결 없이는 지속적인 도약도 불가능하다고 지도부에서 판단한 것이 아닌가 싶습니다.

로이: FDI가 충분히 이루어졌다는 자신감이 바탕이 된 것 아닐까요?

제이: 그건 무슨 말이야?

로이의 말에 제이가 민감하게 반응하며 질문했다.

로이: 중국의 발전과 관련해서 내가 계속 접했던 표현이 '흑묘백묘'와 '도광양회(韜光養晦: 자신의 재능이나 명성을 드러내지 않고 참고기다린다는 뜻으로 1980년대 중국의 대외정책을 일컫는 용어)'였거든. 외국에서 유입되는 FDI가 경제성장의 견인차 역할을 해줘야 하는데 그 규모가 아직 충분하지 않다면 얼마든지 더 기다릴 수 있는 사람들이라고 생각해. 여러 판단이 있었겠지만 이제 FDI는 충분하니 지금부터 부패와의 전쟁도 병행해 나가겠다는 것 아닐까?

이 박사: 2014년에 G20 정상회의에서 중국의 최고지도자가 국제공조를 통하여 조세회피를 차단해야 한다는 이야기를 한 바 있습니다. 중국 최고지도자가 국제무대에서 조세문제를 언급한 것은 상당한 의미가 있다고 봐야 합니다. 중국의 세무당국에도 큰 힘을 실어준 것 아니겠습니까? 2016년 중국 항주에서 열린 G20 정상회의에서도 국제공조가 강조되었습니다. 중국과 미국 간의 여러 신경전이 보도되면서 여러분도 2016년의 G20에 대해서는 들어 봤을 것입니다.

제이: 네. 누구 말이 맞는지 모르겠어요. 손님을 초대해 놓고서 그렇게 예의 없게 대할 중국이 아닌데 싶기도 하고, 정말 신경전이 이 정도인가 싶기도 하고요.

이 박사: 허허허. 자, 나와의 대화는 정치에 대한 판단 없이 경제에 국한시킵시다. 어쨌든 이젠 중국에서도 다국적기업의 과도한 로열티

해외지급 등 외상투자기업들에 대한 문제를 제기하며 세무조사 등을 통해 관리를 강화하고 있습니다. 하지만 중국기업과 개인들의 조세회피에 대한 감독 강화도 중요성 면에서 보면 외상투자 못지않게 큰 이슈입니다. 중국기업들이 해외로 진출하기 시작하면서 세금 관련 이슈도 증가했습니다. 그래서 당국은 허위거래나 거래가격 조작을 통한 자금 해외유보, 그리고 조세피난처로 중국에서 개발한 지적재산권을 이전하고 중국회사로부터 로열티를 수취하는 경우 등을 차단하려고 합니다. 중국기업들이 조세피난처에 설립한 회사를 통하여 다시 중국에 투자함으로써 합법적으로 돈세탁이 이루어진 자금이 유입되고 다양한 형태로 투자회수가 이루어지는 것을 경계하는 것입니다. 해외로 내보낸 중국자본이 외국자본의 모습을 띠고 다시 들어오는 것을 잡아내겠다는 것이지요. 이런 경우 조세피난처에 설립한 회사는 페이퍼 컴퍼니고 실제 관리는 중국에서 이루어지는 경우가 많습니다. 실질적인 관리가 투자국(모국)에서 이루어지는 해외 자회사들을 피지배외국회사(CFC, Controlled Foreign Corporation)라고 하는데 지금은 이름만 기억해 두면 되겠습니다. 하여간 어찌 보면 다국적기업보다 중국기업에 대한 강화가 더 중요해질 수 있다는 생각이 들기도 합니다.

심 대리: 왜 중국기업에 대한 강화가 더 중요해질 수 있다고 생각하시나요?

이 박사: 지금 중국의 최고지도부가 정풍운동(整風運動)으로 사정을 강화하는 덕분에 중국도 분위기가 많이 바뀌었다고 생각합니다. 사실 최근 여러 부패 스캔들을 보면 고위층이 관련된 것들도 있는데

큰 금액에는 권력이 있는 사람들이 관여되기 때문에 제대로 된 사정과 조사가 가능할 지 회의적이었죠. 그런데 면죄부를 가진 권력이라고 여겨졌던 고위급에까지도 사정의 칼날이 겨눠지고 있습니다. 사람들의 예상을 뒤엎는 변화죠. 이는 공산당 스스로 도전을 극복하고 변해야 한다는 강한 의지의 표현입니다.

심 대리: 네.

이 박사: 그렇기 때문에 중국판 FATCA에 대한 가능성도 조심스럽게 점쳐보는 겁니다.

제이: FATCA요?

이 박사: FATCA는 Foregin Account Tax Compliance Act의 약자로, 글자 그대로 해외계좌세무준수법입니다. 미국에서 시행한 것인데 이것도 뉴스에 나오고 한국에 있는 외국계 은행들은 미국 거주자 여부를 확인하는 절차를 거치고 있어서 여러분도 아마 들어 본 적이 있을 거예요. 간단히 말하자면 미국인들이 해외에 가지고 있는 계좌에 대한 정보도 파악하겠다는 겁니다. 금융기관으로서는 개인정보를 미국국세청에 제공해야 한다는 것이 부담이 아닐 수 없지만, 이는 미국에서 활동하는 금융회사들로 하여금 미국 납세의무자가 5만 달러 이상 보유한 계좌의 정보를 미국 국세청에 제공하는 것을 의무화한 역외탈세방지법의 일부입니다. 이를 어길 시에는 개인과 금융회사에 강력한 제재가 가해지게 됩니다.

제이: 이야, 이건 완전 '꼼짝 마라'인데요?

이 박사: 그렇죠? 그런데 이렇게 강한 정책을 실행하다 보니 아이러니하게도 미국국적을 포기하는 사람들이 늘어나고 있습니다. 세

계적인 유명인들의 사례도 있고요. 정말 대단하지 않습니까? 세금이 국적도 바꾸게 하니 말입니다. 정말인지 여러분이 지금 어리둥절한 것 같은데 나중에 기사를 검색해 보면 알 수 있을 겁니다.

'오늘 검색할 것이 많겠네. 재미는 있겠지만 말이야…….'

로이는 조금 부담이 느껴졌지만 한편으론 점점 흥미로워지기도 했다.

이 박사: 원래 미국이 FATCA의 실행을 위해서 논의를 시작했을 때 중국은 부정적인 반응을 보였습니다만 지금은 긍정적인 자세로 돌아섰습니다. 이게 무엇을 의미할까요?

심 대리: 아! 그래서 향후 중국판 FATCA도 나올 수 있다고 말씀하셨군요. '너희 요청에 협조했으니 너도 나중에 내 요청에 협조해달라'는 것을 뜻하는 게 아닐까요? 사실 중국에 있는 미국인들의 은행계좌 정보가 미국에 있는 중국인들의 은행계좌 정보보다 영향력 면에서 더 크진 않을 것 같아요.

로이: 게다가 미국이 중국뿐 아니라 다른 나라에도 요청해서 체결 시행한 것이니 중국도 자연스레 동일한 요청을 다른 나라에 할 수 있을 것이고, 그렇게 되면 해외도피 자금을 추적하기에도 유리할 거라고 판단하지 않았을까요?

제이: 맞아. 미국이 길을 닦아 놓으면 그 위로 지나가기만 하면 될 것 같은데요?

저마다 의견들을 쏟아 냈다.

이 박사: 섣부른 추측은 금물입니다. 어쨌거나 주목할 만한 것은 중국이 국제사회의 공조에 적극적으로 참여하기 시작했다는 거죠.

심 대리: FATCA를 보면 정말 서로 협력하는 것 같긴 한데, 박사님 말씀처럼 국제사회의 공조가 과연 잘 이루어질까요? 각자의 입장이 다른데 조세회피에 대응하여 어떻게 공조방안을 만들 수 있을지가 궁금합니다.

9 / 각국의 공조와 차별화

이 박사: OECD 회원국들을 중심으로 한 여러 국가들은 다국적 기업들의 조세회피를 차단하기 위한 대책을 마련하고자 세원잠식과 이익이전(BEPS, Base Erosion and Profit Shifting)에 대한 논의를 진행하고 있습니다. 세원잠식과 이익이전은 말 그대로 세금을 거둬들이는 원천이 잠식당하고 이익이 빼돌려지는 상황을 말하죠.

세원잠식과 이익이전(BEPS, Base Erosion and Profit Shifting) 15개 액션 플랜

1. 디지털 경제의 조세문제(Addressing the Tax Challenges of the Digital Economy)
2. 하이브리드 불일치거래 영향 해소(Neutralising the Effects of Hybrid Mismatch Arrangements)
3. 효과적인 CFC규정 제정(Designing Effective Controlled Foreign Company Rules)
4. 금융비용 공제 제한(Limiting Base Erosion Involving Interest Deductions and Other Financial Payments)
5. 투명성과 실질을 고려한 유해조세제도 대응(Countering Harmful Tax Practices More Effectively, Taking into Account Transparency and Substance)

6. 조세조약 남용 방지(Preventing the Granting of Treaty Benefits in Inappropriate Circumstances)

7. 고정사업장 인위적 회피 방지(Preventing the Artificial Avoidance of Permanent Establishment Status)

8-10. 이전가격 결과와 가치 창출의 조정(Aligning Transfer Pricing Outcomes with Value Creation)

11. BEPS 평가와 관리감독(Measuring and Monitoring BEPS)

12. 조세회피에 대한 공시의무(Mandatory Disclosure Rules)

13. 이전가격 문서화 및 국가별 보고(Transfer Pricing Documentation and Country-by-Country Reporting)

14. 분쟁중재의 개선(Making Dispute Resolution Mechanisms More Effective)

15. 다자간협약 개발(Developing a Multilateral Instrument to Modify Bilateral Tax Treaties)

이 박사: 그냥 읽으면 내용이 너무 어려울 테니 여기에서는 한두 가지만 보도록 합시다. 1번을 보면 '디지털 경제에서의 조세문제 해결'이라고 되어 있습니다. 과거에 없었던 온라인거래에 대해서는 실정법이 미비하겠죠. 우리는 한 예로 서버의 소재지가 과세기준이 되는 경우를 보았고요. [그림 14]

간단히 말해 만약에 서버와 그 운영이 A, B국이 아닌 조세피난처 C국에 위치할 경우 어디서도 과세가 되지 않을 수 있다는 것입니다. 액션플랜 1은 바로 이렇게 인터넷을 통해 해외사업을 영위하고 있으나 물리적 사업장이 없다는 이유로 해외에서 과세되지 않는 등 디지털 경제환경에서 발생할 수 있는 다양한 조세문제들의 개선방향을 모색하고자 하는 것입니다.

제이: 클라우드 컴퓨팅 같은 경우도 그런 사례에 해당될 것 같습

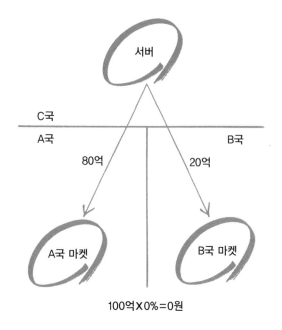

[그림 14] 디지털 경제에서의 조세문제

니다.

이 박사: 굉장히 단순화하여 설명을 했는데 사실 여기에 있는 내용을 이해하기 위해서는 고정사업장이나 이전가격 등에 대한 세무지식이 있어야 합니다. 이건 연수가 진행되면서 차차 알게 될 테니 조바심 낼 필요는 없습니다. 이러한 국제사회의 변화가 바로 제이가 이야기한 것입니다.

제이: 제가 이야기한 것이요?

제이가 어리둥절해 하며 답을 못하자 심 대리가 입을 열었다.

심 대리: 번 곳에서 세금 내기요?

이 박사: 그렇습니다. 제이가 불평했던 바로 그거죠. 조금 더 현학적인 표현으로 이야기하면 수익창출의 근원이 되는 지역과 그 수익이 귀속되는 지역을 일원화하겠다는 것입니다. 그리고 이를 위해 국제사회가 공조를 하겠다는 거고요.

앞서 이 박사의 쉬운 예시 없이 곧바로 이 내용을 들었더라면 이해가 어려웠을 수도 있었겠다고 심 대리는 생각했다. 이 박사의 자상한 배려와 설명이 고마웠다. 무엇보다 어렵지 않다고 항상 강조를 하면서 격려해 주고 생각하는 힘을 길러 주려는 인내심이 나중에도 큰 도움이 되리라는 것은 두말할 필요가 없었다.

로이: 이 박사님, 그런데 액션플랜 2의 '하이브리드'라는 말은 무슨 뜻인가요? 자동차 관련해서나 듣던 말인데 여기에 나오니 너무 궁금해서요.

이 박사: 그럼 그것까지만 살펴보지요. '하이브리드(hybrid)'는 섞는다, 혼합한다는 뜻입니다. 자동차의 경우에도 가솔린과 전기 모두를 연료로 사용할 수 있는 모델에 대해선 이 표현을 쓰지요.

이 박사는 호기심에 던지는 질문을 꺾어 버리지 않고 친절하게 이야기했다.

이 박사: 다시 한 번 상기시키고 싶은 것은 우리가 지금 이야기하고 있는 것은 국제조세라는 겁니다. 국경을 넘나드는 거래에 대한 각 국가의 기준이나 처리가 달라서 빈틈이 생길 수 있는데, 이걸 악용하는 경우를 방지하기 위해 각국이 공조하고자 하는 거죠. 금융상품들도 나날이 진화해서 복잡해지고 있는 가운데 나온 하이브리드 금융상품의 경우에도 나라마다 처리가 달라질 수 있습니다. 예

를 들어 A국의 a기업에서는 B국의 b기업에 하이브리드 금융상품을 발행하고 받은 자금의 이자를 지급하고 이를 이자비용으로 처리하는데 B국에서는 이 금융상품의 경우 지급받은 것이 이자가 아닌 배당이라고 보고 배당은 과세소득에 포함하지 않는다면 손금산입/익금불산입의 불일치가 발생하겠죠. 그러한 과세공백을 막겠다는 것이 액션플랜 2의 내용입니다.

로이: 네. 감사합니다.

이 박사: 지금은 IT의 발전으로 경제구조가 급격히 변하고 있는데 세제는 그에 발맞춰 발전하지 못한 것이 사실입니다. 빈틈을 메워 세금을 더 걷겠다는 것으로 이해하기보다는 산업발전에 발맞춰 가면 기업을 이해하고 돕는 데도 더 도움이 되기 때문에 이를 위해 행정을 보완한다는 것에 의미를 둬 주세요.

모두가 현실적인 상황과 규정을 일치시킨다는 것이 중요한 일이라고 생각했다.

이 박사: 자, 그런데 '따로 또 같이' 생각나나요?

일동: 네!

이 박사: 2015년 4월에 중국은 홍콩과의 조세협정을 다시 개정했습니다. 비행기와 선박 리스의 로열티에 대한 원천징수를 7%에서 5%로 낮춘 것입니다. 참고로 중국에서 한국으로 로열티를 송부할 경우에는 10%의 원천징수세를 납부합니다. 다국적 기업의 해외 로열티 중심으로서 홍콩이 가지는 구조적 매력을 높이는 개정이죠.

제이: 아!

이 박사: 홍콩에서의 상장을 위해서는 홍콩상장이 허가된 국가리

스트에 들어 있어야 합니다. 한국에 있는 회사가 홍콩에 상장이 허가된 것은 2012년으로 최근의 일입니다.

그런데 재미있는 것은 소위 조세피난처라고 알려져 있는 BVI, 맨섬, 케이맨에 위치한 회사들은 모두 홍콩상장이 가능하다는 것입니다. 2015년 초 홍콩 최고의 부자인 이가성(李嘉誠, Li Ka Shing) 회장이 그룹 구조재편을 통해 케이맨으로 지주회사를 옮겼습니다. 투자구조를 재편하면서 BVI 등을 활용하는 이유는 주식이전이 쉽고 그 비용도 적게 들기 때문입니다. 이런 것들이 무엇을 의미하는지 생각해 봐야 합니다.

제이: 전략적으로 홍콩의 경쟁우위를 계속 유지해야 하는 이유를 보여주는 것 아닌가요?

로이: 홍콩이 글로벌 금융의 중심이라 할 정도로 국제화되어 있고 제도 면에서도 합리성과 선진성을 갖추고 있기 때문에 가능한 것은 아닐까?

제이와 로이가 다시 서로의 의견을 이야기하며 토론했다.

이 박사: 여러분, 우리는 아시아에 있으면서도, 또 중진국이면서도 서구 선진국의 시각에서 바라보고 판단하는 일이 많습니다. 그런데 관점을 바꿔서 중국의 입장에서 본다면 어떨까요?

제이: 중국의 입장에서요?

심 대리는 생각에 잠겼다.

'맞는 말이다. 중국의 입장에서는 어땠을까? 개혁, 개방 후에 막 경제가 발전하고 있는데 이미 발전한 서구 선진국들의 견제를 피하면서 자신들의 이익을 어떻게 수상할 수 있을까?'

로이: 사실 온실가스규제와 관련해서 생각해 보면, 현재 최대탄소배출국은 중국이잖습니까? (출처: Trends in global CO2 emissions: 2015 report. www.pbl.nl/en) 그런데 이미 100년도 넘는 옛날에 산업혁명을 이루고 근대화의 길을 걸었던 국가들이 지금 중국에게 여러 요구를 하는 것은 중국 입장에선 선진국들의 기득권 보호로 여겨질 것 같습니다.

이 박사: 허허허. 비단 이 경우 외에도 상대 입장에서 생각해 보는 것에는 여러 장점이 있습니다. 상대의 의중을 읽을 단초를 마련할 수도 있고요. 각자의 입장은 이해관계에 따라서 다를 수밖에 없다는 점과 모두 테두리 안에서 항상 치열하게 경쟁하고 있다는 것을 잊지 마십시오.

투자부터 회수까지
큰 그림을 그리고 공유하라

10

이 박사: 여러분을 만난 게 어제 일 같은데 벌써 일주일이 지났네요. 벌써 금요일이니 말입니다.

제이: 박사님, 그런 말씀 하지 마세요. 제 인생에 이렇게 긴 일주일은 없었다고요.

제이의 말에 모두들 큰 소리로 웃었다.

이 박사: 허허허, 그런가요? 불금이라 좀이 쑤실 텐데 오늘은 앞에 설명한 투자구조를 마무리하는 정도로 할까 합니다. 마무리라고 하지만 투자의 큰 그림을 보는 것에 대해서 이야기하고자 하니 가장 중요한 내용이라 할 수 있겠네요.

제이: 박사님이 하신 말씀 중에 중요하지 않은 것이 있었나요?

말은 그렇게 하면서도 이 박사의 '가장 중요한'이란 단어에 더욱 집중이 되는 것은 어쩔 수 없었다.

이 박사: 자, 앞서 우리는 적극적인 세무계획에 대한 여러 입장과

대응을 살펴보았습니다. 그런데 내가 중국 투자에 앞서 투자구조를 살펴보자고 한 것은 이런 적극적인 세무계획을 세우라는 게 아니라 크게 두 가지 이유 때문입니다. 하나는 투자를 하면서 그 회수방안에 대해 고민해야 하는 것은 당연한 일이기 때문이고, 둘째로 투자부터 회수까지 전체 사이클의 큰 그림을 그려 보고 나서 구조를 정하는 것이 바람직하기 때문입니다. 그래야만 업무의 효율성을 제고하고 시간과 비용을 아낄 수 있을 테니까요. 잘못된 투자구조 때문에 비즈니스에 영향을 받는다면 정말 억울하겠죠?

일동: 네.

이 박사: 한국에서 중국으로 직접 투자해서 운영하는 회사가 있었습니다. 그런데 중국 비즈니스가 생각보다 잘되어 나가니 여러 생각이 들기 시작했어요. 중국회사를 상장해 자금을 조달하면 중국사업을 더 적극적으로 추진할 수 있겠다는 것도 그중 하나였죠.

그런데 상장을 추진하려다 보니 중국에서의 상장이 생각보다 어렵다는 것을 알게 됐습니다. 아직까지는 외국회사의 상장 사례도 별로 없거니와 주식회사로의 전환의 어려움 등 여러 가지 이슈가 있거든요. 그래서 중국이 아닌 홍콩에 상장하는 것으로 방향을 바꾸었습니다. 보통 중국회사가 홍콩에 바로 상장하는 경우는 많지 않고, 중국사업을 총괄하는 홍콩 혹은 BVI의 지주사를 상장합니다. 그래서 한국본사가 가지고 있던 중국자회사의 지분을 홍콩자회사에 넘기기로 결정했지요.

그런데 그렇게 하려고 하니 평가를 통해 자본이득에 대한 세금을 내야 했습니다. 한국의 규정상 '상속세 및 증여세법'에 따른 평가를 해보니 그간 중국자회사의 비즈니스 실적이 좋아서 설립 시보다 몇십 배 높은 평가가치가 책정되었고, 그래서 이렇게 구조조정을 하려면 막대한 세금을 납부해야 하는 상황에 처했습니다. 실제로는 중국의 자회사를 홍콩을 통한 손자회사로 바꾸는 구조조정을 하는 것뿐이고 지분을 팔아서 실제 차익을 실현한 것이 아닌데도 말이죠. 결국 이 회사는 이 세금을 감당할 길이 없어서 홍콩으로의 이전을 포기했습니다.

제이: 아……. 안타깝네요. 처음 설립 시부터 홍콩상장을 염두에 두고 있었더라면 그에 필요한 요건이나 구조를 확인해 보고 알맞은 구조로 미리 준비할 수 있었을 텐데요.

이 박사: 그렇습니다. 바로 그게 투자가 이루어지기 전에 투자회수에 대하여 미리 고민하고 투자구조를 결정해야 하는 이유입니다. 한국에서 홍콩을 경유하여 손자회사로 중국법인을 설립했더라면 이런 문제로부터 자유롭게 차근차근 상장 준비를 해 나갈 수 있었겠죠. 설립하려는 회사의 미래 모습을 미리 그려 보는 것이 중요한 이유입니다.

사실 이건 하나의 회사 사례에 대해서만 알아본 것이지만, 그룹사인 경우 사업별로 중국에 진출한 계열사들을 보면 복잡한 경우들이 있습니다. 각각 다른 시기에 다른 목적으로 중국 내 회사를 설립하다 보니 계열사별로 다른 형태의 투자가 이루어져서 중국 내 사업을 잘 관리하기 위한 구조조정이 필요한 경우도 있고요.

심 대리는 JK그룹의 투자도 내용을 빨리 파악하여 정리하고 만일 지금이라도 조정이 필요한 부분이 있다면 너 늦기 전에 단행할 필요가 있겠다는 생각이 들었다.

제이: 그런데 설립 시부터 이렇게 복잡하게 고민해야 한다면 쉽지 않겠어요.

이 박사: 흐음……. 그럼 먼저 묻겠습니다. 비즈니스가 쉽습니까?

일동: …….

이 박사: 이 치열한 현장에서 이런 고민도 안 하면 안 되겠죠. 하지만 여러분들이 중국세무의 전문가가 아닌 이상 어떤 경우에 어떤 법규나 규정에 의거하여 문제가 있을 수 있는지 모두 알 방법은 없습니다. 여러분에게 그런 것을 요구하는 것도 아니고요. 이런 해외투자(cross border investment)는 한국의 세법에 대해서도 정통해야 하기 때문에 내부인력이 되었든 외부인력이 되었든 세무 전문가의 도움이 필수적입니다. 가장 문제 있는 태도는 어떤 잠재 이슈가 있을지에 대한 고민도 없이 혼자 다 결정하려 하는 것입니다. 사실 해결 방법은 간단한데 말이죠.

제이: 간단하다고요?

이 박사: 네. 바로 정보공유와 팀워크입니다. 부서별로 개별 팀이 제각기 행동하면 어떤 일이 벌어지는지 혹은 앞으로 어떤 일이 벌어질지 서로 알 수가 없죠. 하지만 회사 내에서 이런 업무를 전담하는 팀이나 전문가들과 초기부터 같이 상의해 나간다면 아이디어도 얻을 수 있고 중국자회사의 상장이라는 공동목표가 있으니 그것을 향해서 한 발 한 발 나가는 준비를 할 수 있지 않겠습니까? 거듭 말하지만 생각하는 것만큼 복잡하지 않고 다 알 필요도 없습니다. 어떠한 상황에서 공유할 필요가 있다는 것을 인식하고 협력을 이끌어야

한다는 것만 잊지 않으면 됩니다. 그러기 위해서는 세부규정은 몰라도 토의할 상황인지 아닌지를 판단할 수는 있어야 하지 않겠습니까?

모두 말없이 고개를 끄덕였다.

이 박사: 그리고 실시간 공유와 소통이 중요한 스피드의 시대에 이메일 공유면 충분합니다. 맨날 모여서 회의하느라 시간 낭비하고 보고서 규격 맞춰서 작성하느라 타이밍을 놓치면 안됩니다. 타 부서에 있는 사람들에게 매번 보고할 수 있는 것도 아니고요. 이메일로 공유하세요. 대신 꼭 필요한 곳에만 같이 공유하는 것이죠. 전체공유, 전체회신은 피합시다. 너무 많은 메일이 오고가면 중요한 메일도 놓치게 됩니다. 내용에 맞는 제목을 달아주시고, 혹 다른 내용도 보내야 한다면 헷갈리지 않도록 별도의 제목으로 다시 보내세요. 중요한 메일이면 동명이인에게 가는 실수를 막기 위해서라도 수신인을 다시 입력하세요. 단순히 회신 버튼을 누르지 말고요. 잠깐 쉬어가는 시간이었습니다. 하하.

농담처럼 메일 사용에 대한 주의사항이 지나갔다. 어떻게 보면 당연한 이야기였지만 막상 잘 지켜지지 않는 내용이었다. 제이는 속으로 농담도 어렵다고 투덜거렸다.

이 박사: 자, 원래 이야기로 돌아갑시다. 투자구조는 투자목적에 가장 적합하게 짜여야 합니다. 투자를 하는 이유는 투자에 따른 수익을 창출하기 위해서입니다. 회사마다 수익창출의 모델, 또 투자회수에 예상되는 기간이 다를 수 있습니다. 단기차익을 위해 자금을 투자하는 경우와, 공장을 짓고 중국 내수시장을 공략히기 위해 진

출하는 경우에는 차이가 있겠죠. 그럼에도 초기 투자자금을 빨리 회수할 수 있다면 기업들로서는 마다할 이유가 없을 것입니다. 사실 엄밀히 이야기해서 초기 투자 시부터 회수전략(exit strategy)을 고민해보면 장기전략을 세우는 데도 도움이 됩니다. 올림픽을 치른 뒤의 경기장의 유지, 운영에 대해서 고민한 영국처럼 말입니다.

심 대리는 언제나처럼 심각한 표정으로 이 박사의 한 마디 한 마디를 경청했다.

이 박사: 내 말은 조세회피를 하라는 뜻이 아닙니다. 미리 큰 그림을 그려보고 판을 짜는 것이 중요하다는 거죠. 자세한 사항은 관리팀에서 전문가들과 상의하겠지만, 사업부라 해서 이런 부분을 자신들은 관여할 필요 없는 남의 일로 치부해 버리면 안 됩니다. 회사 최고경영층은 관리팀이나 영업팀, 인사팀, 사업팀 모두에서 나옵니다. '나는 사업부 생산부서에서만 근무했는데 이런 것을 어떻게 알아?'라고 생각한다면 경영층으로 올라갈 수 있겠습니까? 검토의 필요성을 느끼고 검토를 지시할 줄은 알아야 합니다. 관련팀에서 충분히 확인해 보도록 공유시키는 것만 하면 됩니다. 세부적인 부분을 알 필요는 없어도 어떻게 돌아가는지 메커니즘을 이해해야 필요할 때 관련부서와 소통할 수 있습니다. 알지 못하면 소통도 없습니다. 소통의 필요성조차 느끼지 못하고 있을 테니까요.

다들 말없이 고개를 끄덕였다. 소통과 불통의 그 큰 차이를 현실에서 너무나 절실하게 느끼고 있기 때문이었다.

이 박사: 상황에 대한 이해도 없이 무작정 비난만 하는 일도 자제해야 합니다. 일반적으로 부동산 투자의 경우, 특히 다른 투자자로

부터 중국 내 부동산 법인을 인수할 때에는 모든 구조들이 조세피난처를 통한 구조였습니다. 그렇기에 지분을 인수하기 위해 지분양수도를 활용한다는 것은 곧 조세피난처에 법인을 가지고 있다는 것을 의미했죠. 일부 기업들은 조세피난처에 대한 뉴스기사가 쏟아져 나오자 구설수에 오르지 않기 위해 지분이전을 검토해 달라고 하더군요. 내부적으로 문제를 삼고 압박하는 사람들도 있었겠지요. 하지만 정당한 절차를 밟아서 한국에서 해외투자 신고를 하고 진행한 투자는 문제가 되지 않습니다. 그렇기 때문에 급매로 인한 거래가격 할인 및 불필요한 조세부담을 지면서 하는 지분이전을 만류한 적이 있습니다. 정상적인 절차를 밟은 경우는 문제가 없는 것 아닌가요? 비정상적인 방법을 통한 경우가 문제지요. BVI의 회사를 상장도 하잖습니까?

'그렇네. 홍콩 제일의 부자도 BVI로 지주회사를 옮겼다고 하니……'

제이도 이 박사의 말에 동의했다.

이 박사: 조세는 가치관의 문제입니다. 따라서 추구하는 목적과 가치에 따라서 행동도 다를 것입니다. 누구의 행위에 동조를 하든 비난을 하든 일단은 알고 있어야 합니다. 본질을 제대로 알고 있어야 적절한 대응을 할 수 있습니다.

일동: 네.

이 박사: 투자회수 전략이 선행되면 좀 더 효율적인 투자구조를 짤 수 있다고 말했습니다. 투자회수에 대해선 자세히 알아볼 기회가 있겠지만 기본적인 이익회수 방법으로는 투자한 회사가 잘되어서 배

당을 받거나 투자한 회사에 특허, 기술과 노하우 등을 제공하고 얻는 로열티 수입이 있을 수 있습니다. 회사가 계속 잘 운영돼서 상장을 한다면 지분에 따라 상장차익이 있을 것이고, 회사를 운영하다가 적당한 시기에 넘긴다면 지분이전에 따른 양도차익이 있을 것입니다. 여러 투자회수 방안이 있는데 과연 어떤 것이 회사에 가장 맞는 투자회수일지 고민해보기 바라며 투자구조 이야기를 마무리하겠습니다.

심 대리는 연수 첫날 설명해 준 중국 내 JK그룹의 조직도를 다시 살펴보았다. 중국 내 법인들의 현황을 살펴보니 정말 그 형태가 여러 가지였다. 각 투자가 이루어질 당시에 당장 급한 대로 하다 보니 중국 내 수많은 자회사가 복잡하게 구성되어 있었다. 제한규정 때문인지는 몰라도 100% 자회사와 합자회사들이 섞여 있었고 합자상대와의 합자비율도 다양했다. JK그룹이 최근 들어 성장가도를 달려오고 있지만 신생회사다 보니 이런 측면에서의 고려가 미흡했던 것으로 판단되었다.

'각 회사들을 살펴보고 더 늦기 전에 필요한 것은 구조조정을 할 필요가 있겠어.'

심 대리는 다시 머리를 감싸며 고민에 빠졌다.

이 박사: 이건 국화차입니다. 카페인이 들어가 있지 않아서 심 대리에게 맞을 거예요. 보아하니 정리할 일도 많을 것 같은데 차분히 한 잔 하면서 마음을 가라앉혀보세요.

이 박사는 심 대리 앞에 차 봉지를 놓고서 유유히 사라졌다.

중국에서 맞는 첫 번째 주말임에도 심 대리는 긴장의 끈을 놓을 수가 없었다. 걱정거리도 정리할 것도 많았는데 이 박사가 주고 간 국화차가 큰 도움이 되었다. 잠시 휴식을 하고 호흡을 가다듬을 핑계거리가 되어 주었으니 말이다.

신입사원들은 토요일에 만리장성과 명13릉 관광을 하고 일요일은 각자 개인시간을 갖도록 예정되어 있었다. 개인시간이라고 해도 첫 한 달간은 안전을 고려해 개개인이 아닌 삼삼오오로 신고하는 경우에만 외출이 허락되었다. 그러나 숨가쁘게 몰아친 교육 때문인지 어느 누구도 숙소에서 나갈 엄두도 못 내고 모자란 잠을 보충하기에 바빠 보였다.

'이건 인솔자가 아니라 교육생 같아. 이렇게 배울 것이 많았는데 그간 너무 안일했었네.'

해외사업운영팀의 김 실장이 내려준 비밀 임무는 고사하고 중국 내 비즈니스에 대한 이해조차도 버거운 실정이었다. 그냥 그렇게 계속 걱정만 하다가 심 대리의 주말도 지나 버렸다.

로이의 노트

1. 투자구조의 중요성
- 투자는 그 회수방안에 대해 고민해야 하며, 투자부터 회수까지 전체 사이클의 큰 그림을 그려 본 뒤 투자구조를 정해야 한다. 이는 업무의 효율성 제고와 시간, 비용 절약의 지름길이다.
  - FDI의 중요성
  - 각국 법인세율이 다르다. Tax planning vs. Tax avoidance
  - 자회사를 활용한 조세구조
  - 조세협정에 대한 이해
  - 외국납부세액공제
- 투자구조는 투자목적에 가장 적합하게 짜여야 한다. 투자는 결국 수익창출을 위한 것이며 회 사마다 수익모델과 회수예상 시기가 다르다. 이 작업은 회수모델에 따라 중장기 전략을 세우는 데도 도움이 된다.
- 기본적인 투자회수모델에는 자회사로부터의 배당, 특허나 기술과 노하우를 제공하는 로열티 수입, 상장의 경우 상장차익, 지분이전 시 양도차익이 있을 수 있다.

2. 경제환경의 변화로 트렌드 감지
- 경제환경의 변화와 이에 따른 조세정책의 변화 트렌드를 감지하라. 흐름을 읽고 미리 준비하는 것과 정보공유 및 팀워크가 중요하다.
- OECD 회원국들을 중심으로 한 세계 여러 국가들은 다국적기업들의 조세회피를 차단하기 위한 대책을 마련하고자 세원잠식과 이익이전(BEPS)에 대해 논의하고 있다.
- 상대의 입장에서 생각해 보는 것은 상대의 의중을 읽을 단초를 찾을 수 있는 기회기도 하다. 각자의 입장은 이해관계에 따라서 다를 수밖에 없다는 것, 그리고 모두가 테두리 안에서 항상 치열하게 경쟁하고 있다는 것을 기억하고 역지사지하라.

3. Case 설명
- 초기 투자구조 설계의 중요성: 홍콩상장을 위해 한국본사가 가지고 있는 중국자회사의 지분을 홍콩으로 넘기려 했으나 한국의 상속세 및 증여세법에 따른 평가로 몇 십 배의 평가가치가 책정되었음. 결국 자본이득에 대한 세금 부담문제로 인해 상장 포기.
- 더블 아이리시: 경제환경의 변화와 이에 따른 과세환경의 변화 트렌드를 확인하라.
- 조세협정에 대한 이해가 중요: 한중조세협정의 부동산관련 양도소득 부분에 대한 처리. 바베이도스와 중국 간 조세협정의 부동산관련 양도소득 부분에 대한 처리. 내지 않아도 되는 세금을 낼 필요는 없으니 사전에 자사 거래와 관련된 조세협정은 파악 및 숙지해 두는 것이 좋다.

4장_

법인 설립

1 / 오 차장의 고민

박 전무와 오 차장은 JK그룹 중국 헤드쿼터 총재실에 마주 앉았다.

박 전무: 도대체 왜 안 된다는 겁니까? 긍정적으로 검토하지 않고.

박 전무는 불쾌한 표정으로 말을 내뱉듯이 던졌다. 보이지 않는 말이라는 것이 어떻게 야구공에 세게 맞은 듯한 느낌을 줄 수 있는지 정말 신기할 따름이었다. 박 전무의 신공 중 하나겠지.

박 전무: 잘 검토해서 보고하세요. 우리의 중국 비즈니스 확장에 꼭 필요한 것 아닙니까? 확인도 안 하고 무조건 안 된다 하지 말고 일단 자세히 검토해 보세요.

오 차장: 네……. 알겠습니다. 다시 검토해 보겠습니다.

오 차장은 머뭇거리는 발걸음으로 총재실을 빠져나왔다.

자리로 돌아온 오 차장은 의자에 털썩 주저앉았다. 몸이 그냥 가라앉았다고 말하는 편이 더 정확했다. 내쉬는 한숨이 너무 길어서 호흡이 끊어질 듯했다.

오 차장: 김 대리, 담배 한 대만 줘.

김 대리: 차장님, 담배 끊으셨잖아요?

말을 그렇게 하면서도 김 대리는 조심스레 오 차장에게 담배를 건넸다. 이럴 때는 안 건드리는 것이 상책이다.

담배를 물고 밖으로 나간 오 차장은 라이터 불을 당겼다 놓았다를 반복하면서 생각을 정리하려 하고 있었다.

이 박사: 스트레스에는 운동이 최고입니다. 차라리 좋아하는 운동을 찾아 보시지요?

갑자기 들리는 목소리에 오 차장은 흠칫하며 뒤를 돌아봤다. 동글동글하게 생긴 녀석이 웃고 있었다. '이 재수 없게 생긴 녀석은 도대체 누구야?' 하고 있는 찰나, 기획부 김 부장이 소개했다.

김 부장: 오 차장, 인사하시죠. 이현명 박사님이라고 우리 그룹 자문을 맡고 계신 분입니다

오 차장: 아, 네……. 사업운영실의 오승훈이라고 합니다.

짜증난 사람에게 엉뚱한 소리를 하는 것 같아 한마디 쏘아붙일 뻔했는데 하마터면 큰일 날 뻔했다. 역시 화를 내기 전엔 한숨 돌리고 시간차를 두는 것이 회사생활을 잘하는 비결이다. 성질을 내서 도움이 된 적은 한 번도 없었다는 생각이 머리를 스치고 지나갔다. 그때 김 부장의 핸드폰이 울렸다.

김 부장: 여보세요, 네……. 네……. 알겠습니다. 바로 올라가겠습니다.

오 차장, 나는 전무님께서 또 호출하셔서 가 봐야겠네. 그럼 이

박사님, 오 차장과 이야기 나누세요.

오 차장: 네…….

이 박사: 스트레스에는 운동이 최고입니다. 이왕이면 배드민턴이나 탁구 등 공을 타격할 수 있는 종목이면 더 좋을 거 같네요. 타격이 스트레스 타파에 정말 도움이 되거든요.

바람을 가르며 손을 아래로 내치는 시늉을 하는 이 박사를 보며 오 차장은 생각했다.

'본인도 별로 운동한 몸처럼 보이지 않는데 웃기는 사람이군.'

이 박사: '당신이나 잘 하쇼'라고 생각하시는 거 같은데 이래 봬도 전 꾸준히 운동하고 있고 운동에 일가견도 있습니다. 허허허.

오 차장은 생각을 들켜 버린 것 같아 얼굴이 빨개졌다.

심 대리: 이 박사님은 오 차장님을 오늘 처음 보신 걸 텐데 왜 그렇게 사람 무안하게 이야기를 하고 그러세요.

급히 뒤따라온 심 대리가 끼어들었다. 오 차장이 하고 싶은 말을 대신해서 오 차장의 심기를 풀어 주려는 듯했다.

이 박사: 아냐, 아냐. 난 진짜 다른 의도가 없고 지주회사 건으로 스트레스를 많이 받으시니 도움을 드리고 싶어서 그런 거라고.

이 박사는 두 손과 고개를 절레절레 흔들며 강하게 부정했다.

이 박사: 특히 오 차장님 얼굴을 보세요. 사람이 선해서 저렇게 생각이 얼굴에 다 드러나니 총재실에 들어가 보고하면서 얼마나 힘들었겠어요. 박 전무님도 오 차장님의 표정을 통해 오 차장님이 지주회사 설립에 반대하고 있고 그 소신이 강하다는 것을 읽으니까 더 화가 나서 심하게 해댔을 것이고 말이야.

오 차장: 네?

오 차장의 눈이 순식간에 휘둥그래졌다.

'이 동그랗게 생긴 탐탁지 않은 녀석은 도대체 뭐야?'

오 차장: 아니, 제가 오늘 지주회사 설립 건에 대해 보고한 것을 어떻게 아셨어요? 총재실에는 박 전무님과 저밖에 없었는데.

이 박사는 또 다시 빙그레 웃기만 할 뿐 대답해 주지 않았다.

심 대리: 지주회사요?

오늘은 신입사원들만 공장 견학을 나갔고, 인솔자와 멘토들은 중국 헤드쿼터로 출근해 그간의 연수진도 점검 및 각자 한국에서 맡고 있는 업무들 중 미뤄 둘 수 없는 것들을 처리하는 시간을 가졌다. 심 대리도 헤드쿼터에 나왔다가 멀리서 이 박사를 보고 반가워하던 차에 심상치 않은 분위기가 궁금해 뒤따라온 것이다. 심 대리는 지주회사라는 것이 뭔지 명확히 몰랐던 데다 이 건에 대해 들은 바가 없었던 터라 상황이 전혀 파악되지 않았다.

이 박사: 오 차장님, 너무 스트레스 받지 마세요. 생각을 다시 잘 정리해서 보고하면 되지 않겠습니까? 본인이 옳다고 생각하는 것을 상대방이 기분 상하지 않게 잘 전달하는 것에도 많은 연습이 필요합니다. 허허허. 곧 다시 봅시다.

이 박사는 인사를 하고 자리를 뜨다가 다시 돌아서서 한마디 덧붙였다.

이 박사: 참! 그리고 본인이 옳다고 생각한 것도 정말 옳은지 다시 생각해 보세요. 박 전무 입장에서도 생각해 보시고요.

심 대리는 아직도 멍한 표정으로 이 박사의 뒷모습을 지켜보는 오 차장에게 황급히 인사하고 이 박사를 쫓아가며 연거푸 질문을 퍼부었다.

심 대리: 박사님, 지주회사가 뭐죠? 오 차장님은 왜 박 전무님께 혼나는 건가요? 본인이 옳다고 생각하는 것을 잘 주장하라는 것은 어떤 의미신 거죠?

이 박사: 허허, 숨 좀 돌리고 이야기하세요. 듣는 나도 숨이 넘어가려고 합니다.

심 대리: 굉장히 중요한 일 같은데 너무 궁금해서 그렇습니다.

심 대리는 지금 본인의 임무와 관련된 회사의 주요 현안인 것 같아서 정신이 바짝 곤두서 있었다.

이 박사: 그럼 힌트를 드리겠습니다. 박 전무는 영업 출신으로 임원이 된 사람입니다. 그래서 판매가 가장 중요하고 이렇게 거대한 시장을 더욱 더 개발하려면 기세를 몰아붙일 기지가 필요하다고 생각하고 있지요. 반면에 오 차장은 관리 분야의 베테랑이라고 들었어요. 한국에서도 경리, 관리, 세무를 두루 거쳤고 얼마 전에 발령받아서 부임해 왔지요.

심 대리: 그게 무슨 힌트예요? 누구나 다 아는 내용인데…….

심 대리는 불만에 찬 표정으로 이야기했다.

이 박사: 그럼 오늘은 그걸 고민해 보면 되겠네요. 내일 이어서 대화합시다. 오늘은 내가 중요한 약속이 있어서 말이야. 하하하!

심 대리: 박사님! 박사님!

이 박사의 큰 웃음소리는 이내 사라져 갔다. 심 대리는 이 박사가 야속했다. 이 박사는 자기가 무슨 목적으로 중국에 파견되었는지를 아는 사람 아닌가.

'생각을 정리하자. 다시 잘 생각해 보는 거야.'

밥맛도 없어진 심 대리는 저녁도 건너뛰고 숙소로 돌아와 침착하게 오후의 상황을 복기하면서 문제가 무엇인지 확인해 보려 했다. 그래도 생각에 발전이 없자, 아무리 사소해도 일단 생각나는 것들을 모두 적어 보기로 했다.

- 오 차장은 지주회사 건으로 스트레스를 심하게 받았다.
- 이 박사는 지주회사 건을 알고 있고 이를 그룹의 현안이라고 표현했다.
- 박 전무는 영업, 오 차장은 관리 출신이다.
- 오 차장은 표정에 마음이 드러난다.

지주회사라는 것이 중요한 열쇠가 될 것 같은데 답답하게도 그에 대한 지식이 너무 없는 자신이 한심하게 느껴졌다.

심 대리: 에잇! 인터넷 접속이 왜 이 모양이야. 하필 이럴 때 왜 인터넷도 안 되는 거야.

심 대리는 마우스를 세게 내려놓은 뒤, 지주회사에 대한 조사는 나중에 다시 하기로 하고 지금은 우선 나머지 상황을 맞춰 보기로 방향을 바꿨다. 하지만 종이에 적은 것들을 아무리 반복해서 살펴봐도 영 힌트를 찾을 수 없었다.

'잠깐만. 우리 그룹이 중국에 지주회사를 갖고 있었나?'

그룹사의 중국 내 법인현황표를 다시 들여다본 심 대리는 아직 지주회사가 없는 것을 확인했다.

'아직 지주회사가 없는데 이것으로 갈등을 겪고 있다면 지주회사 설립을 두고 이견이 존재한다는 것이겠네. 박 전무는 지주회사를 설립하고 싶어하지만 오 차장은 반대하고 있는 것일 테고. 그런데 반대하는 이유는 뭘까?'

심 대리는 생각에 잠겼으나 고민에 대한 해답을 얻지 못한 채 어느새 잠들어 버렸다.

중국의 지주회사 제도 2

이 박사: 좋은 아침이에요!

다음 날 아침식사 테이블. 이 박사는 심 대리가 고민을 했는지에 대해서는 별로 신경 쓰지 않는 듯한 태연한 얼굴로 심 대리, 제이와 로이에게 인사를 건넸다.

제이: 박사님도 안녕히 주무셨습니까?

자리에 앉은 이 박사는 커피를 주문하고 가볍게 한 모금을 마시며 몸과 정신을 이완시키는 것 같았다. 다시 커피 한 모금을 들이키며 이 박사는 오늘의 주제를 던졌다.

이 박사: 자, 지난번엔 투자구조까지 살펴보았고 오늘은 법인설립에 대해 이야기해 보자고 했지요? 지주회사에 대한 이야기로 법인설립에 관한 이야기를 시작해 봅시다. 지주회사가 뭔지 알면 다른 일반법인에 대한 이해는 문제도 아니니까요.

제이, 로이: 지주회사요?

제이와 로이는 동시에 외쳤다.

이 박사: 네. 중국지주회사. 한국에서 지주회사라는 것에 대해서 들어봤을 텐데, 혹시 설명해 줄 친구 있나요?

제이: 지주회사는 지배회사나 모회사라고도 불리면서 그 산하에 많은 자회사의 지분을 소유하고 이를 지배하는 회사로 알고 있습니다. 지주회사는 순수지주회사와 사업지주회사로 나뉘는데…….

이 박사: 오, 그만그만. 거기까지면 됐습니다.

이 박사는 급하게 제이의 말을 끊으며 이야기했다.

지주회사는 제이가 취업을 준비했을 당시 경제상식과 관련하여 살펴본 적이 있는 개념이었다. 간만에 아는 내용이 나와서 쫙 읊으려 했는데 이 박사가 말을 막아 버리니 김이 좀 샌 표정이었다.

이 박사: 그 정도 이해로 충분합니다. 오늘은 중국지주회사의 규정에 대해 알아볼 텐데, 나중에 시간 날 때 한국지주회사의 규정에 대해서도 공부해 두면 더 좋겠지요. 자, 방금 제이가 말한 것처럼 일반적으로 지주회사는 많은 자회사의 지분을 소유하고 지배하고 있는 모회사를 말합니다.

이 박사는 심 대리를 쳐다보며 말했다.

이 박사: 그럼 토의를 위해 심 대리가 현재 회사 상황이 어떤지 말해 줄 수 있겠습니까?

심 대리는 법인설립에 관한 설명을 지주회사로 예를 들어 자신을 도와 주려는 이 박사가 고마웠다.

심 대리: 현재 중국에 JK그룹의 중국지주회사는 설립되어 있지 않습니다. 지주회사 설립에 대해서는 회사 내부의 의견이 분분한 것

같은데, 좀 더 자세한 분석이 나오면 방향이 정해질 듯합니다. 현재 관리팀에서는 지주회사 설립이 적합하지 않다는 의견을 내놓은 것 같고요. 그룹사 주요 현안이다 보니 신중한 결정이 필요하고, 이 박사님은 관리팀의 의견을 지지하는 것으로 보입니다.

제이: 그룹의 현안?

제이와 로이의 귀가 쫑긋해졌다. 회사의 중요 현안을 이야기하는 자리에 앉아 있다는 것이 무척 좋은 기회란 생각이 들었다.

이 박사: 너무 비약한 것 아닌가? 나는 누구를 지지한 적이 없는데요?

이 박사는 어색한 손동작과 함께 머쓱한 표정을 지었다.

심 대리: 확정적으로 이야기를 하지는 않았습니다. 그런 느낌이 든다고 말한 것뿐입니다.

이 박사: 어허, 무슨 궤변인가요. 좋은 것을 배워야 하는데 별로 안 좋은 것만 늘어 가는 것 같네요.

심 대리: 의견이야 갈릴 수 있지만, 제가 궁금한 것은 그렇게 의견이 갈리는 이유입니다. 아울러 보고를 하는 관리팀의 입장에서는 왜 그렇게 많은 스트레스를 받는지도 알고 싶고요.

제이와 로이는 숨을 죽인 채 이 박사와 심 대리 사이에서 오고가는 이야기를 하나하나 새겨 듣고 있었다.

이 박사: 자, 중국의 지주회사에 대해 좀 더 알아보면 심 대리의 고민이 풀릴 것 같으니 이야기를 진행해 봅시다. 중국지주회사는 영어로 흔히 CHC라고들 말하는데 이건 China Holding Company라는 뜻입니다. 중국어 명칭은 '투자성 공사(投資性公司)'지요.

제이: 컨트롤 타워가 되어서 투자와 그 관리를 주로 한다는 뜻이니 지주회사나 투자성 공사나 그 의미는 비슷하다고 보면 되겠네요.

제이가 한마디 거들었다.

이 박사: 그렇지. 투자성 공사는 중국 내의 투자와 그 관리를 주로 할 목적으로 설립됩니다. 투자성 공사의 최소자본금 규모는 비교적 큰데 최소로 요구되는 자본금은 미화 3,000만 불입니다. 이 돈을 각 자회사에 투자하고 그에 해당하는 지분을 가지고 가는 것이지요.

심 대리: 3,000만 불이 굉장히 큰 금액이기는 하지만 우리 그룹처럼 중국에 전자공장을 설립하고 이 외에 몇 개 자회사를 거느린다면 그렇게 문제가 되는 금액이라고 볼 수 없을 것 같은데요?

심 대리는 투자금액의 규모는 업종에 따라 상대적인 것이라고 생각하기에 문제점을 찾을 수 없었다.

이 박사: 심 대리 말이 맞습니다. 그런데 문제는, 기존에 설립되어 있던 회사의 지분을 인수할 경우에는 이 자본금을 사용하지 못한다는 겁니다.

심 대리: 이 자본금을 못 사용한다면 그걸 어떻게 지주회사라고 할 수 있는 거죠?

이 박사: 말을 바꿔서 다시 설명하지요. 자본금을 기존 회사의 지분인수에는 사용할 수 없다고 이해하는 것이 빠르겠군요. 그렇기 때문에 기존의 지분을 인수하려면 추가 자금이 필요합니다.

그래도 모두들 이해하지 못한 표정이었다.

이 박사: 좋습니다. 그림을 하나 그려 보겠습니다. 이걸 보면 좀 더 이해가 빠르겠네요.

이 박사는 재빨리 조직도 하나를 그렸다.

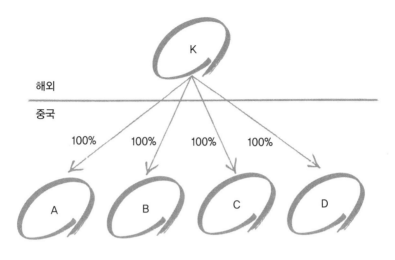

[그림 15] 자회사 모형

이 박사: 그림에서 보듯이 원래 어떤 K라는 회사가 중국 내에 A, B, C, D라는 네 개의 자회사를 소유하고 있다고 가정합시다. K그룹은 이후 중국 비즈니스를 집중적으로 관리할 필요성을 느껴 투자성 공사(CHC)를 설립할 계획이 있습니다. 이 계획에 따르면 A, B, C, D는 이제 구조조정(restructuring)을 거쳐 투자성 공사의 자회사로 편입되고, K의 자회사에서 K의 손자회사로 바뀌게 됩니다.

이 박사는 바뀐 구조하에서의 조직도를 다시 그렸다.

이 박사: 그런데 문제가 생겼습니다. 앞서 설명한 것처럼 이렇게 기존에 있던 A, B, C, D의 지분을 K회사의 중국 내 지주회사인 K CHC가 K로부터 인수하는 경우에는 지주회사의 자본금을 사용할

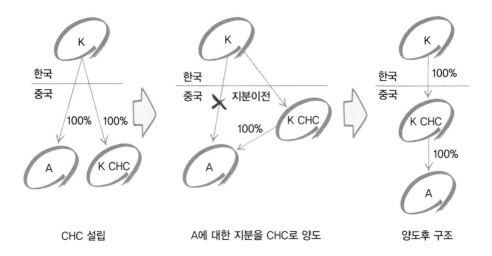

CHC 설립   A에 대한 지분을 CHC로 양도   양도후 구조

[그림 16] 지주회사 모형

수 없다는 거죠. 논의를 간단하게 하기 위해 일단 여기에서는 지분 양수도가 있을 경우 발생할 수 있는 공정가치에 대한 내용은 제외시 킵시다.

제이: 공정가치라니요?

제이가 미안한 표정을 지으며 말했다.

제이: 죄송합니다. 제가 나중에 찾아봐야 하는데 모르는 단어가 있다 보니 제가 다 이해를 하지 못하고 넘어갈까봐 그만 무의식적으 로 질문이 튀어 나오고 말았어요

이 박사: 괜찮습니다. 그렇게 열정이 있어야 잘 배우고 안 잊어 버 리죠. 우리 토의가 옆으로 새는 것이 처음도 아니니까요.

'다행히 혼나지는 않았네……'

제이는 적잖이 안심했다.

이 박사: 공정가치라는 것은 글자 그대로 공정한 가치(fair market value)입니다. 생각나지요? 모르는 말이라도 단어 고유의 의미에서 출발하여 사고하기로 한 것 말입니다.

제이: 네, 그럼요.

이 박사: A, B, C, D라는 자회사를 설립한 이후에 중국에서의 비즈니스가 잘되었다면 그 회사들의 가치도 증가할 겁니다. 그럼 이 회사들의 지분을 인수하는 데 들어가는 돈도 전보다 더 많이 필요할 것이고요. 자본이득이라는 것에 대해서는 앞서 논의한 적이 있지요? 여러분이 어떤 회사의 주식을 5,000원에 샀는데 회사의 영업실적이 좋아서 주가가 상승했습니다. 현재 2만 원에 거래되고 있는데 그 주식을 팔면 얼마의 시세차익이 발생하죠?

제이: 1만 5,000원이요.

이 박사: 그게 자본이득입니다. 쉽게 이야기해서 차익이지요. 지분양도에 따른 자본이득이 발생하면 이에 대한 세금을 내야 합니다. 양도소득에 대한 과세 문제는 따로 나중에 이야기해…….

로이: 네, 세금을 납부해야 하는 것으로 알고 있습니다.

이 박사: 어? 내가 말해 줬었나요?

로이: 네. 심 대리님 친구분 회사가 중국자회사 지분을 판 것이 바로 지분양도에 따른 자본이득이 생기는 예잖아요. 다만 한중 조세협정에 따라 중국에서는 과세가 되지 않는 것이고요. 얼마를 내야 하는지는 모르지만 양도소득에 대하여 세금이 있을 수 있다는 것은 이제 저희도 알고 있습니다.

이 박사: 그렇군요. 아주 좋습니다. 일단 그 정도면 충분합니다. 나

중에 구조조정면제(restructuring relief)에 대해서 설명해 주지요.

다 이해했다고 생각했는데 이 박사가 또 다시 새로운 용어를 이야기하니 로이는 김이 새는 느낌이 들었다.

이 박사: 만일 A, B, C, D 회사의 지분인수에 미화 5,000만 불이 추가로 필요하다면, K회사가 지주회사 설립을 통해 중국 내 비즈니스를 집중관리하는 데는 최소한 얼마의 돈이 필요할까요?

제이, 로이: 미화 8,000만 불이요.

제이와 로이가 이구동성으로 자신 있게 대답했다.

심 대리: 만일 그 정도의 자금 여력이 없다면 어떻게 되나요?

심 대리는 아무래도 그룹사 현안인지라 이 부분을 걱정하지 않을 수 없는 듯했다.

이 박사: 뭐 간단히, 기존 회사 지분의 인수가 불가능해지겠죠.

이 박사는 다시 커피 한 모금을 마시고 태연히 웃었다. 마치 남의 일이라는 듯이 말이다.

심 대리: 그렇게 간단한 문제가 아닐 것 같은데요.

심 대리의 심각한 표정에 이 박사가 무슨 문제가 있는지 오히려 되물었다. 심 대리가 문제의 요지를 잘 보고 있다고 생각했기 때문에 심 대리가 스스로 결론을 내리게 하려는 듯했다.

심 대리: 박사님 말씀을 들으면 지주회사의 최소자본금은 향후 설립될 회사에밖에 투자하지 못한다는 게 문제입니다. 기존에 설립되어 있는 회사의 지분인수에는 추가자금을 사용해야 하는 것이고요. 중국 역내에 지주회사를 설립하는 목적은 중국 내 회사들의 투자와 관리를 위해서입니다. 그런데 미화 3,000만 불의 투자로 지주회사를

설립해 봤자 중국 내 전체 자회사들을 아우를 수 없으므로 반쪽뿐인 불완전한 지주회사가 될 것이고, 그럼 그 본래의 취지에 맞는 역할을 수행하지 못할 것 같습니다. 만일 목적에 부합하려면 추가자금이 필요한데 그러면 더 많은 자금이 묶이게 되는 상황이 발생할 것이고요.

이 박사: 그렇군요!

이 박사는 매우 흡족하게 웃었다.

이 박사: 정확히 말하면 최소자본금은 신규 투자를 하거나, 혹은 기존에 이미 설립되어 있는 회사의 미납자본금을 납입하거나 그 증자에 참여하는 것만 가능합니다. 지금 대화의 중점사항은 아닙니다만 일단 기억해 두세요. 결국 자금이 충분하지 않아서 중국 내 비즈니스를 집중적으로 관리하려던 원래의 목적을 달성할 수 없거나 혹은 심 대리가 말한 대로 많은 자금이 묶여 버리는 상황, 즉 캐시 트랩(cash trap)이 발생합니다. 관리팀의 입장에서는 당연히 고민일 수밖에 없는 문제겠지요?

제이, 로이: 네.

이 박사: 그렇지만 지주회사 설립이 무조건 문제라면 왜 이런 제도가 존재하고 많은 다국적기업이 중국지주회사를 세웠을까요?

심 대리, 제이와 로이는 이 질문에 선뜻 답을 할 수가 없었다. 좀 전까지 이 박사는 막대한 자금투입이라는 이유로 지주회사를 부정적으로 바라보는 것 같았는데, 지금 다시 하는 질문은 그 반대의견처럼 보이니 그의 생각이 뭔지 도저히 종잡을 수 없었다.

이 박사: 자, 제이와 로이가 중국 지주회사 제도에 대해 좀 더 리

서치를 한 후에 다시 이야기해 보면 어떨까요? 오늘 출발시간까지는 시간이 꽤 남았으니 일단 아침식사를 마저 하고 남은 시간에 찾아봅시다. 일단 한 시간 뒤에 로비에서 볼까요?

3

회사의 이익, 개인의 이익

제이와 로이가 아침식사를 마치고 돌아간 뒤에도 이 박사는 여전히 자리에 앉아 있었다. 심 대리는 이 박사가 마련한 한 시간은 자신과 둘만의 대화를 가지기 위한 것임을 알 수 있었다.

심 대리: 박사님, 그럼 박 전무님은 왜 그렇게 지주회사를 설립하고 싶어 할까요?

이 박사: 그 질문은 심 대리가 고민해야 할 문제인 것 같네요. 부언하자면 투자에 있어서 간단하면서도 가장 중요한 원칙을 다시 한 번 기억했으면 좋겠습니다.

심 대리: 투자에 있어 간단하면서도 중요한 원칙? 제가 경영학 전공자가 아니다 보니 이러한 것에 대하여 너무 지식이 없어요.

이 박사: 심 대리, 지금까지 심 대리와 이야기하면서 경영학 이야기를 꺼낸 적이 없습니다. 상식적인 선에서 질문을 하는 것이에요. 아무리 간단한 답이라도 좋으니 자신감을 가지고 이야기하면 좋겠어

요.

'맞는 말이다. 박사님께서 자신감을 가지라고 매번 말씀하셔도 전공이 전공이다 보니 무조건 모른다는 생각만 먼저 드네. 이걸 고치려면 정말 많이 노력해야 될 것 같아.'

심 대리의 마음 깊숙한 곳에서 부끄러움이 밀려왔다.

이 박사: 심 대리, 자신감은 정말 중요합니다. 조금 알고 모르고는 배우면 되는 문제니 그리 중요하지 않습니다. 그리고 자신감과 더불어 자존감도 있으면 좋겠습니다. 자신을 존중하는 자존감이 없으면 어떤 일을 하더라도 주인의식을 갖기 어렵고 일의 성취감도 느끼기 어려우니까요.

심 대리의 표정을 읽은 이 박사는 미안했는지 심 대리를 달랬다.

이 박사: 자, 심 대리가 이왕 질문을 했으니 쉬운 예로 바꿔서 이야기를 마저 마무리해 봅시다.

심 대리는 이 박사의 사려 깊고 자상한 성품을 느낄 수 있었다. 물고기를 주기보다는 잡는 법을 알려 주는 것이 이 박사가 후배들을 대하는 명확하고 일관적인 철학인 듯했다.

'허허실실 하시는 것 같지만 이분은 내가 생각하는 것보다 훨씬 대단한 사람일지도 몰라.'

이 박사: 심 대리가 주식을 구매하는 투자활동을 하든 옷을 사는 소비활동을 하든, 이런 결정을 내릴 때의 기준은 뭔가요?

심 대리: 사려는 제품이 제게 가치를 줄 수 있는지 여부입니다.

이 박사: 맞습니다. 그거 이외의 다른 이유는 없나요? 무조건 가치가 있다고 해서 구매하지는 않을 테니까요.

심 대리: 물론입니다. 표현이 좀 그렇습니다만 소위 '돈값'을 하느냐도 중요하지요.

이 박사: 그걸 좀 더 세련된 표현으로 이야기하면 투입하는 가치에 대비한 효용이 더 커야 한다고 할 수 있습니다. 젊은 친구들 말로 가성비가 좋다고 하면 되려나요?

이 박사는 빙그레 웃으며 말을 잇는다.

이 박사: 자, 이게 바로 투자의 기본원칙 아닐까요? 살 값어치가 있다고 생각되는 것을 선별해서 사는 것. 이건 우리가 경제학을 배웠든 배우지 않았든 일상생활에서 실천하고 있는 원리입니다. 이렇듯 경제라는 건 이미 우리 생활의 일부분입니다. 우리의 많은 결정들도 경제원리에 따라서 이루어지고 있고요.

심 대리는 고개를 끄덕였다.

'그래. 학문으로 공부했는가와 관계없이 경제는 우리의 본능적인 결정기준이지.'

이 박사: 그리고 또 하나, 살 돈이 있느냐도 중요할 것 같습니다. 여윳돈이 없는 상태인데 그저 효용이 있다고 어떤 물건을 무작정 사는 것도 문제겠지요. 가진 돈이 제한되어 있으면 가장 필요한 곳에 써야 하니까요.

심 대리: 네. 여윳돈이 없는데 꼭 필요하지도 않은 것을 사는 것은 올바른 소비가 아니죠.

이 박사: 그렇다면 우리 사안으로 다시 돌아와서 이야기해 봅시다. 심 대리가 보기에는 지주회사 설립이 가치 있는 투자 같은가요?

심 대리: 중국지주회사가 누릴 수 있는 특권이라든가 기타 기능에

대해 현재 많이 아는 바가 없는 터라 지주회사의 효용에 대해서는 좀 더 알아볼 필요가 있습니다. 투입할 투자의 규모는 대략 확인했습니다만 지주회사 설립이 가치 있는 일인지 판단하려면 그 효용이 얼마나 큰지를 알아야 하잖습니까?

이 박사: 그렇지. 그렇게 생각해 나가면 됩니다.

심 대리: 아직 효용을 다 확인하지는 못했습니다만 이미 투자한 회사들이 많고 향후 신규투자에 대한 계획도 크지 않다고 알고 있습니다. 그래서 큰 가치가 있는 투자라고 생각되지는 않습니다.

이 박사: 허허허, 그럼 박 전무님은 왜 그렇게 지주회사를 설립하고 싶어 할까요?

이 박사의 질문에 답을 할 수가 없었다. 심 대리는 입을 굳게 다물고 다시 생각에 잠겼다.

이 박사: 심 대리는 이전에 박 전무를 만나본 적이 있습니까?

심 대리: 아니요. 뵌 적은 없고 이야기만 들은 적이 있습니다.

이 박사: 그래요? 이야기가 돌 정도면 박 전무가 유명한 분인가 보군요. 박 전무에 대해서 무슨 이야기를 들었나요?

심 대리가 행여 오해가 있을까 황급히 손을 절레절레 내저었다.

심 대리: 아, 그런 의미는 아니고요. 유명하셔서가 아니라 그냥 회사에 있다 보면 동료나 후배들끼리 윗분들의 스타일에 대해서 이야기하곤 합니다. 어떤 스타일인지를 알면 업무를 매끄럽게 하는 데 도움이 되니까요. 다만 박 전무님과 오 차장님은 회사의 대선배님들이라 후배들 앞에서 이야기를 나누는 것이 적절하지 않다는 판단이 들었습니다. 그래서 박사님께서 이렇게 시간을 주실 때까지 기다린

것이고요.

이 박사: 심 대리는 참 신중하군요. 좋습니다. 직장생활을 하다 보면 여러 면에서 조심하는 것이 좋지요. 상사에 대한 이야기는 후배 앞에서 하지 않는 것이 맞습니다. 심 대리는 기본자세가 잘 갖춰져 있네요.

심 대리는 기억을 상기해 보았다. 사실 박 전무가 JK그룹에 합류한 것은 최근의 일이었다. 역사가 그리 오래되지 않은 JK그룹이 중국시장에 진출하려면 중국 전문가가 필요하다고 판단했기에 박 전무를 영입한 것이었다. 다른 회사에서 오랫동안 중국 주재원을 경험했던 박 전무는 중국 전문가인 데다 영업에서 잔뼈가 굵은 사람이기에 중국시장 개척에 적합한 인물로 알려져 있었다. 특히 JK그룹에서는 외부인사를 영입하는 것이 굉장히 드문 경우였기 때문에 박 전무가 옮겨 올 때도 사내에 소문이 무성했었다.

'박 전무는 정말 어떤 이유에서 지주회사 설립을 원하는 걸까? 박 전무는 JK그룹에 오자마자 바로 중국으로 발령받아서 중국생활을 한 사람이야. 한국 본사의 각 부문 사람들과 교류할 시간적 여유가 없었단 이야기지. 즉, 본사에는 전혀 연고가 없다고 봐야 돼.'

심 대리의 생각은 꼬리를 물고 이어졌다.

'본사에 자기를 지원해 줄 회사동료들이 없다고 생각한 것일까? 그래서 중국에서의 입지를 강화하기 위해 중국의 중요성을 더욱 부각시킨다? 본인이 중국 전문가로 자리매김한 것이니 중국을 키우는 방법밖에 없었을 거야. 중국 비즈니스의 중요성이 커지면 커질수록 본인의 입지가 강화될 테니까. 하지만 단순히 본인의 이익을 위해서

이렇게 큰 투자를 감행하려는 걸까? 어쩌면 이건 오히려 무리수가 아닐까?'

생각을 하면 할수록 머리가 아파왔다. 10여 분의 정적 뒤에 심 대리가 입을 열었다.

심 대리: 지주회사 건을 여러 각도로 생각해 보았습니다. 이렇게 말하면 좀 이상하게 들리시겠지만 박 전무님께서 전적으로 회사의 각도에서 판단하신 것이 아니라 개인의 이익에도 무게를 두고 밀어붙이는 것이 아닌가 싶습니다.

심 대리는 이야기를 꺼내면서도 굉장히 조심스러웠다.

이 박사: 호오, 그래요?

이 박사는 심 대리의 판단이 재미있다는 눈치였다.

심 대리: 박 전무님 본인의 입지 강화용으로 지주회사를 고려한다는 느낌이 들어서요. 박 전무님 밑에서 평가받는 입장인 오 차장님은 박 전무님의 생각이 회사의 이익과 배치한다는 점을 알고 있어서 반대하는 듯합니다. 하지만 차장님 본인도 월급쟁이다 보니 윗사람에게 강력하게 주장하지 못하고 있는 것이 아닌가 싶어요.

이 박사: 개인의 이익과 회사의 이익이 상충하는 상황에서 개인의 이익을 택하려 한 것이다?

심 대리: 아니요. 개인의 이익을 택하려 한다기보다는 절충점을 찾은 것 같다는 말입니다.

이 박사: 이익이 상충하는데 반으로 나눠 가질 수 있는 물건이라면 모를까, 설립이냐 설립이 아니냐 사이에 무슨 절충점이 있습니까?

심 대리 스스로도 말이 꼬이는 것을 느끼고 있는데, 뻔히 알면서 저렇게 파고들며 질문하는 이 박사가 미웠다.

이 박사: 윗사람들 이야기라 조심하는 거 이해합니다. 실제로 개인의 이익과 회사의 이익이 상충하는 상황들이 있습니다. 그래서 에이전시 코스트(agency cost)라는 것이 발생하는 것이기도 하고요.

심 대리: 에이전시 코스트요?

이 박사: 네. 에이전시 코스트는 대리비용, 방금 심 대리가 이야기한 것처럼 상충된 이해관계 때문에 추가로 발생하게 되는 비용을 뜻합니다. 회사에서 외부 감사인을 선임해서 감사를 진행하는 것이 한 예가 되겠죠.

심 대리: 좀 더 자세히 설명해 주시면 좋겠습니다.

이 박사: 그럼 잠시 주제를 벗어나 볼까요? 대리비용은 주주나 채권자 등 기업의 주체와 경영자인 대리인의 이해관계가 서로 상충되기 때문에 발생하는 비용이라고 했습니다. 심 대리가 혹시 예를 들어 볼 수 있나요?

심 대리: 최고경영자가 사무실을 필요 이상으로 크고 화려하게 꾸미면서 쓰는 것도 예가 될 것 같습니다.

이 박사: 맞습니다. 가끔 외국 신문기사에 최고경영자들의 부적절한 행동이 구설수에 오르는 경우가 있지요. 회사 전용기로 개인 휴가를 간다든가 하는 내용으로 말이죠.

항상 이 박사에게 시험받고 있다는 생각이 있어서인지, 심 대리는 아무리 작은 것이라도 이 박사가 맞다고 얘기하면 적잖이 안심이 되었다.

이 박사: 대리비용은 크게 세 가지로 구분합니다. 첫 번째는 감시

비용(monitoring cost)으로, 대리인의 행위가 주체의 이익으로부터 이탈하는 것을 제한하기 위해 주체가 부담하는 비용을 말합니다. 두 번째는 확증비용(bonding cost). 대리인이 주체에게 해가 되는 행위를 하지 않고 있음을 확증하기 위해 대리인이 부담하는 비용이죠. 세 번째로는 잔여 손실(residual cost)이 있습니다. 대리인의 의사결정과 주체의 입장에서 본 최적의 의사결정 사이에는 괴리가 발생하는데 이런 괴리로 말미암아 주체가 감수하게 되는 부의 감소를 의미합니다.(출처: 두산백과)

심 대리: 네.

이 박사: 회사가 내부감사팀을 운영한다든가 하는 것도 대리비용의 일종이겠지요?

'내부감사?'

말하는 표정이 미묘해서 심 대리는 이 박사가 본인의 이번 중국 방문의 진짜 목적을 알고 있는 것처럼 느껴졌다.

'해외사업운영팀 김 실장님이 이 박사님 도움을 받으라고는 했지만, 박사님이 이번 업무를 알고 있다는 말씀은 안 하셨는데……. 이 박사님께서는 도대체 어디까지 알고 계신 거지? 중국방문 목적을 터놓고 이야기해도 괜찮을까?'

어느 선까지 이 박사와 솔직히 이야기해야 할지 몰라 심 대리는 갑자기 신중해지기 시작했다.

이 박사: 혹시 지금 박 전무의 중국 내 소속과 공식 타이틀을 알고 있습니까?

심 대리: 네, JK그룹 중국헤드쿼터 총재님이요.

이 박사: 중국헤드쿼터라는 것이 뭐죠?

심 대리: 저희 그룹의 중국 내 업무를 총괄하여 관장하는 곳이죠.

이 박사: 그럼 지주회사인가요?

'어라? 지주회사는 아닌데, 그럼 실체가 뭐지?'

심 대리가 갸우뚱했다.

이 박사: JK그룹 중국헤드쿼터는 그룹 내부에서 그렇게 부르는 것 뿐이지 대표처예요.

심 대리: 대표처요?

이 박사: 네, 대표처.

심 대리는 대표처가 무엇을 의미하는지 자세히 몰랐지만 지금 이 대화의 순간에 대표처에 대해서 물어본다는 게 적절하지 않다는 생각이 들었다. 지주회사가 아닌 것만은 분명하니 나중에 확인해 볼 심산이었다.

이 박사: 그런데 박 전무가 과연 자기 욕심으로 지주회사를 설립하자고 했을까요?

심 대리: 하지만 정황상…….

이 박사: 무슨 정황?

심 대리: 그건…….

생각해 보니 딱히 단정할 만한 단서가 없기는 했다. 지주회사라는 것이 많은 자금을 필요로 하고 현재 JK그룹의 중국 투자가 상당히 이루어졌다는 것 외에는 알고 있는 게 없었으니 말이다. 게다가 그룹 차원에서의 향후 중국 투자계획 또한 전혀 모르니 중국 투자가 상당히 이루어졌다고 단정할 수도 없었다. 대리 신분으로 접근할 수 있는 정보에는 한계가 있을 수밖에 없는 것 아닌가.

　이 박사: 혹시 심 대리가 오 차장과는 한국에서부터 아는 사이다 보니 심정적으로 오 차장의 편에 있는 것 아닌가요? 동병상련(同病相憐)의 느낌으로?

　심 대리: 아, 아니요. 그런 것은 아닙니다.

　이 박사: 아니라니? 한국에서 일할 때 오 차장과 서로 몰랐습니까?

　심 대리: 아…… 아니요. 그게 아니라 오 차장의 편에 서서 생각한 것은 아니란 뜻입니다.

　이상하게도 이 박사와 얘기를 할 때면 자꾸만 말이 꼬였다. 또 대답은 그렇게 했지만 정말 심정적으로 그런 게 아니었는지는 확신할 수 없었다. 상황을 정확하게 파악한 것이 아닌데 왜 박 전무가 개인 욕심을 내고 있다고 생각하게 됐는지 이 박사가 파고들며 물어 보니 정신을 차릴 수 없었다. 내부감사 업무를 맡은 자신이 중립적으로 공정하게 보고 있는지를 물어 보는 듯한 이 박사의 질문이 너무나 깊게 폐부까지 꽂혔다.

　이 박사: 심 대리가 아는 것이 전부가 아닐 수 있어요. 꼭 오 차장이 맞고 박 전무가 욕심을 내고 있는 것인지 확신할 수도 없고요. 사실 지주회사가 반드시 부정적인 것은 아닙니다. 회사의 상황에 따라 달라질 수밖에 없으니까요. 만일 JK그룹이 중국에 투자했던 초기부터 투자구조를 신중히 생각했더라면 지주회사를 설립했을 가능성이 있지요. 그렇다면 지금 설립하는 것은 이미 늦은 걸까요?

　심 대리는 아무 대답도 할 수 없었다.

이 박사: 문제는 윗사람들이 어떤 생각을 하고 있는지 자세히 얘기해 주지 않는다는 겁니다. 이러이러한 생각이니 그 관점에서 검토를 좀 더 해 달라고 하면 좋은데 보통은 그렇지 않거든요. 그럼 의중을 읽어야 하는데 오 차장은 의중을 읽는 것이 아니라 대표를 견제하는 것이 본인의 역할이라고 생각하고 있는 것 같습니다. 말 그대로 CFO 역할을 제대로 하고 있는 것이지요.

심 대리: CFO 역할을 제대로 한다고요?

이 박사: 보통 CEO들은 사업을 강하게 밀어붙이려고 하는데, 이럴 경우에는 재무를 담당하는 CFO가 CEO를 잘 견제하면서 균형을 맞춰야 합니다. 그런데 심 대리가 말한 것처럼 CEO 아래에서 근무하고 평가도 받으면서 동시에 견제를 한다는 것이 어디 쉬운 일이겠습니까?

심 대리: 네, 그렇군요.

이 박사: 재미있는 것은, 내가 들은 바에 따르면 박 전무는 설명도 자세히 하고 요구도 구체적으로 하는 스타일입니다. 평소와는 다른 모습이라 오 차장에게 일부러 그런다는 느낌이 좀 있어요.

심 대리: 일부러요?

이건 또 무슨 뚱딴지같은 소리인가.

심 대리: 그래서 아까 오 차장에게 박 전무 입장에서도 생각해 보라고 하신 건가요?

이 박사: 그것도 박 전무처럼 두 가지 의미를 담고서 한 말입니다. 하여간 일단 지주회사에 대하여 좀 더 연구하고 JK그룹의 중국 구조를 파악한 다음에 얘기해야 할 것 같네요.

'두 가지 의미? 그리고 박 전무처럼? 이 박사님은 뭔가 알고 있는 게 틀림없어. 내가 알고 있는 것이 전부가 아니라고도 하셨잖아.'

하필 이때 제이와 로이가 내려와 다가오는 바람에 심 대리는 이 박사와의 대화를 뒤로 미룰 수밖에 없었다.

로이: 박사님, 찾아볼 내용이 많아 한 시간으로는 부족하더라고요. 시간이 촉박해서 일단 지주회사 규정이 간단히 나온 것을 정리했어요. 지역본부(regional headquarters) 관련규정도 있고 하던걸요.

이 박사: 어디 봅시다. 음……. 이 정도면 논의하기에 충분합니다. 기타 자세한 사항이나 지역본부까지는 지금 굳이 알 필요 없으니 나중에 시간될 때 더 찾아서 읽어 보는 게 좋겠고요.

이 박사는 로이가 전해준 내용을 한 번 훑어보더니 옆으로 치우며 볼 생각조차 하지 않았다. 지역본부뿐만 아니라 지주회사와 관련된 규정까지도 말이다.

[표 4] 지주회사 관련 규정

설립요건	모회사의 신청 직전 년도 자산총액이 4억 달러 이상이고, 중국 내 외상투자기업 설립 및 실제납입주책자본 1,000만 달러 초과 혹은 모회사의 중국 내 기 설립 외상투자기업이 10개 이상이고 실제납입주책자본 3,000만 달러 초과
자본금 출자와 사용	최소자본금 3,000만 달러는 신규설립 외상투자기업이나 기설립 외상투자기업의 미납자본금 출자 혹은 증자부분에 대한 출자
차입한도 및 용도	주책자본이 3,000만 달러 이상이면 주책자본의 4배, 1억 달러 이상이면 주책자본의 6배. 중국 내 차입금은 중국 내 재투자에 사용할 수 없음
영업범위	투자, 서비스, 영업, 융자

로이: JK그룹의 자산총액이 4억 달러가 넘기는 하지만 처음부터 바로 지주회사를 설립할 수는 없었고, 어쨌거나 중국에 외상투자기

업을 설립한 뒤 최소 1,000만 달러는 납입을 했어야 자격이 생기더라고요.

로이의 말에 이 박사가 덧붙였다.

이 박사: 최근에 설립된 법인도 있지만 일부 중국법인은 설립된 지 상당히 오래 되었을 것입니다. JK그룹의 본사와 거의 동시에 발전해왔다고 볼 수 있는 법인도 있을걸요?

심 대리는 의외라는 생각이 들었다.

'중국 투자 초기에는 한국본사의 자산이 4억 달러가 안 됐을 수도 있었다는 이야기인가? 이거 각 법인의 설립년도도 모두 다시 살펴봐야겠네?'

로이: 중국어 표현인 주책자본(注冊資本, registered capital)은 등록자본금을 말합니다. 최소등록자본금 요구사항인 3,000만 달러까지는 2년 내에, 그 이상의 금액은 5년 내에 납입하면 됩니다. 다행히 한 번에 모두 납입해야 하는 건 아니더라고요.

로이는 분할납입이 마치 불행 중 다행이라는 듯 이야기했다.

이 박사: 잠깐만. 이미 이 제한은 없어졌습니다. 주책자본은 정관에 규정한 시한에 따라서 납부하면 됩니다.

로이: 하지만 제가 찾은 규정에서는…….

이 박사는 아무 대답도 없이 로이를 바라보고 씩 웃음을 지어 보였다. 로이는 더 이상 질문하지 못하고 이어서 다음 내용을 설명했다.

로이: 그리고 최소등록자본금을 이미 설립된 기업의 지분을 인수하는 데 사용할 수는 없지만 증자나 미납자본금 출자를 위해선 쓸

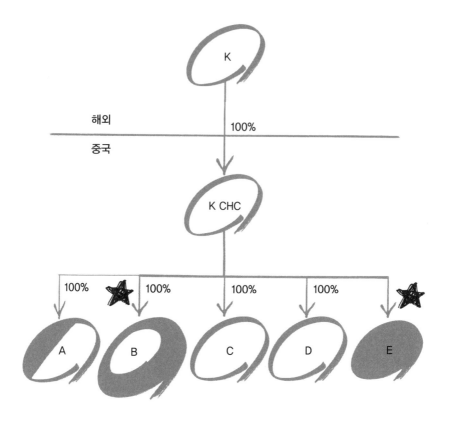

[그림 17] 지주회사 자본금의 활용

수 있었습니다.

이 박사: 네, 그렇습니다. 다음 그림을 볼까요? 신규회사인 E를 설립하거나 B사의 자본금을 늘리거나 또는 A회사에 미납자본금이 있어서 이를 위해 출자하려 할 때는 지주회사의 최소등록자본금을 활용할 수 있습니다. [그림 17]

로이: 그런데 아까 준 표를 보니 영업범위에는 투자, 서비스, 영업,

융자라고만 적었네요?

　로이: 그게…… 아무래도 제일 중요한 것이 영업범위일 텐데 내용이 상당히 많아서 세부사항들은 좀 더 찾아봐야 할 것 같아요.

　이 박사: 알겠습니다. 잘 찾아봐 줬네요. 지주회사 이야기는 일단 여기까지 하고 내일 일반적인 법인설립에 대하여 이야기를 나누도록 합시다. 그 후에 지주회사에 대해 토론한다면 여러분도 이해하기가 훨씬 좋을 겁니다.

　이 박사는 아주 흡족한 표정을 지었다. 건물을 나선 네 사람은 이후의 방문 일정을 소화하기 위해 다 같이 차에 올랐다.

4 / 대표처

이 박사: 자, 우리 오늘은 일반적인 법인 설립에 대해 얘기해 보기로 했죠?

일동: 네. 그러고 나서 지주회사 이야기를 하신다고 하셨습니다.

이 박사: 허허허. 노파심인가요? 잊어 버리지 않고 있으니 걱정하지 말라고.

이 박사는 신입사원들의 열정에 웃음을 짓고 이야기를 이어갔다.

이 박사: 여러분이 알아야 하는 것은 법인 설립 시의 세부적인 절차가 아닙니다. 그런 건 현지 규정을 잘 아는 컨설팅업체를 통해서 하게 되니 너무 걱정하지 않아도 되고요. 특수한 경우가 아니면 비용도 많이 들지 않고 지역마다 조금씩 차이가 있을 수도 있어서 현지 업체를 통하는 편이 안전합니다. 가장 중요한 것은 서로 다른 종류의 진출 형태가 있다는 것을 알고, 그중 회사의 상황에 가장 적합한 것이 무엇인지 판단하는 겁니다. 그게 바로 여러분 같은 회사 담

당자들이 해야 할 일이죠.

이 박사는 마지막 부분을 특히나 힘주어 이야기했다. 역시 정신을 바짝 차려야 한다는 말과 자부심을 가지라는 말을 동시에 전달하고 있었다.

이 박사: 법인 설립을 이야기하기 이전에 대표처와 지점 등 어제 여러분이 방문했던 곳에 대해 먼저 살펴보는 게 좋겠습니다. 어제 여러분은 JK 한국본사의 북경 대표처를 필두로 JK화학 상해법인의 북경지점, 그리고 JK전자 한국본사의 북경 자회사에 차례로 갔었죠.

자, 앞서 해외시장 진출에는 다양한 형태가 있다고 말했습니다. 진출 형태는 그 목적에 걸맞아야 하므로 당연히 가장 중요한 것은 진출 목적일 겁니다. 따라서 다양한 형태에 대한 지식이 있다면 목적에 따라 판단할 수 있는 좋은 기초가 될 것입니다.

'목적에 따른 판단이라……'

로이는 이 박사의 표현을 곱씹었다.

이 박사: 먼저 대표처라는 조직의 형태가 뭔지 알아 볼까요? 대표처는 한마디로 연락사무를 담당하는 조직이라고 이해하시면 됩니다.

로이: 연락사무를 담당한다고요? 비즈니스 활동은 안 한다는 건가요?

역시 로이답게 기다리지 못하고 궁금증을 표현했다.

이 박사: 맞아요. 직접적이 아닌 보조적인 활동, 그리고 연락사무로만 그 역할이 제한된다는 말입니다.

제이: 음……. 그런 조직을 왜 만들어야 하나요?

이 박사: 그건 대표처 나름의 장점이 있기 때문입니다. 대표처의

설립 목적은 해외시장에의 본격적 진출보다는 시장조사나 향후 가능성을 위한 탐방이 더 큽니다. 투자위험이 상대적으로 덜하다 보니 시장위험이 큰 지역에서 특히 효과적인 초기 진출 형태라고 볼 수 있지요. 적진을 먼저 탐색하는 역할을 하는 척후병이라고나 할까요?

로이: 신규시장 진입 시 큰 투자나 위험 없이 시작하기에 좋은 방법으로 들리네요.

이 박사: 그렇지요. 비유해서 말하자면 그 시장에 직접 건너와서 발을 담그는 것이 아니라 몸은 본국에 그대로 둔 채 팔만 뻗어서 간을 본다고 해야 할까요?

심 대리: 표현이 너무 적나라하신데요?

이 박사: 허허허. 그런가요? 어쨌든 중국에는 사실 연락사무 담당 조직에 두 종류가 있었습니다. 하나는 외국기업이 중국 내에 설립한 것, 다른 하나는 중국 내에 설립된 기업이 중국 내의 다른 지역에 설립한 것이죠. 그림으로 보면 좀 더 이해가 될 겁니다. [그림 18]

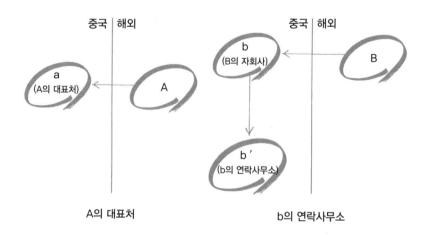

[그림 18] 두 종류의 연락사무소

이 박사는 그림을 그려서 다시 확인시켜 주었다.

이 박사: 이 그림을 보면 b의 연락사무조직이 있고 A의 연락사무조직이 있습니다. 그런데 이 두 가지 조직의 명칭은 다릅니다. 외국기업이 중국 내에 그 외국기업을 대표하여 연락사무를 하게 한 곳, 즉 a는 대표처(RO, Representative Office), 중국법인이 중국 내의 다른 지역에 설립하여 연락사무를 하게 한 곳, 즉 b는 연락사무소(LO, Liaison Office)로 말이죠.

로이: 아까 설명하실 때 '두 가지가 있었다'라고 과거형으로 말씀하신 것은 지금은 더 이상 그렇지 않다는 말씀이신가요?

이 박사: 그렇기도 하고 아니기도 합니다. 이제 연락사무소는 거의 없어졌다고 보면 돼요. 물론 아직도 연락사무소를 유지하는 기업들이 있기는 하고, 또 연락사무소 유지가 불가능한 것은 아니지만 말입니다.

항상 아리송한 이야기를 해 놓고서 기분 좋게 웃고 있는 이 박사가 이상했다.

이 박사: 중국에서는 몇 년 전, 연락사무소는 더 이상 공상등기(工商登記)를 할 필요가 없다는 규정이 나왔습니다. 등기를 할 필요가 없으니 설립이 훨씬 간편해졌다고 생각할 수 있겠지요. 정확한 비유는 아니지만 이름을 정하고 출생신고를 해야 다른 모든 수속을 할 수 있는데 출생신고가 안 되게 한 것이라면 일단 이해가 될까요? 연락사무소 업무를 보려면 상주하는 인력도 있어서 월급도 주고 세금도 내야 하는데 공상등기가 되지 않으면 세무등기(稅務登記)도 할 수 없으니 소득세 세무신고가 불가능하겠죠. 그래서 중국법인의 산하로

그 인력을 둘 수밖에 없는 겁니다. 조금 전에 그린 그림에서 보자면, b의 연락사무는 b′가 담당하지만 이곳의 소속은 b′가 아닌 b라고 보는 거죠.

제이: 많이 활용하지 않는 조직인데 굳이 말씀해 주시는 이유는 뭔가요?

이 박사: 대표처를 이해하는 데 도움이 되니까요. 왜 연락사무소는 더 이상 공상등기를 할 필요가 없을까요?

제이: 글쎄요. 더 이상 관리할 필요성이 없거나, 아니면 좋을 것이 없어서?

로이: 그렇지만 박사님 말씀대로면 대표처나 연락사무소나 하는 일이 매한가지인데 왜 연락사무소만 금지하겠어?

심 대리: 음⋯⋯. 대표처는 어쨌거나 외국 법인이 중국에 설립하는 것이고 연락사무소는 이미 중국 내에 있는 법인이 다른 지역에 설립하는 것이잖아. 중국에 이미 있는데 굳이 또 설립하는 것이 의미 없다고 생각한 것 아닐까?

심 대리의 이야기가 가장 그럴싸했다.

이 박사: 질문을 바꿔서 다시 묻겠습니다. 중국정부가 아닌 회사의 입장에서 생각해 봅시다. 중국 내에 이미 법인을 설립했는데 다시 다른 지역에 굳이 연락사무소를 설립해서 수행할 연락사무로는 어떤 것이 있을까요?

'연락사무소가 여러 지역에 있으면 당연히 도움이 되는 것 아닌가?'

제이는 박사의 계속된 질문이 이상했다.

제이: 회사를 북경에 설립했다 하더라도 그 고객들이 북경에만 있지는 않을 것이라 생각해요. 만일 고객이 중부에도 있고 남방에도 있다면 각 도시마다는 어렵다 해도 중부 지역과 남부 지역의 중심도시에 연락사무소를 설치해서 비즈니스를 도우면 좋지 않을까요? 중국은 워낙 땅덩어리가 크니 북경에 있는 법인 하나로는 역부족일 수 있잖아요.

심 대리: 그런데 제이 말대로라면 각 지역에 설치되는 연락사무소는 정말 연락사무만 하게 될까?

심 대리가 말을 가로막고 나섰다.

심 대리: 연락사무소는 연락사무나 보조활동만 할 수 있다고 하셨는데, 지금 이야기를 나누다 보니 각 지역에 설립하는 연락사무소가 사실은 비즈니스를 하게 되지 않을까 싶어지네. 기존고객 관리 및 신규고객 발굴, 원재료 소싱을 위한 구매망 구축 등 말이야. 하지만 이러한 업무는 연락사무소의 범위를 넘어서는 활동이잖아.

이 박사: 내가 할 이야기를 이미 다 나눴네요. 중국 입장에서는 중국 내에서 타 지역에 있는 연락사무소는 사실상 연락사무나 보조활동을 벗어나는 행위를 수행하고 있다고 생각합니다. 따라서 업무범위를 벗어나는 경우 분공사(分公司, branch)의 설립이 맞다고 보는 것이죠.

제이: 분공사라…….

이 박사: 한국에서는 분공사를 '지점'이라고 하죠. 분공사에 대한 이야기는 대표처에 대한 설명을 마친 뒤에 하겠습니다. 어쨌든 이러한 중국당국의 입장은 대표처에 대한 관리의 변화를 통해서도 확인

할 수 있습니다. 대표처에 대한 관리감독을 강화하면서 대표처도 법인세와 영업세를 내는 쪽으로 강하게 유도하고 있거든요.

제이: 연락사무만 하고 돈은 벌지 못하는데 법인세를 내야 하나요?

이 박사: 허허허. 외국기업이 중국에 대표처를 설립하면 이 대표처는 앞서 이야기한 바와 같이 직접 비즈니스 활동을 수행하지 못하고 연락사무나 보조활동만 할 수 있습니다. 따라서 해외본사 제품의 영업이나 마케팅 활동을 수행할 수 없는 것은 물론이고 대표처의 이름으로 계약을 맺는 것도 금지되어 있지요.

제이: 말씀을 들어보면 리스크도 적지만 할 수 있는 것도 많이 제한되잖습니까? 거의 아무것도 할 수 없는 것 같은데 대표처는 무슨 실효성이 있을까요?

이 박사: 앞서 말한 것처럼 시장조사나 탐방의 목적 정도겠지요. 하지만 대표처가 없다면 이마저도 쉽지 않을 것입니다. 일부 기업들이 업무범위를 벗어나서 활동해 왔던 이유도 여기에 있습니다. 계약을 맺는 준비는 대표처에서 하고 계약 시에는 본사 명의로 계약을 한다든가 하는 것이죠. 계약 후에도 실질적인 관리는 대표처에서 하고요. 일부 대표처들은 그 경계가 불분명하게 판매활동을 수행하기도 했었죠. 하지만 그 이익은 해외본사의 것으로 잡히니 중국 내에서의 매출은 발생하지 않게 되는 셈이고, 이 경우 중국 내에서의 법인세 납부의무가 사라지겠죠. 일부 대표처의 경우에는 인원수가 상당히 많아서 연락사무만 한다고 보기에 무리가 있기도 합니다.

제이: 음……

이 박사: 그래서 중국정부는 대표처의 대표도 네 명으로 제한하는 규정을 발표했습니다. 대표처의 대표란 외국회사가 파견한 외국 직원을 지칭하는데, 외국회사는 대표처를 책임지는 수석대표 및 나머지 세 명의 대표만 파견할 수 있습니다. 중국직원의 고용에는 제한이 없고요.

로이: 그런데 어제 방문했을 때 보니 지금 현재 저희 회사의 북경 대표처에는 네 명 이상의 분들이 계신 것 같던데요.

이 박사: 기존 인력에 대한 조정은 없습니다. 하지만 현재 나와 있는 인력이 한국으로 귀임하게 된다면 그 제한 때문에 후임자를 받을 수는 없죠.

심 대리: 상당히 합리적으로 들리네요.

이 박사: 동시에 중국은 대표처의 세금 신고방식에도 변화를 주었습니다. 이것이 아까 제이가 던졌던 '연락사무만 하는데 법인세를 내야 하냐'는 질문의 답이 될 수 있겠네요. 대표처 설립 시에도 공상 등기 이후에 세무등기를 하고 법인세와 영업세 신고방식을 확정하도록 되어 있습니다. 이전에는 네 가지 방식(면세, 원가가산법, 실제수입 실제수익법, 실제수입 가상의 수익율법) 중 대표처의 상황에 맞게끔 선택하게 했는데, 2009년에 세금을 내지 않는 면세방식을 없애는 것으로 규정을 수정했습니다. 이는 사실상 대표처도 중국에서 세금을 내야 한다는 의미로 해석됩니다. 연락사무만 할 경우 세금을 내는 것은 맞지 않는 일입니다만, 하여간 이러한 변화를 연락사무소와 대표처 관련규정의 변화에서 볼 수 있다는 게 중요하겠죠.

중국 내 대표처에도 세무 이슈가 있을 수 있다는 생각이 강하게

든 심 대리는 이 내용 역시 반드시 확인해 볼 사항으로 메모해 두었
다.

분공사 5

이 박사: 우리 10분만 쉬었다가 분공사에 대하여 알아 볼까요?

심 대리는 대표처가 마치 이 박사 말대로 왠지 고개만 쑥 뽑고 팔만 뻗어서 주위를 살펴보고 더듬는 역할의 기관 같았다. 괜찮다고 생각되면 그제야 몸을 옮겨서 그 땅을 밟는 것이겠지. 짧은 방문으로는 시장을 이해하기 어렵고, 관심은 많지만 면밀한 조사가 필요할 때 대표처라는 형태로 진출하는 방법이 적합하겠다는 생각이 들었다. 또한 이런 초기 조사는 향후 법인 설립 과정에 들어갈 시간과 비용을 줄여 줄 수도 있을 것 같았다.

이 박사는 앞의 칠판에 네 가지 사항을 적었다.

- 주책자본   - 납부세액

- 설립기간   - 인력배치

이 박사: 똑같은 법인 설립이라도 현지 지역에서는 두 가지 다른 경우가 있습니다. 가령 한국기업이 상해에 직접 법인을 설립하는 경우와, 북경에 설립한 법인이 그 자회사로 상해에 법인을 설립하는 경우에는 차이가 있죠. 이미 이야기했듯 외국기업은 분공사 설립이 불가능합니다(은행, 보험 등 일부 업종 제외). 따라서 북경의 어떤 회사가 상해에 분공사와 자회사 중 어느 것을 설립할지 고민한다는 것은 곧 그 회사가 외국기업이 아니라는 걸 뜻하죠. 해외기업은 분공사 설립 자체가 불가능하니 고민할 것도 없지 않겠어요? 이 말인즉슨, 이 회사는 FDI와 관련이 없다는 것이죠. [그림 19]

제이: 네?

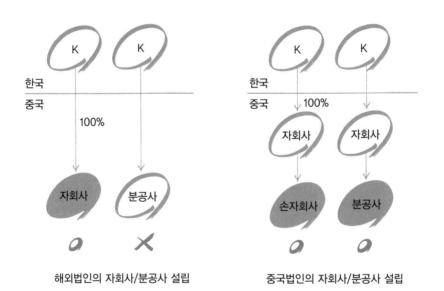

해외법인의 자회사/분공사 설립   중국법인의 자회사/분공사 설립

[그림 19] 자회사, 분공사의 설립

이 박사: 우리 앞서 FDI에 대하여 알아봤었죠? 한국이나 홍콩에서 상해에 자회사를 세우는 것은 FDI에 집계가 되겠지만 북경법인이 상해에 자회사를 세우는 것은 집계되지 않습니다. 외국인직접투자가 아니니까요. 즉, 투자를 유치하는 입장에서는 상대적으로 매력이 떨어지는 거죠. 세무당국 입장에서야 그 회사가 세금만 납부하면 그것이 한국법인의 자회사든 북경법인의 자회사든 상관없겠지만 말입니다. 그렇다 보니 FDI를 관장하는 초상국(招商局)에서는 해외에서 직접 투자해 주기를 종용하는 경우가 있습니다.

제이: 요구에 맞춰 직접 투자하면 뭐가 문제인가요? 자회사든 손자회사든 똑같은 것 아닌가 싶어서요.

이 박사: 많은 외국기업들은 한 나라에의 투자를 어느 정도 제한된 범위 안에서 운영하려 합니다. 한국기업이 북경에 설립한 자회사의 사업이 잘되어서 수익이 많고 그 자금으로 상해에 법인을 설립한다면 이미 투입된 자금 안에서 투자가 이루어지는 것이죠. 이 경우 상해법인은 한국기업의 손자회사가 되겠네요.

그런데 한국에서 상해로 투자를 한다면 이미 중국에 투자한 자금이나 그 과실을 활용하는 것이 아니라 신규로 투자가 이루어지는 거죠? 이렇게 신규로 자금이 투입되는 것은 추가 투자라서 투자노출과 위험(investment exposure and risk)이 커진다고 생각할 수 있죠. 위험관리 차원에서는 의미 있는 차이입니다. 참고로 한국은 2015년부터 손자회사의 간접외국납부세액은 공제해 주지 않는 쪽으로 규정을 바꿨습니다. 따라서 해외 손자회사의 경우에는 이중과세 문제가 발생할 테니 세무상 좋은 구조는 아닙니다. 이건 나중에 법인세를 설명하면서 예시를 통해 다시 살펴보겠습니다. 지금은 그저 한국에서 직접 투자하는 것이 중간에 홍콩 등 다른 한 단계를 거치는 것보다 세무상으로 낫다는 것만 기억해 두세요.

제이: 아, 그럼 회사는 어떤 지역에 진출하려고 하든 해외본사의 자회사, 타 지역법인의 자회사, 혹은 타 지역법인의 분공사라는 세 가지 경우에 대해 분석해 보고 협의해야 되겠네요.

이 박사: 그렇습니다.

제이: 박사님. 이상하게 들리실지도 모르겠는데, 그럼 일단 분공사를 설립했다가 비즈니스가 점점 커지고 법인 설립의 필요성이 느껴질 때 법인으로 다시 진출하거나 바꿀 수는 없나요?

이 박사: 전혀 이상하게 들리지 않아요. 좋은 질문입니다. 분공사의 법인 전환에 대해 설명하면 법인과 대비했을 때 분공사가 가지는 장단점을 같이 볼 수 있으니 좋겠네요.

제이는 좋은 질문이라는 말에 안도의 한숨을 쉬었다.

이 박사: 분공사는 법인으로 전환할 수 있습니다. 전환이 아니라 사실은 분공사의 폐쇄와 법인의 신규 설립, 이 두 가지 일을 진행하는 것이지만요.

제이: 아, 곧바로 전환되는 것은 아니군요. 어쨌거나 분공사 설립 후 법인 전환이 대안이 될 수 있겠는데요?

이 박사: 허허허. 그럼 기업의 입장에서는 왜 분공사가 아닌 법인을 설립해야 할까요?

제이: 음……. 다른 지역에 자회사가 없다면 분공사라는 대안이 아예 불가능할 수도 있고요. 또…….

심 대리가 덧붙였다.

심 대리: 투자 유치를 위해 초기투자 시에 혜택도 주고 우대를 하는 걸 텐데, 분공사의 형태로라도 일단 진출해 있으면 후에 법인으로 전환한다 해도 그런 우대혜택에 대해 협의하기가 쉽지 않을 것 같습니다. 초창기에는 분공사로 진출한 것이니 어차피 진출에 따른 혜택도 못 받았을 것이고요. 법인 설립의 장점은 여러 혜택을 받을 수 있다는 것인데 그 장점을 못 살릴 가능성이 클 것 같아요.

제이: 저도 심 대리님 의견에 동의합니다. 법인이라도 해외에서 직접 투자하는 경우를 원한다는 말씀을 들으니 더욱 확신이 생겨요.

이 박사는 심 대리와 제이의 말에 고개를 끄덕이며 앞서 보드에 적은 내용 옆에 다시 네 가지를 적었다.

- 주책자본   - 토지협상

- 납부세액   - 재정보조

- 설립기관   - 지방정부관계

- 인력배치   - 가공무역활동

이 박사: 네, 잘 말해 줬습니다. 분공사는 독립된 법인이 아니라서 가공무역 활동을 하기가 어렵습니다. 수입, 수출은 분공사가 아닌

총공사의 명의로만 가능하지요. 북경의 A라는 회사가 상해에 분공사 B를 설립했을 때 A를 그 총공사라고 합니다. 따라서 우대혜택도 중요하지만 해당 지역에의 진출 목적이 무엇이냐에 따라 진출 형태를 결정해야 합니다. 가공무역과 관계없는 단순판매를 위한 교두보라면 분공사를 고려하는 것이 여러 면에서 편하겠지요.

제이: 박사님, 그런데 보드판에 적어 놓으신 저것들이 의미하는 바가…….

이 박사: 허허허. 분공사에 대한 주요단어입니다. 우리가 했던 대화 내용을 바탕으로 여러분이 채워 넣을 수 있을 것 같네요.

이 박사는 분공사의 법인전환에 대하여 덧붙였다.

이 박사: 분공사가 흑자일 때 법인으로 전환하는 경우엔 공정가치 문제가 발생할 수 있습니다. 만일 부동산을 갖고 있다면 부동산 가치도 상승할 수 있겠죠. 법인으로의 전환은 앞서 이야기했지만 분공사를 폐쇄하고 법인을 새로 설립하는 것입니다. 분공사 말소등기가 법인청산에 비해 수월하다고는 해도 그와 유사한 절차라고 보면 됩니다. 법인청산이란 곧 사업을 접고 중국시장에서 나간다는 것이기 때문에 그 절차에 시간과 비용이 많이 투입됩니다. 특히 한 번 철수하면 재진출할 기회가 없기에 세무당국의 조사가 길고 까다롭습니다. 법인청산에 비해 상대적으로 수월하긴 하지만 분공사 말소에도 상당한 시간이 발생할 것을 고려해야 하는 이유입니다.

'분공사를 세워서 분위기를 본 후에 법인화하는 것은 좀 더 신중하게 살펴볼 문제군.'

심 대리는 다시 생각에 잠겼다.

제이: 그런데 분공사의 장점 중에 '결손은 본사 또는 기타 분공사의 이익과 상쇄 가능'이라고 하신 부분이 잘 이해되지 않습니다.

[표 5] 자회사가 아닌 분공사 설립 시의 장단점

장점	단점
– 분공사 설립 시 주책자본에 대한 요구 없음 – 법인 설립 대비 지점 설립기간 짧음 – 기업소득세 관련 결손은 총공사 또는 기타 분공사의 이익과 상쇄 가능 – 설립 초기 인력배치상 편리함	– 토지 관련 지방정부와 협상 어려움 – 현지에 대한 투자가 없어서 현지 정부는 법인 설립을 더욱 선호 – 재정보조 등 현지 지방정부가 제공하는 여러 혜택을 받기 어려움 – 가공무역 활동에 종사하기 어려움

이 박사: 분공사는 독립된 법인격체가 아니라고 얘기했었지요? 분공사는 분공사를 설립하는 총공사의 일부분이지 별개가 아닙니다. 만일 총공사에서 100의 손실이 생겼는데 분공사에서 150의 이익을 거뒀다면 총합이 50의 이익이니 이에 대해서만 기업소득세를 납부하면 된다는 뜻이죠. 분공사가 여럿 있더라도 그 분공사들 전체와 총공사의 수익을 합친 금액을 기준으로 계산하면 됩니다. 그래서 총공사 또는 기타 분공사의 이익과 상쇄가 가능하다고 이야기를 한 것입니다. 아까 지주회사에 대해 그렸던 내용을 다시 가져와서 살펴봅시다.

K는 중국 내에 K'라는 자회사와 K'의 중국 내 분공사 A, B, C, D 네 개를 갖고 있습니다. 각각의 손익상황은 그림에 표시한 것과 같습니다. 이 경우 중국 내 법인세율 25%를 고려하여 K'의 중국내 법인세를 계산해보죠. 일단 손익을 모두 합쳐볼까요? -100+150+160-120-110=-20이네요. 즉, K'는 20의 적자를 냈기 때문에 법인세 납부를 계산할 필요도 없습니다. 내야 할 법인세가 없다는 뜻이죠. [그림 20]

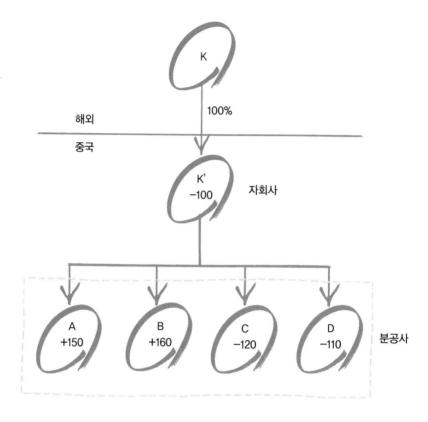

[그림 20] 분공사 모형

제이: 단순하게 합산을 하네요.

이 박사: 그런데 분공사가 아닌 자회사는 독립된 법인격체입니다. 그래서 설령 100% 자회사라고 해도 이렇게 상쇄시킬 수 없습니다. 이번에는 위 그림에서 A, B, C, D를 K'의 자회사라고 가정해 봅시다. 그렇다면 납부할 법인세액은 K'와 C와 D는 손실인 상황이므로 법인세가 0인 반면, A와 B는 각각 +150×25%=37.5와 +160×25%=40의 법인세를 납부해야 합니다. 서로 상쇄가 되지 않으니까요.

제이: 분공사가 자회사보다 훨씬 유리하겠는데요?

이박사: 장점일 수는 있지만 훨씬 유리한지는 종합적으로 봐야 합니다. 비즈니스를 잘해서 모두 흑자를 기록한 상황이라면 의미가 없지요. 가장 중요한 것은 목적에 걸맞은 형태인가의 여부입니다. 앞서 설명했지만 중국에서는 5년간 캐리 포워드(carry forward)가 되고, 이후 수익이 발생하면 과거 5년간의 손실분을 보전하고 남은 수익을 기준으로 법인세를 계산하게 됩니다.

제이: 캐리 포워드가 뭔가요?

이 박사: 손실의 차기이월을 말하는 것인데요. 과거 5년 동안의 손실을 이월시켜 합산한 뒤 그에 따라 세금을 납부하는 것입니다. 분공사는 횡으로 같은 시간대에 다른 공간에 있는 회사와의 손익을

년도	손익상황		
2009	−120		
2010	−70		
2011	−50		
2012	−80		
2013	−40		
2014	−30		
2015			+330
2016	−120		

[그림 21] 연도별 손익상황 예시

합산 및 고려하는 것이라면, 차기이월은 종으로 다른 시간대의 손익을 함께 고려한다고 해야 할까요? 그림으로 살펴봅시다. [그림 21]

앞서와 같이 법인세율을 25%로 가정합시다. 도표를 보면 이 회사는 2015년에 330의 이익이 났는데, 그렇다고 25%×330=82.5의 법인세를 내는 것이 아닙니다. 과거 5년치를 역으로 거슬러 올라가서 함께 반영해야 하니까요. 그렇게 되면 2010년부터 2014년까지의 누적손실이 270이니까 −270+330=60이고 여기에 법인세율을 곱해서 60×25%=15. 즉 15만큼만 세금을 납부하는 것이죠. 2009년은 6년 전이기 때문에 −120이라는 손실분은 이미 소멸하여 활용할 수 없습니다. 또한 2016년에 다시 손실이 발생한다 하더라도 이미 2015년에 납부한 소득세에 영향을 끼칠 수도 없습니다. 2016년의 손실은 향후 5년간 차기이월될 것이고, 따라서 2021년도까지만 이익이 난다면 이월하여 차감시킬 수 있는 것입니다.

로이: 아, 비즈니스 계획을 잘 세우면 캐리 포워드를 잘 활용할 수 있겠군요.

이 박사: 네, 맞습니다. 특히 2면3감(2免3減) 등의 우대혜택을 받는 경우, 우대혜택은 누적이익이 나타나는 해부터 셈하게 되어 있습니다. 우대혜택을 받기로 한 회사가 위 도표와 같은 손익상황이라면 2015년부터 누적이익이 시작되니 2015년부터 2면3감이 시작되겠죠. 그 이후 2016년부터 계속 손실이 발생한다 해도 2면3감은 이미 시작했기 때문에 중단되지 않습니다. 따라서 처음 진출할 때 생산 및 판매에 대한 계획을 잘 세우는 것이 좋습니다.

이 박사는 잘 설명해 주고서도 이야기가 옆으로 빠졌다며 다시 원래 주제인 분공사로 화제를 돌렸고, 로이가 이어서 질문을 했다.

로이: 분공사의 경우 인력배치가 편리하다는 것은 무슨 말씀이신가요?

이 박사: 회사가 대도시에 있는데 2선도시나 3선도시에 분공사를 세운다면 아무래도 좋은 인력을 구하는 건 시간이 걸리거나 쉽지 않을 수 있습니다. 대도시 회사에 근무하는 인력을 자회사로 이동시키는 것도 생각보다 어려워요. 그 소속이 바뀌게 됩니다. 자회사는 독립된 법인격체라 인력들의 소속도 자회사로 바뀌는데, 멀쩡하게 잘 다니던 대도시 회사에서 2선 혹은 3선도시에 새로 세우는 자회사의 직원으로 적을 옮기려 하진 않을 겁니다. 하지만 분공사로 파견하는 경우에는 아무래도 심리적 부담이 덜합니다. 파견이 되더라도 적이 바뀌지 않고 분공사 설립 및 업무 정상화 이후 원래 자리로 복귀하는 것으로 협의가 된다면 직원들도 업무지원에 훨씬 적극적이겠죠. 이렇게 직원들의 입장도 고려해 보는 것이 좋습니다. 좋은 인력을 보유한다는 것이 쉬운 일은 아니니까요.

6 / 법인 설립

이 박사: 이상과 같이 대표처와 분공사를 살펴보았는데 사실 가장 일반적인 것은 법인 설립이고, 경우에 따라서 대표처와 분공사를 고려하여 결정하면 되겠습니다. 일반적인 법인 설립과 관련하여 개괄하고 지주회사 이야기를 마무리합시다.

제이, 로이: 네, 박사님.

지주회사 이야기를 한다는 것은 제이와 로이에게 흥분되는 일이었다.

이 박사: 법인 설립의 절차를 큰 틀에서 보면 법인명칭등기, 설립허가, 영업등기, 각종 설립 후 등기 등으로 나눌 수 있습니다. 투자규모에 따라서 해당 관청의 급이 달라지거나 발전개혁위원회(發展改革委員會) 등이 관여할 수도 있습니다. 법인명칭과 영업의 등기는 지방공상행정관리국(地方工商行政管理局), 설립허가는 지방상무부(地方商务部)에서 담당하는데 후속으로 공안국(公安局), 기술감독국(技術監督局), 세

무국(稅務局), 외환국(外彙局), 해관(海關), 통계국(統計局) 등등까지 필요한 모든 요청서류와 신청서를 마련하여 진행하면 됩니다.

제이: 우와, 다 챙기는 것이 쉽지 않겠는데요.

이 박사: 허허허. 대부분 정형화된 행정업무니 걱정하지 마세요. 그리고 앞서 이야기했듯이 법인 설립을 전문으로 하는 컨설턴트들이 많으니 설립과 관련해서는 그들의 도움을 받으면 됩니다. 다만 영업집조(營業執照, business license)상의 경영범위는 꼼꼼히 챙겨 보는 것이 필요합니다. 향후 분공사를 설립하더라도 그 경영범위는 당연히 총공사의 경영범위 내로 제한되기 때문에 관련 비즈니스가 모두 포함되었는지 확인해야 합니다. 경영범위와 향후 비즈니스 방향은 여러분과 같은 회사 담당자가 아는 일이지 컨설턴트가 확인할 내용이 아님을 기억해 두세요.

더욱 중요한 것은 계약관계입니다. 모든 준비는 중국법률에 저촉되지 않아야 하고 중방(中方)파트너가 존재하는 경우에는 합자계약 관계가 명확히 기술되어야 향후 분쟁을 막을 수 있습니다. 분쟁 시의 해결방식도 명확히 해 두어야 함은 물론이고, 정관(章程, articles of incorporation) 작성 시에도 주의를 기울여야 하겠죠. 계약서나 정관 샘플양식이 존재하긴 하지만 그 안에 회사의 상황이 정확히 반영되게끔 해야 합니다. 계약서는 변호사가 모두 준비해 줄 것이라 생각하지 말고 계약과 관련된 내용은 여러분이 함께 검토하도록 하세요.

일동: 네!

이 박사: 중방파트너와 협의에 임하기 전에 자신의 회사가 어떤 부분을 관리할 것인지 미리 확정해 두는 것도 필요합니다. 과거 한국

에 진출한 많은 외국기업들은 CFO 자리를 거머쥐었습니다. 업무가 이루어지려면 그를 위한 비용이 집행되어야 하니 그들 입장에선 돈줄을 쥐고 있는 것이 가장 확실한 방법이라고 생각한 것이죠. 중국에 진출한 한국기업들은 제조업 비율이 80%가 넘습니다. 그렇다 보니 대외업무는 중방 측에 요청하고 한국기업에서는 총경리(總經理, CEO), 재무총경리(財務總經理, CFO) 외 생산 등 전 부서에 걸쳐 업무 지원 인력을 파견하는 경우가 많습니다.

제이: 그럼 중방파트너는 무슨 일을 하나요?

이 박사: 사실 중방 파트너가 지분만큼의 역할을 하지 못한다고 생각하고, 일은 모두 외국기업이 하는데 배당을 왜 그들과 나눠야 하는지 의아해 하는 기업들이 있습니다. 중방파트너가 맡은 대외업무도 별로 기대에 부응하지 못한다고 여기고요. 제조업이 주류를 이루는 상황이다 보니 더욱 그렇게 생각하고, 그렇기 때문에 지방정부의 요청이나 지분제한 규정이 없다면 독자적으로 사업하는 방향을 선호합니다.

하지만 좋은 중방파트너를 찾고 그들과 장기적인 관계를 구축해 나간다면 장점도 많습니다. 중방파트너를 잘 활용하고 그 지원을 끌어낼 수 있도록 노력하는 것도 굉장히 중요합니다.

합자가 쉽지 않음을 이 박사의 어투에서 느낄 수 있었다.

이 박사: 법인을 설립하려면 어느 정도의 자금을 투자할 것인지 정하게 되겠죠. 투자총액은 주책자본(注册資本, registered capital)과 차입금의 합을 말합니다. 투자총액에서 주책자본을 차감한 금액이 차입한도가 된다는 말입니다. 주책자본은 분할납입이 가능합니다. 그리고

외상투자기업의 경우엔 분할납입기한이 폐지되었으므로 합자계약 또는 독자기업 기업신청서에 기재한 일정에 따라 자본금을 납입하면 됩니다. 그런데 누구든 최소한의 자금으로 사업하는 쪽을 선호할 것이기 때문에 중국은 차입금의 비율을 제한하고 있습니다. 즉, 총투자금액에서 주책자본이 차지하는 최소비율을 규정해 둔 것이죠. 가령 300만 달러가 투자총액이라면 최소 주책자본 비율이 70%이므로 최소 210만 달러는 주책자본, 90만 달러는 차입한도가 됩니다.

제이: 아! 그렇게 계산하는 것이군요.

이 박사: 그런데 이 투자총액에서 주책자본을 차감한 금액은 바로 외채한도이기도 합니다.

$$투자총액 - 주책자본금 = 외채한도$$

이 박사: 여기 주의할 사항이 있습니다. 총 차입금은 반드시 외채한도 내에서 운영되어야 한다는 게 그것입니다. 총 차입금은 중국 경외의 외화차입금과 위안화차입금의 총합으로 집계를 하지요. 차입은 1년을 기준으로 단기(短期, short term)차입과 장기(長期, long term)차입으로 나뉘는데 그 효과가 다릅니다. 예를 들어 총 외채한도가 500만 달러인데 6개월 기한으로 200만 달러를 차입했고, 만기 도래시 일단 상환했다가 200만 달러를 다시 차입했다고 가정해 봅시다. 그러면 처음 단기차입했다가 상환한 경우에는 외채한도가 다시 복구되지만, 1년 이상 장기로 200만 달러를 차입했다가 상환한 경우엔

그렇지 않습니다. 이 경우의 외채한도는 500만 달러가 아닌 300만 달러로 바뀌기 때문입니다.

제이: 단기로 차입할 건지 장기로 차입할 건지에 따라 한도가 변경되는 거네요?

이 박사: 네, 간단히 말하자면 그렇습니다. 따라서 자금운영에 영향을 줄 수 있는 규정에 대해서는 미리 알아 둬야 합니다. 덧붙이자면 중국 역내의 위안화 차입이라도 해외에서 보증을 선다면 외화차입과 동일하게 취급된다는 점도 주의해야 합니다. 지금 세부사항을 다 알 필요는 없고 정리표를 하나 줄 테니 나중에 필요 시 참고하세요.

일동: 네, 박사님!

이 박사: 투자총액과 주책자본금 사이의 관계는 사실 앞서 말한 것처럼 자본의 투입 없이 대출금으로 기업을 인수하고 운영하는 것을 방지하기 위해 투자총액 내에서 최소한의 주책자본 비율을 규제하는 것이죠.

제이: 아……. 자금을 담당해도 세법을 알아야 하다니…….

이 박사: 허허허. 어쨌거나 외채한도 규정을 잘 파악해서 영리하게 관리할 필요가 있습니다. 그런데 단기차입은 그 용도에 제한이 있습니다. 예를 들어 고정자산 구입 등의 활동에는 단기차입금을 사용할 수 없어요. 그러므로 미래의 자금수요도 고려해서 계획을 수립해야 합니다.

심 대리: 쉬운 게 없네요.

이 박사: 그 점을 깨닫게 된 것으로도 충분합니다. '설마 이것도?'

라는 생각이 들 때 확인해 보세요. 여러분이 항상 안다고, 또 쉽다고 생각하며 자만할 때 문제가 싹트는 것이니 작은 일에도 방심하지 않는 마음가짐이면 많은 문제를 해결할 수 있다고 믿습니다.

7 / 지주회사를 설립해야 할까?

이 박사: 좋은 아침!

이 박사가 환한 웃음으로 일행을 맞으며 아침인사를 건넸다.

일동: 박사님, 안녕히 주무셨어요?

이 박사: 네. 오늘 여러분 표정이 아주 좋네요? 좋은 일이라도 있나봅니다.

심 대리: 아닙니다. 특별한 일은 없고 그저께 북경의 법인과 지점, 대표처들을 직접 방문해서 선배들이 열심히 일하는 모습을 보고, 또 박사님께 각 조직에 대한 설명을 들으니 비즈니스라는 것이 좀 더 구체적으로 다가왔어요. 게다가 오늘은 지주회사에 대해 들을 거라 좀 긴장했다고 해야 할까요?

이 박사: 좋네요. 그렇게 하나하나 배우고 느껴 나가면 됩니다.

로이: 정말 다들 열심히 일하고 있었습니다. 모두들 한국과 중국을 잇는 교량(橋梁)이라는 생각이 들었어요.

이 박사: 흠······. 로이는 전에 중국어를 공부한 적이 있습니까?

로이: 공부했다고 하기는 부끄러운 수준입니다만······.

제이: 어? 박사님께서는 로이가 중국어 공부했다는 걸 어떻게 아셨어요?

이 박사: 안 것은 아니고 교량이라고 말해서 추측해 본 것입니다. 물론 한국에서도 쓰이는 말이고 영어로도 이런 경우 bridge라는 단어를 사용하긴 하지만 젊은 친구가 '교량'이라고 말하니 혹시나 싶어서 물어본 것입니다. 얼마나 공부했나요?

로이: 정식으로 공부한 것은 아니고요. 제가 무협지를 좋아하는데 정말 재미있는 무협지를 발견해서 원문으로 읽어 보고 싶었습니다. 그래서 독학을 좀 했는데, 말은 잘 못하고 글만 어느 정도 읽는 수준이에요. 간체자 한자를 좀 안다고 하는 편이 정확하겠네요.

이 박사: 흠······. 그렇군요.

이 박사가 그 특유의 웃음을 비쳤으나 더 이상은 묻지 않았다.

이 박사: 자, 법인 설립 개괄을 살펴봤으니 이제 가장 복잡한 법인의 형태 중 하나인 지주회사 이야기를 마저 할까요?

이 박사의 이 질문은 부족했던 내용을 좀 더 찾아보았냐는 말과 다름없었다.

로이: 중국 지주회사의 업무범위에 대하여 제가 좀 알아봤습니다.

이 박사: 잠깐······. 이야기를 더 진행하기 전에 결론부터 먼저 물어볼까 합니다. 그래서 중국 지주회사를 설립해야 하나요, 아니면 설립하지 말아야 하나요?

로이: 설립해야 된다고 생각합니다.

이 박사: 로이는 그렇고 심 대리와 제이는?

심 대리: 사실 로이가 검색을 담당했기 때문에 로이가 찾은 내용에 근거해서 고민했습니다. 생각보다 지주회사의 영업범위에 장점이 많았습니다. 그래서 장기적인 관점에서 보자면 설립하는 편이…….

이 박사는 심 대리가 말을 끝내기 전에 호기심을 가득 표하며 아주 재미있다는 표정을 지어 보였다. 심 대리에게는 이 박사의 이 표정이 '그럼 박 전무는 개인의 욕심으로 설립하자고 한 것이 아니네?'라고 말하는 듯했다. 하지만 심 대리는 여전히 오 차장은 왜 지주회사 설립을 반대했는지 정확히 파악하지 못해서 영 찜찜했다.

이 박사: '지주회사는 설립을 해야 하고, 그 이유는 영업범위에 장점이 많아서'다. 알겠습니다. 계속 얘기해 보세요.

심 대리: 영업범위에는 크게 투자, 서비스, 무역, 융자 등 네 개의 카테고리가 있는데…….

로이가 정리한 표를 꺼내어 펼쳐 보이려 할 때 이 박사가 다시 물었다.

이 박사: 잠시만요. 그러니 많은 자금이 묶이는 것을 고려해도 설립의 장점이 돋보였다는 것이죠?

고민하지 않았던 것은 아니지만 다시 질문을 받으니 입장이 흔들렸다.

'아까 한 번에 물어보실 수도 있었는데 일부러 이렇게 두 번에 걸쳐서 나눠 물으시는 걸 보면 이건 심리전이야.'

확신이 든 심 대리는 힘차게 대답했다.

심 대리: 네. 그렇습니다.

이 박사: 좋습니다. 그럼 지주회사의 영업범위에 대해 정리한 내용을 들어볼까요?

로이가 표를 꺼내 펼치자 심 대리가 지주회사의 영업활동을 정리했다고 덧붙였다.

이 박사: 난 눈이 어두워서 이런 작은 표는 잘 안 보이니 설명을 좀 해 줘야겠네요.

이 말은 사실상 표로 보지 않겠다는 것, 그리고 주요 요점에 대하여 설명만 듣겠다는 뜻이었다.

심 대리: 지주회사라는 것이 컨트롤 타워가 되어서 투자와 그 관리를 주로 하는 것은 알았는데 투자 외에도 무역, 서비스와 융자도 그 업무범위에 포함되어 있었습니다. 무역 부분을 살펴보면 지주회사에서는 그 투자한 회사가 설비나 생산용 원재료를 구매할 때 이를 대리하거나 지원할 수 있고, 그 생산한 제품을 중국 경내 혹은 해외에 판매하거나 판매를 대리할 수 있었습니다. 지주회사가 이러한 부분을 지원해 주는 것은 큰 이점이라고 생각했습니다.

또 다른 지주회사의 장점은 서비스입니다. 투자한 기업의 제품에 대한 판매 후 서비스 제공, 투자한 기업을 위하여 제품 생산, 판매 및 시장 개발 과정 중 기술 지원, 교육 훈련, 기업내부 인사관리 등 서비스를 제공할 수 있습니다. 또한, 그 투자자에게 자문 서비스를 제공하고, 그 관계회사에 투자와 관련된 시장정보 또는 투자정책 등에 대한 자문 서비스를 제공합니다.

이 박사: 잠시만. 조금 보충하고 넘어갈까 합니다.

계속 잠자코 이야기를 듣고 있던 이 박사가 입을 열었다.

이 박사: 중국에 외상투자상업기업(FICE, Foreign Invested Commercial Enterprise)이라는 것이 있습니다. 외상투자상업기업은 중국 내 소매, 도매, 프랜차이즈 및 수출입 업무를 할 수 있습니다. 외상투자상업기업도 외상투자기업의 일종입니다. 따라서 설립 절차도 앞서 일반적인 외상투자기업의 경우를 참조하면 되고 투자총액과 주책자본에 관한 규정이 적용됩니다. 최소주책자본 규정도 회사법을 따르면 되는데 과거에는 최소 자본금 요구사항이 1인 독자(一自, 1개 주주사)일 때 10만 위안이었으나 앞서 말한 것처럼 현재는 최소주책자본 규정도 폐지가 된 상황입니다.

제이: 어 뭐야? 그럼 지주회사에서 하는 무역업무와 거의 겹치네요? 이러면 지주회사를 설립할 큰 장점 중 하나가 희석되어 버리는데요. 상업기업의 설립을 선택하지 무역부분 강점 때문에 최소 3천만 달러를 들여서 지주회사를 설립하지는 않을 것 같아요.

이 박사: 그리고 지역본부 관리성공사라는 형태도 있습니다. 상해와 북경에서는 다국적기업의 지역본부를 유치하기 위하여 여러 가지 지원정책을 시행하였습니다. 북경과 상해가 그 기준은 상이하지만 해당 지역에 다국적기업 지역본부를 설립하게 되면 창업보조금, 임차보조금 그리고 사무용 건물 구매 시에도 보조금을 지급합니다. 영업수익이 일정 기준을 초과하면 장려금이 있고 책임자에 대한 장려금 및 고급인재유치정책에 따른 장려 혜택도 누릴 수 있습니다. 다국적기업의 지역본부를 신청하려면 여러 조건이 있겠지만 주책자본이 2백만 달러 이상이면 되기 때문에 지역본부 혜택을 받기 위하여 지역본부 신청을 합니다. 이는 중국에 투자한 자회사들 및 관계

회사에 대하여 관리, 연구개발, 자금관리, 물류, 판매, 전략, 자문, 교육훈련 등 관련 서비스를 효과적으로 제공할 수 있습니다. 이 외에 Shared Service Center를 통하여 재무, 인사, 법무, 홍보 등 회사 전체에 산재되어 있는 반복적인 활동을 수행하는 자원을 한 곳으로 집결하여 보다 효율적으로 제공하는 방법도 있습니다.

제이: 그럼 뭐야. 지주회사의 서비스 기능도 장점 아닌 장점이 되었네요.

지주회사에 대하여 조사했던 로이와 이를 설명했던 심 내리는 무엇인가 맥이 탁 빠지는 느낌이 들었다.

제이: 박사님, 그냥 알려 주서도 될 것을 너무 하신 것 아니에요?

심 대리와 로이도 동시에 아우성을 쳤다.

이 박사: 허허허. 미안합니다. 하지만 이런 경험을 통해서 이야기해 주고 싶은 것이 있다 보니 본의 아니게 여러분을 괴롭힌 모양새가 되었네요.

이 박사는 겸연쩍어 했고 그의 다음 이야기가 궁금했는지 다들 갑자기 조용해졌다.

이 박사: 사실 이런 특수목적 회사에 대하여 잘 알기가 어렵습니다. 인터넷으로 찾아본다고 다 나오는 것도 아니고요. 여러분들은 항상 인터넷에서 정보를 얻으려 하지만 그것이 정말 최선인지 확인할 방법이 없습니다. 나는 어떠한 의사결정을 할 때 '그럼에도 불구하고' 법칙을 쓴다고 이야기했죠. 그런데 내가 가진 대안이 전부가 아니라면 최선의 결정이 이루어질까요? 올바른 정보가 입력되지 않으면 올바른 결정이 나올 수 없습니다.

나중에 실무를 할 때에 의심이 가는 부분은 항상 기록하고 소통하세요. 사내가 되었든 사외가 되었든 전문가와 상의하여야 하고, 그래서 최선의 대안들을 놓고 선택할 수 있어야 합니다.

'이 박사님은 내가 이런 것을 찾아내지 못할 거라고 확신하셨던 거야.'

로이는 자책을 멈출 수 없었다.

이 박사: 박 전무의 의도를 다 알기는 어렵지만 박 전무도 같은 생각이 아니었나 싶습니다.

심 대리: 네? 박 전무님도 같은 생각이요?

이 박사: 박 전무도 최선의 방안이 무엇인지 정말 제대로 찾아서 분석해서 보고하라는 것이죠. 특히나 박 전무가 외부에서 영입되어 새로 부임했기에 기존 직원들의 수준이 어느 정도 되는지 확인해 보려고 했을 수도 있어요. 찬성을 하든 반대를 하든 그 근거가 정확하고 타당한 것인지 말이죠. 그리고 정말 회사를 위한 조언을 하는 사람인지를 확인해 보려고 했을 수도 있고요. 이 역시 외부에서 왔으니 관리팀의 누가 과연 믿고 협력할 수 있는 인물인지 알고 싶었겠죠.

심 대리는 여전히 혼란스러웠다. 박 전무의 저의를 의심했다가 지주회사의 여러 장점을 보고 설립 쪽으로 기울었는데 그렇게 많은 자금을 투입하지 않아도 할 수 있는 대안들이 있었다. 지주회사는 그룹의 현안인지라 좀 더 정확히 상황 파악을 해 봐야 할 것 같지만 박 전무를 의심했던 자신에게 편견이 아닌지 물었던 이 박사의 말도 계속 마음에 걸렸다.

이 박사: 자, 하여간 지주회사가 그룹사의 현안이기도 하지만 지주회사를 보면서 여러 형태의 회사와 비교해 볼 수 있기에 목적에 맞는 투자를 하고 있는지를 설명하는 데 좋다고 생각했어요. 진출형태도 그 목적에 따라 대표처, 지점, 법인 등 여러 가지 다른 형태로 설립할 수 있다는 것을요. 덧붙여 법인 설립에 대하여도 알아볼 수 있었고요. 어떤 연유이든 지주회사 설립에 의견이 갈렸는데 설립할지 말 것인지는 향후 JK 그룹의 중국 투자 계획과 경영층에서 원하는 방향에 따라 결정되리라 봅니다. 여러분들도 여러가지 시나리오를 그려 보고 각 시나리오에 맞춰서 각자 고민해 본다면 실전에 대비한 아주 좋은 연습이 될 것입니다. 이런 연습을 통해서 비록 사안은 달라도 의사결정 과정에서 반드시 지켜야 할 것들을 확인하는 능력을 기를 수 있고, 나중에 경영층이 되었을 때 현명한 결정을 내릴 수 있을 것입니다. 그리고 또 한 가지 덧붙이자면 기본에 충실해서 생각하자는 것입니다. 지주회사는 심 대리도 이야기했듯이 컨트롤 타워가 되어서 투자와 그 관리를 주로 하는 것입니다. 그 가장 기본의 목적에 충실하게 판단을 하고 그 다음에 기타 장점에 대해서 알아보는 것이 맞다고 생각합니다.

일동: 네, 명심하겠습니다.

방으로 먼저 돌아온 로이는 로이대로 아쉬움과 미안함이 있었다. 검색에는 자신이 있다고 생각했는데 말이다. 어찌 보면 그 덕에 여러 가지를 알게 되었지만 미련은 남았다. 제이는 아무 말도 하지 않고 그냥 로이의 어깨를 두드리며 무언의 격려를 하였다.

같이 돌아가는 심 대리를 부른 이 박사는 로이와 제이가 없는 것을 확인하자 입을 열었다.

이 박사: 박 전무가 영업 출신이라고 해도 관리업무도 오래 경험한 사람입니다. 오 차장이 한국에서는 관리 베테랑이지만 중국의 규정에 대한 이해가 박 전무의 기대수준에 못 미쳤을 수 있습니다. 그런데 단순이 이런 이유로 박 전무가 평소 스타일과 달리 오 차장을 질책하고 관리팀과 대결구조를 가져갔을까요? 이건 단순히 지주회사냐 아니냐의 문제가 아닌 것으로 보입니다.

이 박사의 의심은 심 대리를 더욱 걱정시키기에 충분했다. 단순히 지주회사 설립 여부의 문제가 아니라니 그럼 도대체 뭐가 더 있단 말인가. 그렇지만 이 박사가 저렇게 같이 신경을 써 주고 있다는 사실이 큰 위안이 됐다. 심 대리는 제이와 로이를 먼저 보내고도 한참을 그렇게 멍하니 앉아 있다가 자리에서 일어날 수 있었다.

로이의 노트

1. 목적에 맞는 투자형태
- 중국시장에 진출할 때의 형태는 진출 목적에 걸맞아야 한다.
  - 대표처: 시장조사나 향후 가능성 조사 위주의 초기 단계
  - 분공사: 이미 중국 내 법인이 있고 그 법인과 연관성이 있을 때 추가 투자 없이 진출 가능한 경우
  - 자회사: 꼭 법인 실립이 필요한 경우. 이 경우도 중국 내 법인의 자회사로 힐지 한국본사의 자회사로 할지 합리적인 판단 필요
  - 분공사 vs. 자회사: 총공사와 연결납세(횡적 연결)와 5년 차기이월(종적 연결)의 활용 고려

2. 법인설립
- 영업집조(Business License)상의 경영범위나 향후 비즈니스 방향은 회사 담당자의 몫이니 컨설턴트에게 맡기지 말고 직접 확인해야 한다(계약관계도 마찬가지며 변호사에 의존하지 말고 스스로 챙겨야 한다).
- 중국지주회사 등 특수목적회사에 대해 인지하고 필요에 따라 활용할 수 있도록 미리 알아두는 것이 중요하다. 또한, 그 가장 기본의 목적에 충실하게 판단을 하라. 기타 장점은 후순위다.

3. Case 설명
- 장기적인 관점에서 실제 상황에 맞춰보라: 대표처 세금납부 방식을 미리 이해해 둘 것. 당장 납부할 세금을 아끼려다가 자칫하면 더 큰 위험에 처할 수도 있다. 현실을 잘 판단하라.

4. 기타 이 박사님 참고자료

1) 법인 설립 시의 대략적인 절차

절차	대략의 소요일자
– 지방공상행정관리국에 법인명 등기	1주일
– 지방 발전개혁위원회에 신청(필요 시) – 환경보호국의 의견(필요 시) – 규획국의 의견(필요 시) – 국토자원국의 토지사용권에 대한 사전승인(필요 시)	20일
– 지방상무위원회에 신청 – 지방품질기술감독국에 조직통일대마 발급통지	1~2개월
– 지방공상행정관리국에 영업집조(Business License) 신청	0.5~1개월

- 관련기관과 설립 후 등기(Post Establishment) - 지방공안국에 공장(company chop) 신청 - 외환관리국 신고 - 은행실무에 따른 구좌개설 - 국세국/지세국 세무등기 신청(3증합1 후 불필요) - 세관등기 신청(수출입 업무가 있는 경우) - 재정국/통계국등기 신청	1개월

* 2015년 10월 1일부로 영업집조, 조직기구대마증, 세무등기증의 '3증합1' 실시, 2016년 10월 1일부로 영업집조, 조직기구대마증, 세무등기증, 사회보험등기증, 통계등기증 '5증합1' 실시

2) 총 투자금액별 최소주책자본 비율

투자총액	최소 주책자본 비율
투자총액 ≤ 300만 달러	7/10
300만 달러 < 투자총액 ≤ 1,000만 달러	1/2
1,000만 달러 < 투자총액 ≤ 3,000만 달러	2/5
3,000만 달러 < 투자총액	1/3

(출처: 공상기자(1987) 제 38호)

3) 지주회사의 영업범위

분류	영업활동
투자	• 외국인투자가 허용되는 분야에 법에 따른 투자 • 연구개발센터 또는 부문을 설립하여 신제품 및 첨단기술의 연구개발에 종사하고, 그 성과를 양도하는 영업 및 상응하는 기술서비스 제공 • 외국인투자주식회사를 설립하거나 투자, 상장회사의 미상장 유통주식 투자 • 중국 상장기업에 대한 전략적 투자
무역	• 투자용 설비 및 생산용 원재료 구매 시 피투자기업을 대리하거나 지원 • 피투자기업이 생산한 제품을 국내/외시장에 판매하거나 또는 판매를 대리 • 해외로 국내(중국)제품을 수출 • 피투자회사에게 운수 및 창고 서비스 제공 • 피투자기업이 생산한 제품과 기타기업 제품(기타기업 제품을 구매하여 통합하는 경우 전체 제품가치의 50%로 제한)에 대한 시스템을 통합하여 국내외에 판매 • 수입제품 및 국내 구매제품의 판매 (영업범위 변경이 필요하며, 특정제품의 판매, 소매나 프랜차이즈 방식의 판매는 상무부 승인을 요함)
서비스	• 피투자기업의 제품에 대한 사후수리 서비스 제공 • 피투자기업을 위해 제품생산, 판매 및 시장개발 과정 중 기술지원, 교육훈련, 기업 내부 인사관리 등 서비스 제공 • 투자자에게 자문서비스를 제공하고, 관계회사에 투자와 관련된 시장정보 또는 투자정책 등에 대한 자문 서비스 제공 • 수입판매 제품에 대한 사후수리 서비스 제공 • 피투자기업이 생산한 제품의 판매·대리대상을 위해 CHC나 모회사 및 그 관계회사와 기술양도계약을 체결한 국내 기업 또는 회사에 기술훈련을 제공 • 해외공정 도급경영권을 가진 중국기업의 해외공정 도급에 참여
융자	• 외환관리국의 감독과 승인하에 피투자회사 간 외환평형 유지 • 피투자기업에 협조하여 차입을 알선하고 보증을 제공

(참조: 상무부령(2004) 22호, (2006) 3호 및 (2015) 2호)

5장_

인수합병

1 / 인수합병의 기본

이 박사: 지금까지 우린 법인 설립에 대해 알아보았습니다. 그런데 법인은 이렇게 설립을 할 수도 있지만 인수합병을 통해 만들 수도 있습니다. 흔히 말하는 M&A는 Merger(합병)와 Acquisition(인수)을 일컫는 말이고 이 둘은 사실 구분되는 개념이지만 통상 혼용됩니다. 인수합병이라고 하면 굉장히 범위도 넓고 어디서부터 시작해야 하는지 막막할 수도 있습니다만 기본적으로 투자를 통한 법인 설립을 기본 몸체로 생각하고 그것에 살을 붙이는 것으로 생각하면 좋을 듯합니다. 이 개념을 어떻게 좀 더 알아보는 것이 좋을까요? 음…….

이 박사는 심 대리, 제이와 로이의 쉬운 이해를 위해서 고민하는 듯했다.

이 박사: 제이는 아직 아파트 구입 계약 같은 것은 해 보지 않았겠지요?

제이: 네? 무슨 그런 무시무시한 소리를……. 주택담보대출 이야기 하시면서 저한테 집이 없는 건 이미 아셨잖아요.

제이의 볼멘소리에 이 박사는 미안하다고 겸연쩍게 웃으며 다시 물었다.

이 박사: 그럼 중고자동차를 구매해 본 경험은?

제이: …….

이 박사: 좋습니다. 상관없습니다. 좀 더 쉬운 예로 이야기해 봅시 다. 주말이 되어 부모님을 찾아뵙기로 했는데, 가는 길에 들고 가려 고 시장에 과일을 사러 갔습니다. 멜론이 아주 탐스러워 보였는데 가격이 생각보다 비싸서 예산과는 차이가 많았어요. 주저하다가 '몇 개 안 되는 멜론을 들고 가느니 상대적으로 저렴한 귤을 좀 많이 사 가는 편이 낫겠다'고 생각했죠. 점원이 "올해 귤이 아주 좋다"며 박 스를 열어 주길래 들여다봤는데 정말 먹음직스러워서 사기로 했죠.

그런데 귤을 한 박스 사서 차의 트렁크에 실으려고 보니 박스 밑 이 너덜너덜해서 바닥이 찢어질 것 같은 거예요. 바닥이 터지면 귤 이 죄다 떨어질 테니 마침 트렁크에 있는 봉지로 옮겨 담기로 했는 데, 맨 위에 있는 귤들을 걷어 내고 보니 상자 밑에 있는 것들은 멍 들고 상해서 물러 터져 있었습니다.

화가 나서 다시 들어가서 바꿔 달라고 하려는데 아까 그 점원을 찾을 수가 없습니다. 그때 누군가 다가와서 "내가 주인인데 무슨 일 이냐"고 합니다. 아까 그 점원을 찾으니 주인 왈, 자기는 점원을 두 지 않고 혼자 일한다는 거예요. 알고 보니 주인이 잠시 자리를 비운 사이에 누가 점원 행세를 하면서 귤을 팔고 돈을 챙겨 도망간 거죠.

이미 산 귤을 환불할 수도 없어서 속상한데 주인은 오히려 귤값을 다시 달라고 합니다. 환불도 못하는데 귤값을 달라는 게 말이 되냐며 두 사람 사이에선 시비가 붙었죠.

심 대리: 정말 난감하네요. 그런데 사는 사람 입장에선 가게에 있는 사람이 점원인지 아닌지를 알 수 있는 방법이 없지 않나요?

이 박사: 좀 극단적으로 표현을 했나요? 그렇지만 이 정도까지는 아니더라도 과일을 사 가지고 와서 보니 속이 상했더라 하는 경우들은 있을 거예요. 보여준 것은 번지르르한데 막상 담아 준 것은 다른 것이죠.

제이: 네.

이 박사: 그럼 어떻게 해야 속지 않고 살 수 있을까요?

심 대리: 주인이 막 주워 담아 주려고 해도 자기가 직접 골라야 할 것 같아요. 상자째 사는 것이라면 보이는 것뿐 아니라 그 밑의 보이지 않는 귤도 살펴봐야죠. 소량만 구입하려면 하나하나 봐 가면서 귤에 흠은 없는지, 상해서 물러 터진 곳은 없는지, 껍질이 물렁물렁하고 속의 알맹이와의 사이에 공간이 있어서 겉돌지는 않는지 살펴보고요. 그 다음에 무게를 재고 본인이 생각한 귤의 품질과 신선한 정도를 기준으로 마지막 가격 흥정을 한 뒤 사야 할 것 같습니다.

이 박사: 심 대리는 살림꾼이네요.

심 대리: 아니요. 저도 유사한 경험을 몇 번 하고 나서 알게 됐습니다. 주부들은 경험도 많아서 깐깐하게 주의할 점들을 체크하니 주인이 아예 처음부터 좋은 것들을 주는데 저 같은 젊은 남자가 가서 기웃기웃하면 호구로 보이나 봅니다. 특히 양복을 입고 가면 말이죠.

이 박사: 하여간 좋습니다. 방금 우리가 나눈 이야기가 바로 M&A를 통한 법인의 인수합병 시에 주의할 사항과 일치합니다.

일동: 네?

이 박사: M&A 전문가니 인수합병이니 하는 거창할 말들을 사용하니 본인들과 아무런 관련이 없다고 생각할 수 있겠지만 그렇지 않습니다. 여러분도 이와 유사한 행위를 평소에 하고 있으니까요. 다만 차이가 있다면 구입하고자 하는 객체가 다르다는 것입니다. 당연히 그 복잡성에 있어서는 어마어마한 차이가 나고 M&A 시에 준비해야 할 것들이 굉장히 많겠지요. 그러나 회사를 사는 것이든 과일을 사는 것이든 기본적인 접근은 같다고 생각하고 지금부터 이야기를 나누었으면 합니다.

회사 인수를 어찌 과일 사는 것에 비기겠냐만 이 박사의 예방주사와도 같은 이 말은 모른다고 두려워하지 말고 찬찬히 알아가면 된다는 자신감을 심어 주려는 반복적인 메시지였다.

이 박사: 제일 먼저 고려해야 하는 것은 '적법한 협상 상대인가'의 여부입니다. 귤을 살 때도 적법한 소유자로부터 사는 것이 중요하겠죠? 점원 행세를 하는 사람을 가려내는 것은 어렵지만 회사를 살 때에는 그 상대가 적법한 소유주인지 확인할 수 있습니다. 이건 회사의 연혁, 조직구조, 주요주주 현황, 동사회 혹은 주주총회기록 등 회사와 관련된 여러 자료 및 정보를 통해 가능하죠.

그런데 이왕이면 지금 현재의 모습뿐 아니라 과거에 어떠한 지분 변동이 있었는지 그 연혁(history)을 알면 좋습니다. 앞에서도 강조한 내용이라 기억이 날 것입니다. 회사의 연혁이나 제품의 트렌드(trend)

는 그 안에 시간이라는 개념이 들어 있습니다. 실제 변동과 법적인 상태 사이에 시차가 있을 수도 있습니다. 거래는 있었으나 아직 이전등기가 완료되지 않았다면 시차가 존재하는 경우에 해당하겠죠. 또한 취득경로와 경위를 알면 대상회사에 대한 유효한 자격과 권리를 가지고 있는 상황인지를 확인하는 데 도움이 됩니다.

제이와 로이는 하나라도 놓칠세라 경청을 했다.

이 박사: 두 번째 기준은 '적법한 대상물인가'입니다. 멜론이 아니라 귤을 산 것이 올바른 결정일 수 있습니다. 가격이라는 것도 아주 중요한 요소니까요. 그런데 만일 부모님과 조카들이 달달하고 부드러운 멜론을 좋아하고 귤은 시다고 안 먹는다면 아무리 싸다고 해도 귤을 사야 할까요? 예산을 좀 초과하더라도 정말 좋아하실 것 같은 멜론을 사고 다른 지출을 줄이든, 아니면 차라리 아무것도 사지 않고 빈손으로 가는 것이 귤을 사는 것보다 나을 수도 있습니다. 마찬가지로 어떤 회사를 인수할 때에도 '이 회사를 인수하는 것이 정말 우리 목적에 부합하는가'라는 근원적인 질문을 해야 합니다.

'그러네. 싸다고 샀는데 아무도 안 먹으면 그 가격만큼 낭비하는 셈이니까.'

제이는 예전에 백화점에서 세일을 할 때 싼 가격만 보고 샀다가 입지 않고 옷장에 처박아 놓은 옷들이 생각났다.

이 박사: 다행히 부모님께서는 귤도 아주 좋아하신다고 가정해 보죠. 귤 한 개당 단가가 200원이라 1만 원을 주고 50개를 샀는데, 집에 와서 확인해 보니 밑에 있어서 확인하지 못했던 귤 30개가 이미 상해서 먹을 수 없는 상태였습니다. 그럼 귤의 가치는 얼마일까요?

'긴장하고 있었는데 너무 싱거운 질문을 던지시잖아?'

같은 생각에 빠져서 그런지 세 명 중 누구도 대답하지 않았다.

이 박사: 아니, 이런 단순한 산수도 못 하나요?

제이: 아니, 그게 아니라……. 너무 쉬운 문제를 내시니까 또 무슨 말을 하시려고 하나 긴장이 되잖아요. 멀쩡한 귤 20개에 200원을 곱하면 4,000원이죠.

이 박사: 그렇죠. 그런데 식구들이 귤을 모두 다 잘 먹어서 20개 가지고는 어림도 없고 50개는 되어야 합니다. 그리고 살 당시에 상한 귤을 확인하지 못했으니 배상 요청도 못했고, 할 수 없이 다른 곳에서 추가로 구입을 하는 수밖에 없다고 합시다. 그럼 얼마를 더 지출해야 할까요?

제이: 6,000원이요. 상한 귤 없이 모두 다 멀쩡한 귤을 구입한다고 가정하면요.

제이는 이상한 논리에 당하지 않으려고 조건도 확실히 달아서 대답을 했다.

이 박사: 좋습니다. 그럼 회사 인수 시에는 무엇이 상한 귤에 해당할까요?

'이거 봐. 이러실 줄 알았어. 귤이랑 회사랑 어떻게 비교하냐고!'

제이가 맘속으로 불평할 때 로이가 대답했다.

로이: 물건을 팔려는 사람이 부르는 가격과 실제 가치에서 차이가 나는 모든 것이요.

이 박사: 허허허. 요령이 많이 생겼군요. 두리뭉실하지만 어쨌거나 대답을 하긴 했으니까요. 그렇다면 '차이가 나는 모든 것'에는 어떤

것들이 있을까요?

로이: 회사는 굴처럼 단일 종목이 아니라서 딱히 말씀드릴 수는 없지만…….

로이는 늘 하던 대로 뜸을 한 번 들이고는 말을 이어갔다.

로이: 예를 들어 원재료와 재고자산이 막상 사용하려고 보니 사용할 수 있는 상태가 아닌 경우 같은 것 아닐까요? '우리는 큰 계약을 따냈으니 앞으로 매출이 엄청 늘어날 것'이라고 해서 값을 더 쳐 주었는데 정작 계약이 불분명하거나 확인이 불가능한 경우도 있을 것 같습니다. 장부를 부풀린 경우도 있을 수 있나요?

이 박사: 아주 좋습니다. 그럼 그런 문제들을 막으려면 어떻게 확인해야 할까요?

심 대리: 회사의 재무정보와 계약서를 세세히 분석해서 이상한 점이 있는지 확인하고 현장조사를 통해 장부와 실제가 수량이 맞는지, 하자는 없는지, 생산계획과 생산라인에서의 실제 재료 투입과 생산을 매출자료와 비교하는 것이 방법이 될 듯합니다.

로이: 회사에 대한 평판도 들어봐야 한다고 생각합니다. 평소 신뢰도에 문제가 있는지를 보면 회사를 비싸게 매각하기 위해 계약관계나 매출을 허위로 고지했는지 확인하는 데 도움이 되지 않을까요?

심 대리와 로이가 열심히 대답하자 이 박사도 계속 질문을 던졌다.

이 박사: 그런데 회사들은 회계법인으로부터 감사를 받고 그 결과가 감사보고서에 정리되잖아요. 그걸 보면 그 회사에 대해 판단하는 것도 쉽지 않을까요?

심 대리: 감사보고서를 작성한 회계법인의 신뢰도도 확인해 보면 좋을 것 같습니다. 로이가 든 예시처럼 장부상 매출액을 부풀린다는 것은 그것을 감시하는 기능에도 문제가 있을 수 있다는 것이고, 큰 기업들이나 대형 회계법인을 통한 감사가 아니라면 중국의 회계투명도도 무조건 신뢰할 수 있는지 잘 모르겠습니다.

심 대리가 로이를 거들었다. 심 대리는 아까 이 박사가 이야기했던 에이전트 비용이 생각났다. 회계법인의 감사에도 에이전트 비용이 들어갈 텐데, 그 비용이 너무 싸면 제 기능을 충분히 발휘하기 어려울 것이라는 생각이 들었다.

이 박사: 30개의 귤을 추가로 사면 6,000원이 든다고 했죠? 그럼 회사 인수에 있어서 추가비용이 들어가야 하는 경우의 예로는 무엇이 있을까요?

로이: 사실 상한 것을 확인하지 못해 나중에 추가비용이 발생하는 것이니까 앞에 말한 내용 모두가 포함될 것 같습니다. 다시 말해 예상하지 못했던 비용의 지출 아닐까요?

이 박사: 예상하지 못했던 비용?

로이: 네. 가령 인수하려는 회사가 거래처로부터 외상으로 생산재료를 구입했는데 인수받으려는 측에서 그 사실을 모르고 있었다면 문제가 될 겁니다. 주인이 바뀐 다음에 거래처 사람이 와서 계약서까지 보여 주며 재료값을 내놓으라고 하면 방법이 없잖아요. 물론 외상으로 구입한 사실을 알려주지 않는 상대라면 계약서도 보여 주지 않았겠지만요.

제이: 로이의 예를 들으니까 그런 예는 광범위하게 많을 것 같아

요. 로이 말처럼 채무가 있는데 숨겼거나 지급보증을 섰는데 문제가 된다거나 하는 것들이요.

심 대리: 과거 미납세금이 있어서 나중에 세무국으로부터 조사를 받고 납부해야 하는 경우도 마찬가지일 것 같습니다. 또 인수 후에 보니 해당 회사가 소송 중이었고, 재판에서 패소해서 생각하지 못했던 비용이 발생할 수도 있을 거고요.

열띤 토의가 벌어지자 이 박사는 매우 흡족한 것 같았다.

이 박사: 좋습니다. 여러분이 이미 답을 모두 찾은 것 같네요. 그런데 아까 심 대리는 '귤을 고를 때 껍질이 물렁물렁하고 속의 알맹이와의 사이에 공간이 있어서 겉돌지는 않는지 살펴본다'고 했는데 그게 무슨 말인가요?

심 대리: 아, 저는 귤을 살 때 껍질이 얇고 겉이 단단한 것을 삽니다. 그게 제 입맛에 맞거든요. 하여간 만지면 말로는 표현할 수 없는 느낌이 있어요.

제이: 껍질이 얇은 귤은 시지 않나요? 껍질이 두껍고 속 알맹이와의 사이에 공간이 있는 듯해야 시지 않던데…….

로이: 제이 입맛에는 그런 귤이 맞나 보네. 그런데 귤은 원래 신 과일이잖아. 귤은 신 것이 정상인데 시지 않은 것을 찾으면 그게 더 이상할 것 같은데?

옥신각신하는 제이와 로이를 말리면서 이 박사가 이야기했다.

이 박사: 심 대리가 기준으로 삼고 있는 것이 정말 그런지 나는 잘 모르고 여기서 판단하지 않겠습니다. 중요한 것은 심 대리의 이야기를 다르게 표현하면 '겉으로 구분이 안 가더라도 피해야 되는 것이

있다'는 겁니다. 그렇다면 인수할 회사가 가지고 있을지도 모르는, 겉으로 보이지 않는 문제점은 어떻게 확인할 수 있을까요?

심 대리: 귤도 만져 봐야 아는 것처럼 회사 인수 시에도 속을 직접 들여다봐야 알 수 있지 않을까 싶습니다. 상대가 건네주는 기본자료만으로는 한계가 있을 테니 현장조사를 통해 실제 상황을 확인해 봐야 합니다.

이 박사: 그렇지요. 실사(DD, Due Diligence)라는 것을 진행하는 이유가 그겁니다. 실사는 '직접 들여다보는 것과 유사한 사실조사' 정도로 이해하면 되겠습니다. 여기에는 현장 밖(off-site)에서 진행하는 일과 현장(on-site)에서 진행하는 일이 있습니다. 귤 한 상자를 구입할 때 상자의 겉에 적힌 무게, 산지 등만 체크하는 것이 아니라 직접 상자를 열어 안에 있는 귤도 무작위로 꺼내 보고 하는 것이죠. 인수합병을 결정하면 인수팀이 꾸려져서 실사를 진행하게 되는데, 회사의 각 부문에서 차출된 사람들과 외부 법무법인과 회계법인 전문가가 함께 참여합니다. 재무실사와 세무실사는 회계법인이, 법무실사는 법무법인이 맡아서 세무상 혹은 법률상 이슈는 없는지 확인을 합니다.

심 대리: 그런데 박사님, 귤도 골라서 조금 사는 것이면 모를까 상자째 사면서 그 속을 완전히 뒤집어 일일이 확인하긴 어렵잖아요. 귤을 파는 사람이 상자의 윗면만 보여 주려고 하듯이 회사도 그 속을 다 보여 주지 않으려고 할 것 같은데요. 언젠가 과일을 사면서 세세히 꼬치꼬치 확인하니까 과일가게 주인이 저한테 안 판다고 하면서 다른 데 가서 사라고 하더라고요.

이 박사: 맞습니다. 하물며 귤을 파는 사람도 다 뒤집어 보여 주려고 하지 않는데 기업을 인수하는 경우에는 그보다 더하겠죠. 생각해 보세요. 모두 뒤집어서 치부까지 전부 보여 줬는데 정작 다 보고 나서 안 사겠다고 하면 어떻게 합니까? 그렇기 때문에 인수하려는 입장에서는 가능한 한 최선을 다해 살펴보더라도 미처 확인하지 못하는 내용이 있을 수 있습니다.

제이: 그럼 너무 위험할 것 같아요.

이 박사: 일단 귤 사는 것을 예로 들었습니다만 이는 과정을 설명하기 위한 간단한 예입니다. 실제 인수합병에는 확인해 봐야 할 것들이 많습니다. 그래서 인수거래 계약시에 여러 관련조항을 넣습니다. 확인한 내용을 넘어선 우발채무에 대해서는 보증을 한다거나 하는 식으로요. 그러나 이것은 세부절차를 잘 아는 전문가들이 같이 할 것이니 여기서 크게 강조하지는 않겠습니다. 제일 중요한 것은 바로 여러분이 막연히 어렵다고 생각하지 말고 중심을 잡는 것, 그리고 비즈니스 관점에서 생각하는 것입니다. 이질적인 문화의 회사를 인수했을 때 어떻게 경영해야 하는지에 대한 답을 주는 사람은 변호사나 컨설턴트가 아닙니다.

'이질적인 문화의 회사라······.'

심 대리는 생각에 잠겼다.

이 박사: 어떤 회사를 인수하는 이유는 그 회사의 세무나 소송 상황을 확인하기 위해서가 아니잖습니까? 그 회사의 사업부문이 매수자 입장에서 필요하니까 인수를 하는 것이지요. 그렇기 때문에 실사 과정에서 제일 중요한 역할을 하는 것도 매수자 내부의 인력입니다.

그래서 인수자 입장에서는 해당 사업부문을 가장 잘 볼 수 있는 전문인력을 투입하지요. 산업별 전문가가 필요한 이유는 산업별로 특화된 위험이 제각기 다르기 때문에 그런 것들을 세세히 체크해 보기 위해서입니다. 일반적인 사항에 대한 기본적인 체크리스트야 이미 존재하지만 그건 별로 중요하지 않습니다. 산업별 특수성에 대한 고려 없이 일반사항만 체크하면 중요한 것을 빠뜨릴 수 있으니까요.

아울러 재무, 전략, 기획, 인사 등 전방위에 걸친 내부인력이 인수 과정과 그 후의 상황을 포괄적으로 고려하는 것이 중요합니다. 따라서 회사 내부인력은 인수합병 TFT의 핵심인력이고, 매수 과정에서 문제가 없도록 옆에서 돕는 것이 법무법인이나 회계법인 등의 외부 전문가지요. 즉, 주연배우는 여러분이고 외부전문가는 조연배우에 해당하는 셈입니다. 흥행이 잘돼서 조연배우가 알려질 수도 있겠지만 흥행을 주도하고 흥행에 따른 영향을 가장 많이 받는 건 아무래도 주연배우겠죠?

'주연배우'라는 표현은 세 사람으로 하여금 자부심을 갖게 하기에 충분했다.

이 박사: 다시 말하지만 인수는 법인을 설립하는 것이 아니라 이미 설립된 회사를 사는 일입니다. 새것이 아닌 중고를 사는 것이죠. 앞서 간단히 귤을 사는 것을 예로 들었는데 신규분양이 아닌 아파트 혹은 중고차를 현재의 주인과 계약서를 체결하고 그 사람으로부터 사는 것 또한 법인 인수 과정과 비슷합니다. 복잡한 정도가 다를 뿐 계약서부터 실물 확인, 이력 조회 등의 기본과정을 거쳐야 하니까요.

제이: 아, 그래서 아까 아파트나 자동차를 사 본 경험이 있냐고 물으셨군요? 사실 아파트 구입은 커녕 월세계약조차도 집주인이 이중으로 해서 고생한 친구들을 학교 다닐 때 봤어요.

이 박사: 그렇군요. 어쨌거나 아파트나 자동차가 귤을 사는 예보다는 낫지 않겠어요? 이제 기본적인 이해는 했으니 이야기를 좀 더 진행시키기 전에 숙제부터 하나 주겠습니다. 여러분이 아파트나 중고차를 구입한다고 가정하고 그때 확인해야 할 사항들, 또 계약 시 주의해야 할 사항들을 오늘 저녁까지 직접 한번 정리해 보세요. 나중에 실제로 주택이나 자동차를 사야 할 때 도움이 될 수도 있으니까요.

오늘의 숙제는 어째 연수와 직접 관련은 없는 것 같았지만 중고차 구입과정 같은 것은 한 번 확인해 봐도 재미있을 것 같았다. 로이는 사실 월급을 받게 되면 모아서 중고차부터 사고 싶은 생각이 있었던 터라 조금 흥분도 되었다.

이 박사: 이 모든 일련의 확인과정은 사실 '속지 않고 사는 것'이 목적입니다. 조사과정에서 파악된 정보는 해당 물건의 구매에 대한 의사결정 및 가격결정, 그리고 미해결문제에 대한 계약서상의 반영 등에 영향을 미치게 될 것입니다. 물론 앞서 말했듯 실제 M&A 거래에서는 변호사 등의 전문인력들이 여러분과 함께하며 주의사항도 잘 알려줄 것입니다. 그러나 다른 사람이 주는 것을 확인하는 데 그치지 말고 본인이 직접 생각해야 하니 자꾸 연습하세요.

예를 들어 현재 인수하려는 회사가 있다고 합시다. 그 회사는 은행, 거래처 등 여러 곳과 대출, 또 공급 등과 관련하여 많은 계약을 맺고 사업을 진행하고 있습니다. 그런데 회사 주인이 바뀔 경우 미리 계약 상대방에게 통지할 의무가 있거나 동의를 구할 의무가 있을 수도 있습니다.

로이: 계약서에 그런 사항을 넣는 것이 가능한가요?

이 박사: 그럼요. 경영권의 변동은 단순 고지사항이 아닌 데다 계약 해지의 사유가 될 수도 있습니다. 사업을 하는 상대를 믿고 돈을 빌려주거나 거래를 하는데 그 상대가 바뀐다고 생각해 보세요. 그것도 누군지도 모르는 사람으로 밀입니다. 혹은 우연찮세도 굉장히 싫어하는 사람이 인수할 수도 있겠죠. 경영권에 변동이 생길 경우엔 대출금을 바로 갚아야 한다는 내용이 기존 계약에 포함되어 있는 걸 모르고 회사를 인수한다면 자금계획이 갑자기 틀어질 수 있고, 자금조달에 문제가 생기면 비즈니스에 치명타가 될 수 있습니다. 모든 게 연습이니 여러 가능성에 대해서 폭넓게 생각해 보세요.

심 대리는 JK그룹이 다른 회사를 인수합병한 사례에 대해 따로 살펴봐야겠다는 생각을 했다. 거기에 문제가 있을 수 있으니까.

2 / 인수합병의 전과 후

이 박사: 이제 중국에서의 인수합병 시 주의할 것들을 조금 더 얘기해볼까요? 앞서 이야기한 것처럼 인수합병이라는 것은 기본적으로 투자를 통한 법인 설립이 기본 몸체이고, 거기에 살을 붙이는 것으로 생각하면 좋겠습니다. 인수합병이 법인 설립과 다른 점은 이해관계자가 늘어난다는 것입니다. 그렇다고 단순히 인수하려는 대상회사라는 이해관계자 하나가 더 늘어나는 것이 아닙니다. 그 회사가 지금까지 사업을 영위하면서 접해 왔던 관계까지 그 영역이 확대되는 것이니까요. [그림 21]

즉, 이해관계자의 상대방(counterpart)에 놓이게 되는 수많은 잠재 이해관계자들을 파악하고 그 이해관계자들과의 문제를 살펴봐야 합니다. 법인 설립 시에 신경 썼던 사항들을 다시 떠올려 봅시다.

로이: 박사님께서 말씀하시려는 것과 딱 일치하는지는 모르겠지만 법인 설립과 관련하여 이전에 해 주신 말씀을 정리해 둔 것이 있어

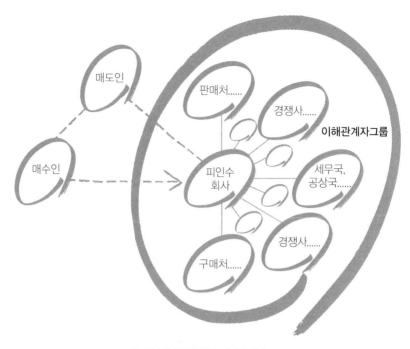

[그림 21] 인수합병과 이해관계자

요. 먼저 제한이 있는지 살펴본 다음, 그와 반대로 우대혜택에는 무엇이 있는지 확인합니다. 그리고 지금 현재가 아닌 미래에는 어떻게 변화할지 그려 보면서 미래에도 여전히 투자가치가 있을지 상상해 봅니다. 마지막으로는 그렇게 미래에도 지속적인 매력을 유지하는데 장애가 될 수 있는 위험으로는 무엇이 있는지 생각해 봅니다.

로이는 방금 말한 내용을 불릿포인트로 적은 것을 보여 주었다.

법인 설립 관련 체크포인트

1. 투자관련 규정, 우대, 제한
(1) 어떠한 제약조건이 있는지 확인한다. 그리고 제약조건을 피할 수 있는 방법 혹은 제약조건 하에서 최선의 대안이 무엇인지 확인한다.
(2) 어떠한 우대정책이 있는지 확인한다. 그리고 해당 우대정책을 누리기 위한 조건에 대하여 확인한다. 우대정책의 절차상 요건을 확인하여 실제 진행 시 문제가 없도록 한다.
(3) 우대정책이 실효할 수 있는 조건을 확인한다. 우대정책 실효 시의 효과와 대안을 분석하고 지속적 관리의 가능 여부를 확인한다.
(4) 이 모든 제약과 혜택이 비즈니스적인 관점에서 다른 의사결정 사항들에 비해 비교우위에 있는지 확인한다.
(5) 비교우위가 위험을 감수하는 정도를 넘어서는지 다시 확인한다.
2. 투자구조: 설립 시부터 투자회수를 고려한다. 목적에 적합한 최적의 구조를 설계한다.
3. 법인설립: 목적에 최적인 설립 형태를 취한다. 관리목적을 고려하여 최소한으로 관리 가능하도록 한다.

이 박사: 잘 정리되어 있으니 내가 굳이 모두 설명할 필요는 없겠군요. 한 가지 추가할 것이 있다면 전 과정에 걸쳐서 매도인과 '협상'이라는 과정을 밟아야 한다는 것입니다. 너무 어렵게 생각하지 마시고 방금 대화를 나누었듯이 일단 생각나는 것들을 적은 뒤 점차 모양을 갖춰 나가면 됩니다.

제이: 저희가 처음부터 정리하기에는 무리가 있을 것 같아요.

제이는 조금 막막하기도 했다.

이 박사: 시간을 가지고 깊게 파고들지 않아서 그렇지 여러분은 이미 많은 이슈들을 이야기했습니다. 필요한 것은 자신만의 정리입니다. 내가 아까 '예상치 못한 비용으론 무엇이 있겠냐'고 물었을 때 여

러분은 외상으로 구입한 생산재료가 있는데 그걸 몰랐던 경우, 또 소송에서 패소할 경우들을 이야기했습니다. 맞지요?

제이: 네.

이 박사: 여러분은 왜 그런 것들이 걱정거리라고 말했을까요?

'당연한 걱정거리 아니었나?'

또 다시 이상한 질문을 하는 이 박사 때문에 제이는 의아해졌다.

이 박사: 비록 체계적으로 정리되어 있진 않지만 여러분은 이미 인수합병이라는 것은 지분이 넘어가는 것이고 지분양수도의 경우 과거의 모든 책임도 그대로 인수받게 된다는 점을 알고 있기 때문입니다. 판 사람의 입장에서는 팔고 나면 끝이고 산 사람이 계속 책임을 진다고 생각한 것이죠. 그래서 서로 토의하면서 과거에 대한 이야기를 들고 나왔을 때에도 그에 대한 의문을 제기하지 않았던 것입니다. 반면에 자산양수도라는 것이 있는데 이것은 자산만을 인수하는 거라서 과거의 책임과는 전혀 관계없지요.

앞서 법인 설립의 경우에는 투자자로서의 입장, 그리고 설립된 법인의 입장이 동일하다고 판단했기에 이 둘을 굳이 구분해서 이야기하지 않았습니다. 너무 세분화하면 복잡해질 수 있으니까요. 차이가 크다고 생각하지는 않습니다만 M&A의 경우에는 각 단계에서 확인할 사항을 정리할 때 주체를 다시 두 가지로 나누어 생각해 보면 좋겠습니다. 첫째는 투자자의 입장이고 둘째는 피인수회사의 입장입니다. 이에 더하여 매도자의 상황까지 고려해야 협상을 통한 거래가 성공적으로 마무리될 것입니다.

'쉽게 얻은 것은 쉽게 나가는 법이니 직접 정리해 보자. 자꾸 주는

것만 받아먹어서는 안 된다. 스스로 잡는 법을 배워야지.'

심 대리는 본사에서 부여받은 미션 때문에 마음이 급했고 시간에 쫓기고 있지만 그럼에도 어쩐지 투지가 불타오르는 느낌이었다. 이번 기회가 아니면 언제 다시 이런 것을 배울까 싶은 생각도 들었다.

이 박사: 여러분에게 숙제를 내준 대신 더 중요한 세 가지를 이야기해 줄까 합니다. 첫 번째는 인수 전 전제조건이라고 할 수 있겠는데 바로 '준법(compliance)'입니다. 비즈니스의 관점은 일단 논외로 하고 가장 기본이 되는 것이 준법임을 잊지 마십시오. 자신이 처음부터 직접 경영해 온 회사라면 준법을 장담할 수 있겠지만 남이 경영하던 것을 중간에 이어받게 된다면 어떨까요? 과거 그 회사의 준법을 어떻게 보장할 것이며, 과거의 일로 말미암아 미래의 준법에도 영향을 받는 일이 있다면요? 그래서 그 때문에 회사의 브랜드가 타격을 입는다면? 기업은 해당 국가의 규정을 준수하고 다른 기업들과 관계를 맺으며 비즈니스를 영위해 나갑니다. 그러니 준법이라는 의미도 법을 준수하는 것에 한정하여 생각하지 말고 그 기업이 속한 사회의 규범, 그리고 비즈니스 파트너와의 관계를 잘 지켜 왔는지 확인하는 것으로 그 범위를 확장시켜 보는 것이 좋겠습니다.

로이: 박사님 말씀에 아주 공감합니다. 법인 역시 우리와 같은 사회 구성원이고 그렇게 인정받으니 회사에도 사회적 책임(CSR, Corporate Social Responsibility)이 있다고 생각합니다.

이 박사: 로이가 좋은 말을 했네요. CSR에 대해서도 나중에 좀 더 살펴봅시다.

'나중에'라는 말에 모두 웃었다. 다들 비슷한 생각을 했으리라.

이 박사: 둘째는 인수 후의 필요조건으로, 인수합병 후에 잘 관리하는 것입니다. 아까 했던 귤 이야기를 다시 해 볼까요? 귤을 아주 신선한 것으로만 하나하나 잘 고르고 모아서 한 상자를 샀습니다. 아주 만족스럽겠죠. 그런데 그걸 잘 보관하지 않는 바람에 살 때는 신선했던 귤들이 무르고 터져서 상해 버렸습니다. 사 놓고서 제대로 보관을 못하면 사나마나 한 일, 경우에 따라서는 안 사느니만 못한 일이 되어 버리죠.

회사 인수합병도 마찬가지라서 합병 후의 사후통합(post-integration)이 더 중요합니다. 좋은 인재가 많은 회사라서 향후 비즈니스를 계획하고 인수했는데 직원들이 새로운 기업문화에 적응하지 못하고 모두 퇴사해 버리면 어떻게 될까요? 법인 설립 대신 인수를 택하는 이유는 간단합니다. 비록 더 많은 노력과 비용이 들어가지만 그 대신 성공하기만 하면 신규법인을 설립해서 자리 잡는 데 걸리는 시간보다 훨씬 더 빨리, 또 효과적으로 시장에 진입할 수 있어서죠. 그런데 그 목적을 달성하지 못한다면 이것은 실패한 인수가 아니겠습니까?

로이: 아!

로이는 갑자기 감탄사를 뿜어 냈다.

로이: 그래서 우리가 주연배우라고 하신 것이군요.

이 박사: 허허허. 맞습니다.

제이: 무슨 소리야?

로이: 아까 박사님께서 그러셨잖아. 이질적인 문화의 회사를 인수했을 때 어떻게 경영을 해야 하는지에 대한 답은 변호사나 다른 전

문인력이 주는 게 아니라고 말이야. 서로 다른 문화를 가진 기업이 합병했을 때 기존 직원들이 잘 적응할 수 있도록 도와 주는 것이 바로 회사에 있는 우리가 할 일 중 하나인 거지. 합병이라는 것은 법률적으로 하나가 되었다고 해서 끝나는 게 아니라 지속적인 융합까지 마무리해야 비로소 끝나는 일 같아.

이 박사는 웃으며 세 번째 이야기를 꺼냈다.

이 박사: 세 번째는 인수 중의 협상에 관한 부분입니다. 내가 보는 가치와 상대방이 느끼는 가치는 얼마든지 다를 수 있습니다. 인수합병 거래(M&A deal)가 이루어질 때도 파는 사람과 사는 사람의 생각하는 바가 당연히 다르겠지요. 내게는 값어치가 떨어지는 것이 상대방에게는 큰 값어치를 줄 수 있는 것인가 하면 그 반대의 경우도 있으니까요. 이 경우 어떤 가격으로 살 것인가를 종합적으로 사고해 봐야 합니다. 내가 인수하고자 하는 주요 가치를 상대가 눈치 채지 못한 상황이라면 굳이 그 이야기를 다룰 필요는 없겠죠. 또 내가 원하는 것, 원하는 정도 등을 상대가 알면 알수록 내가 지불해야 하는 가격은 올라갈 것이고요.

협상의 기술도 중요합니다. 중국기업을 여러 번 인수해 본 기업들의 말에 따르면, 중국인들과 협상하는 것은 딜(deal)을 두세 번 깨야 될 정도로 힘들다는 이야기를 하더군요. 서로 얼굴 붉히고 화내면서 '이번 거래는 없던 것으로 하자'고 했는데 다음 날 다시 태연히 전화해서는 '논의해야 하니 찾아가겠다'고 하는가 하면, 그렇게 찾아와서는 '이러이러한 것을 우리가 양보할 테니 그 대신 당신들도 우리가 요청하는 것을 받아 주기 바란다'고 하면서 새로운 카드를 제시하기도 한다더군요. 마지막 순간까지 진을 빼는 것에 대단하다는 생각이 들면서도 '이렇게 하면 정 떨어지겠다'고들 얘기합니다.

심 대리: 진짜 쉽지 않겠어요.

이 박사: 협상에 대해서는 다시 이야기하도록 하겠습니다.

제이: 또 나중에요?

이 박사: 허허허. 협상에 관해서까지 얘기하면 너무 길어져서 인수합병 이야기를 마무리하기 어려워요.

로이: 토의 주제 리스트가 점점 늘어나는데 이걸 과연 줄일 수나 있을지 걱정되네요.

로이는 협상을 리스트에 추가하면서 엄살을 피웠다.

이 박사: 그런데 회사를 인수하고 나면 다시 볼 일이 없을 매도자랑 정이 떨어지는 것이 그렇게 문제가 될까요?

제이: 그냥 감정적인 면에서 그렇다는 건데, 서로 정서가 다르기 때문 아닐까요?

이 박사: 허허허. 그러니까요. 정서가 같든 다르든 정이 떨어지는 게 문제가 됩니까?

저 수상한 웃음은 무엇인가 생각해 봐야 하는 것을 의미한다는 생각이 순간 심 대리의 머리를 스쳤다.

이 박사: 질문을 바꿔서 다시 해 보겠습니다. 우리나라 기업은 글로벌 M&A 시장에서 잘하고 있는 것 같습니까?

침묵이 토의의 마무리를 대신했다.

3 / 추가 증자

심 대리: 북경 IT법인에 증자가 필요하답니다.

이 박사: 북경 IT법인이라면 올해 초에 JK그룹이 인수한 회사 아 닌가요?

심 대리: 네, 맞습니다. 제 기억으로는 인수에 상당히 큰돈을 들였 던 것 같은데 그 돈이 벌써 다 어디로 가서 증자를 해야 한다는 것 인지 모르겠어요. 인수 후에 신사업을 진행하고 기존 사업들을 좀 더 지원하려다 보니 불가피해졌다고 하는데, 무엇보다 이상한 건 인 수 시에 회사로 직접 들어온 자금이 없다는 거예요.

이 박사: 심 대리, 잠깐만. 그건 구주인수를 했기 때문일 겁니다.

심 대리: 구주인수요?

이 박사는 간단한 그림을 그려 세 사람에게 보여 주었다.

이 박사: 쉽게 이야기해서 A라는 회사 혹은 개인이 A'라는 회사의 지분을 100% 가지고 있었다 합시다. 그런데 JK그룹이 투자를 해서

A'회사 지분의 50%를 샀고, 그래서 지금 현재 JK그룹은 A'의 지분을 50% 소유하고 있습니다. 맞나요? [그림 23]

심 대리: 네, 그렇습니다.

이 박사: 자, 여기서 질문! JK그룹은 투자자금을 누구에게 줬습니까?

제이: A요.

이 박사: 그렇죠. A에게 주었지요. 그렇기 때문에 A'에는 돈이 없는 것입니다.

심 대리: 아…….

이 박사: 예를 들어 A'는 1,000주의 주식을 발행했고 자본금은

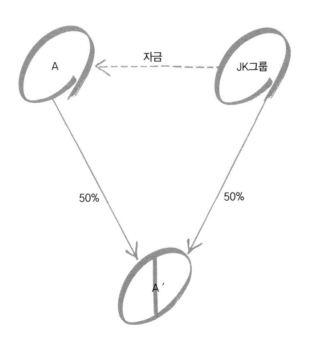

[그림 23] 구주인수와 자금의 관계

1,000만 원입니다. 그렇다면 1주당 가치는 1만 원일 거고요. 원래는 A가 모든 주식을 갖고 있었는데 그중 500주를 JK그룹에 양도하기로 했습니다. 이렇게 지분양수도가 일어난 후에는 A와 JK그룹 모두가 500주의 A' 주식, 다시 말해 각각 50%의 지분을 보유하게 됩니다. 그런데 총 주식수 1,000주에는 변화가 없습니다. JK그룹이 인수한 것이 원래는 A가 가지고 있던 것을 A로부터 사온 것이기 때문입니다. 이것이 바로 구주(舊株)인수, 즉 '옛날 주식의 인수'입니다. 이런 구주인수의 경우에는 인수대금이 대상회사인 A'로 들어가는 것이 아닙니다.

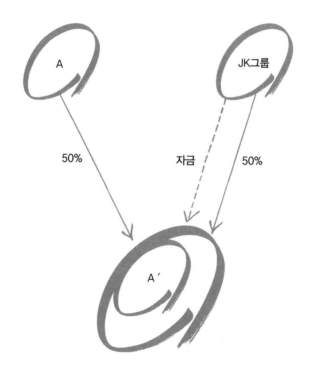

[그림 24] 신주 발행과 자금의 관계

제이: 네, 이해가 됩니다.

이 박사: 신주(新株)발행의 경우는 다릅니다. 이것은 회사의 가치를 협의하여 투자액과 지분율을 확정한 후에 회사가 신주를 발행하는 거니까요. 쉽게 말해서 증자를 한 것이니까 돈이 회사로 들어가게 되지요. [그림 24]

신주발행의 경우라면 A'의 입장에서 향후 비즈니스를 확대할 자금이 수혈됐으니 계획해 둔 사업을 안정적으로 진행해 나갈 수 있겠죠. 필요에 따라선 공격적인 접근도 가능할 거고요.

로이: 그렇다면 왜 JK그룹은 구주를 인수했을까요?

이 박사: 글쎄요. 협상 과정에서 여러 이야기가 있었겠지요? 나도 배경은 모르니 좀 확인해 봐야겠군요. 그런데 아까 자료를 보니 JK 그룹에서 지분 50%를 인수하기 위해 지급한 금액이 500억이네요. 회사 규모에 비해 상당히 큰 액수입니다만 중국이라는 점을 감안하면 이해하지 못할 금액도 아닙니다. 자세한 건 거래 배경을 알아야 판단할 수 있겠지만 가치평가(valuation)와 협상에서 문제가 있었던 것이라면 이 회사를 경영하는 게 쉽지는 않겠네요. 앞으로 상당히 어려워질 듯한데……. 아무래도 잘 살펴봐야 할 것 같습니다.

500억을 투자했다는 소리에 이미 적잖이 놀랐지만 이 박사의 말을 들으니 심 대리는 가슴이 철렁 내려앉았다.

심 대리: 가치평가의 문제요?

이 박사: 네. 사실 가치평가라는 것엔 정확한 답이 없습니다. 인수하려는 사람이 그 가치를 인정한다면 가치평가는 곧 그 사람이 지불하는 금액이 되겠지요. 방금 들었던 예시에 대입해서 생각해 볼

까요? A'의 주주인 A는 A' 회사 전체의 가치를 500억으로 보고 있었는데 JK그룹과의 협상을 잘해서 A'의 회사가치를 1,000억으로 합의했다고 가정해 봅시다. A는 JK그룹으로부터 500억을 받고 지분의 50%를 내줬고요. 이렇게 협상을 통해 지분이 이전된 경우, 이후 매도자가 보이는 반응에는 보통 두 종류가 있습니다. 어떤 사람은 회사의 가치를 자기 생각보다 높게 보는 JK그룹을 보고 '가능성을 인정받았으니 A'를 더 열심히 키워서 내가 들고 있는 나머지 지분 50%의 가치를 더 극대화시키자'고 생각할 수 있겠죠. 이에 반해 어떤 사람은 '500억은 원래 내가 받고 싶어 했던 A' 회사의 가치였고, 이제 그만큼의 돈을 받았으니 굳이 더 열심히 할 필요는 없다'고 생각할 수도 있을 겁니다. JK그룹이 열심히 해서 매도자 자신이 아직 팔지 않은 채 들고 있는 50%의 A'사 지분이 추가가치를 창출하면 좋지만, 설사 그렇지 않더라도 자신이 원했던 금액만큼은 챙겼으니 이미 투자회수는 이룬 것이라 손해 볼 것은 없다고 생각하는 거죠.

심 대리: 투자회수요?

이 박사: 네. JK그룹은 기존 주주인 A의 투자회수를 실행시켜 준 것이나 마찬가지니까요. A의 주머니로 이미 500억이 들어갔잖습니까? 안 그래요?

'회사를 막 인수했고 지금 자금이 필요한데 추가투자를 해 주지 못한다면 인수한 의미도 사라지는 거 아닐까? 하지만 그렇다고 해서 지금 다시 막대한 추가자금을 투입한다는 건 그룹 입장에서 부담이 될 텐데……'

심 대리는 가슴이 답답해졌다.

이 박사: 현재 양측 지분이 각각 50%씩인데 증자와 관련해서 A와 얘기해 봤나요?

심 대리: 네. A는 다른 사업부문에 자금이 들어가야 해서 A'의 증자에는 참여하지 않겠다고 했다는군요. 추가증자분은 JK에서 모두 인수하라는 거지요.

이 박사: 흠……. 우려한 대로 A는 열심히 비즈니스를 할 생각이 없어 보입니다. 모두 다 JK그룹으로 떠밀고 빠지겠다는 거니까요. 포기해도 그만이고 JK가 추가로 투자해서 A'사가 좋아지면 지분율은 줄더라도 평가액은 증가할 수 있고 리스크 없이 추가회수도 할 수 있으니 밑질 것이 아무것도 없다는 생각일 겁니다. 급한 쪽은 500억을 그냥 날릴 수 없어서 추가투자를 해야 하는 JK그룹이니까요.

'뭐 이런 개똥 같은 경우가 다 있담?'

이제 심 대리는 머리까지 아파 왔다.

이 박사: 일단 JK그룹은 두 가지 측면에서 실수를 한 것 같습니다. 첫째는 상대를 제대로 파악하지 못했다는 겁니다. 쉽게 말해 사람을 잘못 봤다는 뜻이죠. A'가 어떤 기술과 시장장악력을 가지고 있는 회사인지는 모르겠지만 투자 시 제일 중시해야 하는 것은 바로 사람입니다. A 혹은 A의 경영진이 어떤 사람인지 잘 봤어야 했는데 JK그룹은 자신들을 끌어들인 그들의 목적을 잘못 읽은 것 같습니다. 비즈니스는 사람이 하는 것이기 때문에 제일 중요한 것도 사람입니다. 벤처캐피털(venture capital)들이 투자를 할 때 최우선으로 보는 것도 사람이고요. 비즈니스 모델(business model)이야 수정이나 교체가 가능하지만 그걸 집행하는 사람은 그렇지 않으니까요.

둘째는 투자구조부터 운영계획까지 미리 제대로 준비하지 못한 것입니다. 별것 아닌 것 같아도 거래형태, 자금조달 계획 등은 모두 투자구조에 따라 결정됩니다. 향후 비즈니스와 투자회수 계획을 고려해서 투자구조를 짜라고 말했던 걸 기억하죠? 그런데 JK그룹은 필요자금의 수요를 제대로 예측하지 못했으니 구주인수 후 추가자금에 대한 논의도 충분하지 않았던 것이죠.

다들 답답하기는 매한가지였지만 어떻게 이야기를 해야 할지 알 수 없었다.

이 박사: 여러분은 내가 어떤 사례를 이야기하면 '어떻게 저런 일이 일어날까' 싶겠지만 실제로 그런 일들은 발생합니다. 어떤 일을 할 때 거쳐야 하는 통상적인 방법을 소위 루틴(routine)이라 하는데, 이 루틴을 꼼꼼히 챙기지 않아서 손해를 보거나 추가자금을 투입하거나 하는 결과를 초래하는 경우는 생각보다 많습니다. 다만 지금 A'의 사례는 아직 정확한 배경이나 계획을 모르는 상태에서 논의하는 것이니까 좀 더 상황을 확인해 볼 필요가 있겠고요.

정확한 배경을 살펴본다고 하더라도 심 대리의 근심이 가실 만한 획기적인 반전이 기다릴 것 같지는 않았다.

이 박사: 일상적인 것에 대한 이야기가 나온 김에 사례 하나를 더 살펴봅시다. 말한 바와 같이 루틴을 챙겨 보지 않아서 혹은 작은 부주의로 인해 손해가 발생하는 경우만큼은 반드시 막아야 합니다. 앞서 인수합병 시의 실사에 대해 이야기한 바가 있는데, 그때 느꼈겠지만 이 실사라는 것은 굉장히 중요합니다. 서류만으로 판단할 수 없는 것들을 실제로 확인하고 인터뷰도 하면서 회사의 실상을 최대

한 알아내야 하니까요. 실사 결과가 딜의 성사 여부는 물론 인수가격이나 조건, 계약내용에 영향을 미치게 된다는 건 이미 여러분이 이해하고 있을 겁니다.

모두들 고개를 끄덕였다.

이 박사: 실사는 현장(on-site)과 현장 밖(off-site)에서 진행된다고 얘기했었습니다. On-site라는 말은 글자 그대로 현장을 방문한다는 뜻이겠지요?

일동: 네.

이 박사: 그런데 이런 현장방문조차 하지 않고 회사를 인수하는 바람에 곤경에 처한 경우도 있습니다. 광산의 일부 지분을 인수했는데 막상 실제로 가서 보니 채광이 불가능한 상황이라든가, 혹은 채광을 해 봤자 운송을 할 인프라가 개발되어 있지 않다든가 하는 경우가 있었죠.

제이: 그럴 수도 있나요?

이 박사: 그럼요. 광물을 채굴할 때는 채산성이 중요한데, 채산성이 없으면 팔면 팔수록 손해가 생길 것 아닙니까? 그럼 파낼 수가 없는 것이죠. 또 광산 같은 경우에는 환경문제도 함께 고려해야 하는데 채광이 불가능한 광산이라면 다시 원상복구해서 환경오염이 발생하지 않게 해야 합니다.

제이: 우와!

이 박사: 놀랄 일이 아닙니다. 일부 해외의 분쟁지역은 반군이 지배하고 있어서 아예 접근이 불가능한 경우도 있죠.

로이: 반군이요?

이 박사: 어처구니없게 들릴지 모르겠지만 실상이 그렇습니다. 한 번 가 보기만 했어도 알아차렸을 사항인데 그것조차 하지 않아서 엄청난 손해를 보는 경우들이 적지 않아요.

이 박사는 잠시 기다렸다가 진지한 목소리로 이야기를 이었다.

이 박사: 그런데 이 모든 문제는 욕심에 기인하는 바가 많습니다.

심 대리: 욕심이요?

이 박사: 다들 자원 확보에 열을 올리고 있어서 매물이 귀한 때에 물건이 나왔습니다. 그것도 좋은 조건으로요. 그럼 '좋은 조건으로 나왔고 경쟁이 치열하니 빨리 잡아야 된다' 하는 식으로 다급함을 느낀 나머지 검토도 해 보지 않고 덜컥 물어 버리는 거지요. 게다가 매도자가 기한을 촉박하게 주면서 압박해 오면 정상적인 절차를 모두 밟을 여유 없이 급히 결정하게 됩니다. '급하게 먹는 밥이 체한다' 고 하는 것처럼, 이런 경우에 문제가 발생하기 쉽지요. 그러니 '이렇게 매물이 귀한 때에 왜 싸게 나왔을까'라는 건전하고 합리적인 의심을 해야 합니다. 반대로 매물이 제값보다 비싸게 나왔는데도 다음엔 기회가 없을 거라는 생각에 매입을 결정하는 일도 있어서는 안 되겠습니다. '승자의 저주'는 피해가 막심합니다.

이 박사가 하는 이야기니 분명 거짓말은 아니겠지만, 사업에 한두 푼이 들어가는 것도 아닌데 어떻게 그런 결정을 내릴 수 있는 건지 다들 반신반의했다. 세 명의 표정을 살펴본 이 박사는 아무래도 보충설명을 해야 할 것 같았다.

이 박사: 여러분, 경매(auction)라는 것 알지요? 직접 참가해 본 적은 없더라도 영화나 드라마에서 가끔 나온 적이 있으니 대충은 알

것이라 생각합니다만…….

로이: 네, 드라마에서 봤습니다.

이 박사: 경매에서 처음 시작하는 단가는 그다지 높지 않는데 서로 경쟁적으로 가격을 올리는 것을 본 적 있나요? 나는 저 물건을 반드시 손에 넣겠다는 태도로 상대가 포기할 때까지 가격을 올리는 모습 말입니다.

제이: 네.

이 박사: 그런 모습을 보면 초조함과 지나친 경쟁심이 작용하는 것 같습니다. 너무 심하게 경쟁하다 보니 제값보다 훨씬 높은 가격에 물건을 사기도 하고요. 하지만 경매는 포커의 블러핑(bluffing)과 다릅니다. 블러핑도 상대로 하여금 경쟁을 포기하게 하는 것이지만 자신이 이길 경우에는 자신의 패를 보여 줄 필요가 없는 반면, 경매에서는 상대가 가격만 높여 놓고 기권하면 나는 물건을 손에 넣더라도 그 높아진 가격을 고스란히 지불해야 합니다. 그렇기 때문에 대상을 손에 넣으려는 목적을 면밀히 다시 생각하고 자신이 지불하는 돈 이상의 가치를 얻을 수 있을지 냉정히 판단해야 합니다. 조급하게 다가가면 자칫 큰 손해를 볼 수 있으니까요.

그런데 아까 심 대리가 말하길, 몇 번의 실수를 통해서 나름 스스로의 귤 고르는 법이 생겼다고 했지요?

심 대리: 네.

이 박사: 모든 비즈니스가 그렇지만 M&A에서는 특히나 그와 유사한 경험을 할 여유가 없습니다. 한두 번 헛발질하면 회사가 위태로워지니까요. 그러니 항상 합리적인 의심을 하십시오. 건전한 의심과

여러 가능성을 따져보는 루틴을 저버리면 안 됩니다. 분위기에 휩쓸리는 것도 금물이고요. 이런 기본을 지키면 적어도 게임에서 질 일은 없을 겁니다.

제이: 그런데 박사님, 아까 북경 IT법인의 지분을 50% 인수하면서 500억을 투자한 것과 관련해서 '중국이란 점을 감안하면 이해 못할 금액도 아니다'라고 하셨는데 그건 어떤 의미인가요?

이 박사: 제이에겐 어떤 의미로 들리던가요?

제이: 동일한 회사라도 중국에 있으면 더 값어치가 높을 수 있다는 의미로 느껴졌어요. '중국 프리미엄'이랄까요? 그런데 IT 분야에서 중국 프리미엄이라고 볼 만한 것이 정말 있는지 궁금합니다. 박사님 표현은 중국뿐 아니라 기타 지역에서도 광범위하게 적용되는 것처럼 들려서요.

이 박사: 그렇습니다. 정확히 표현하자면 중국 프리미엄이라기보다는 시장 프리미엄(Market Premium)이라고 해야겠네요. 어떤 중국회사들은 그다지 잘 갖춰져 있지 않고 제품도 아직 한국회사 제품에 못 미치는데 막상 투자하려고 보면 높은 밸류에이션을 요구하곤 합니다. 그리고 그 기준에 맞춰 투자하는 투자자들도 많고요. 시장이 크니까 성장 가능성도 더 높다는 프리미엄을 얹는 것이죠. 그런데 그 액수가 우리의 예상보다 훨씬 더 큽니다. 한국의 벤처캐피털들이 중국에 투자하고 싶어도 '억' 소리 나는 금액 때문에 발을 담그지 못하는 경우가 많습니다. 게다가 중국의 벤처캐피털들은 투자 의사결정도 빨라서 한국 벤처캐피털들이 한국 본사의 경영진에게 보고하기 위해 분석자료를 만들고 있을 때 이미 투자집행을 끝내 버립니

다. 한국의 벤처캐피털들에게는 기회조차 없는 경우가 많지요.

로이: 전 박사님께서 말씀하신 승자의 저주를 찾아봤어요.

승자의 저주

승자에게 내려진 저주라는 뜻으로, M&A 또는 법원 경매 등의 공개입찰 때 치열한 경쟁에서 승리하였지만 이를 위하여 지나치게 많은 비용을 지불함으로써 위험에 빠지는 상황을 가리키는 말이다.

M&A 경쟁이 치열할 때 인수희망기업은 대상기업의 성장잠재력을 과대평가해 지나치게 비싼 값을 치르고 인수하는 경우가 생긴다. 이때, 인수자금을 마련하기 위해 빌린 돈의 이자를 부담할 수 없는 상황에 빠지거나, 인수한 기업의 주가 급락 등 예기치 못한 어려움으로 기업 전체가 휘청거리는 경우도 '승자의 저주'에 해당된다.

(출처: 두산백과)

설명을 읽은 제이가 말했다.

제이: 이야, 이거 그러면 굉장한 딜레마인데요?

이 박사: 딜레마요?

제이: 이 승자의 저주를 경계해야 할 것 같아요. 중국시장에서 M&A나 투자를 하려면 대상의 밸류에이션이 과다하게 높아 주저하게 되는 동시에 그럼에도 불구하고 과감하게 투자하려는 중국기업과 경쟁도 해야 하니까요. 이 두 개의 모순된 상황에서 적절한 가치를 찾을 수 있는 균형감각이 필수적일 듯해요.

이 박사: 그 점을 이해하고 기억하면 됐습니다. 그러면 절대 큰 손해는 보지 않습니다.

일동: 네!

이 박사: 자, 벌써 2주가 지났군요. 시간 참 빨리 가네요. 오늘은 여기서 마무리할까요? 더 늦게까지 붙잡아 두면 불평이 쏟아져 나올 것 같아요. 즐거운 주말 보내고 다음 주에 다시 봅시다. 허허허.

1. 인수합병 M&A는 물건을 구입하는 것(쉽게 생각하자!)

- 적법한 합병 대상인가? 주요 사항을 확인하고 연혁까지 살펴보자.
- 실사를 통해서 서류로 확인하지 못한 점들을 보완하자.
- 인수TFT는 법무법인, 회계법인과 같이 꾸려지겠지만 산업별 전문가인 내부인력의 검토가 제일 중요하다.
- 사후통합(post-integration)에 대해서도 신경 쓰자.
- 협상에서 가치라는 것은 상대적인 것이다. 상대가 알지 못하는, 내가 보는 가치가 드러나지 않게 한다.
- 파악된 정보는 대상의 매입 여부, 가격 결정, 미해결문제의 해결방안 마련 등에 중요한 역할을 한다.

6장_

중국시장의 이해와 진출전략

1 / 끝없는 게임

이 박사: 앞서 2주간은 중국에서 투자를 진행할 시 먼저 확인해 봐야 할 여러 규정과 우대혜택 및 제한을 알아보았습니다. 또한 미래의 비즈니스 방향을 고려하여 투자 시부터 투자구조를 미리 살펴보는 것의 중요성, 그리고 실제 투자를 집행하여 법인을 설립하거나 인수합병하는 것에 대해서도 살펴봤고요. 자, 소감이 어떤가요?

제이: 상당히 전문적인 것을 많이 배웠다고 생각합니다. 비즈니스의 실무현장 경험도 없고 중국도 생소하다 보니 이해가 좀 어렵긴 했지만, 중국 외 다른 국가에 진출할 때에도 챙겨 봐야 할 것들에 대한 기본을 익힌 것 같아서 뿌듯합니다. 그리고 중국에서의 비즈니스가 정말 쉽지 않다는 생각, 미리미리 철저한 준비를 해야 하겠다는 생각도 들었고요.

로이: 생각했던 것과 많이 달랐는데, 특히 외자도입을 통해 중국 정부가 자국을 발전시키려는 데에서 배우고 느낀 점이 많습니다. 말

쓰하신 대로 '흑묘백묘'와 '도광양회'가 중국의 모습을 대변한다는 생각이 들었습니다.

이 박사: 그럼 여기서 질문! 한국기업들은 어떤 전략을 가지고 중국에 접근해야 할까요? 중국시장에서 중국인 혹은 중국기업을 대상으로 여러 기업과 치열하게 경쟁하고 있는데 우리는 중국에 대해 과연 얼마나 알고 있을까요?

이 박사가 질문했지만 정말 얼마나 알고 있는 것인지 아무도 선뜻 대답할 수 없었다.

이 박사: 앞서 우리는 법인 하나의 설립도 얼마나 신중히 진행해야 하는지를 살펴봤습니다. 분공사와 대표처라는 대안까지도 알아보았고요. 우리 옛 속담 중에 '가지 많은 나무에 바람 잘 날 없다'는 것이 있는데, 외국에서 비즈니스를 하는 경우에는 리스크 측면에서 보면 이 말이 정말 맞습니다. 가지가 많으면 많을수록 그 관리에 더 많은 비용과 시간이 투입되어야 하니까요. 그러니 법인이나 분공사, 대표처 등을 꼭 만들어야 하는지, 기존에 설립되어 있는 회사가 담당할 수 있는 업무는 아닌지 등을 치열하게 고민해야 합니다.

심 대리: 하지만 비즈니스를 위해서는 전면적 투자를 통해 시장을 장악해야 하는 경우도 있지 않습니까?

이 박사: 맞습니다. 하지만 이 크나큰 중국이라는 시장을 장악하기 위한 투자가 외국기업에겐 여간 어려운 일이 아닙니다. 시장의 개념을 좁혀서 북경 혹은 상해 시장을 장악했다고 가정합시다. 그렇지만 강소성(江蘇省)이나 호북성(湖北省) 등 다른 지역 시장에서의 강자들이 있을 겁니다. 그들이 북경이나 상해로 들어온다면 어떨까요?

게임을 끝내기 위해 과감히 초기투자를 결정하고 밀어붙였지만 이런 상황이 된다면 처음부터 다시 시작한다고 봐야 합니다.

이 박사는 심각한 표정으로 귀를 기울이고 있는 심 대리, 제이, 로이와 각각 눈을 맞춘 후 다시 말을 이었다.

이 박사: 중국에 진출한 커피전문점들을 예로 들어 볼까요? 한 업체는 시장에 들어오자마자 프랜차이즈를 통해 급속도로 수백 개의 매장을 냈습니다. 젊은이들의 감성에 어필했던 것도 한몫 했고요. 그런데 제대로 된 관리가 이루어지지 않자 소비자들의 발길도 줄어들었고, 지금은 임대료를 낼 방법이 없거나 미래가 보이지 않아서 폐점하는 가맹점들이 속속 나타나는 상황입니다. 폐점하고 있다는 소문이 돌기 시작하면 해당 업체의 비즈니스는 훨씬 빠른 속도로 위축됩니다.

그에 반해 다른 한 업체는 직영으로 점포를 운영했습니다. 그래서 앞서 말한 업체보다 진출이 빨랐지만 매장 수는 열 개 정도에 불과한데, 그럼에도 수익은 매우 좋습니다. 중국소비자들도 즐겨 찾고요. 이 업체에게도 프랜차이즈 계획은 있지만, 초기에 서비스 수준을 관리하고 좋은 브랜드 이미지를 심기 위해서 장기간에 걸쳐 여러 실험을 하면서 기다리고 있습니다. 이 업체는 첫 매장에서 충분히 훈련된 직원들을 다음 매장의 매니저로 승진시켜서 내보내는 방식으로 점포들을 관리하고 있는데, 그 성과가 매우 좋다고 합니다.

심 대리: 이해는 가지만 그 방법이 꼭 맞는 것인지는 잘 모르겠어요.

이 박사: 물론입니다. 이미 발생한 개별 사례들을 공부하는 이유

는 무엇이 맞고 틀린지를 가리기 위해서가 아니라, 향후 의사결정에 참고할 만한 소중한 자료를 마련하기 위해서입니다. 자. 그럼 방금 말씀 드린 것처럼 이렇게 거대한 단일시장에서 외국업체가 쉽게 치킨게임을 할 수 있을까요?

일동: ······.

이 박사: 대답할 시간을 드릴 테니 생각해 보세요. 그 사이 재미있는 자료를 하나 보여 드리겠습니다. 〈포브스〉에서 발표한 2015년 글로벌 기업 순위입니다.

[표 6] 2015년 세계 글로벌 기업 순위

순위	회사
1	중국공상은행(Industrial & Commercial Bank of China)
2	중국건설은행(China Construction Bank)
3	중국농업은행(Agricultural Bank of China)
4	중국은행(Bank of China)
5	버크셔 해서웨이(Berkshire Hathaway)
6	JP 모건 체이스(JP Morgan Chase & Co.)
7	엑슨모빌(ExxonMobil)
8	페트로차이나(PetroChina)
9	제너럴 일렉트릭(General Electric)
10	웰스파고(Wells Fargo)

* 출처: 〈포브스〉 2015년 5월

제이: 우와, 모두 미국계와 중국계 다국적기업들이네요.

심 대리: 게다가 1위부터 4위까지는 모두 중국계 은행이야.

제이와 심 대리는 표를 보고 많이 놀란 눈치였다.

이 박사: 그렇습니다. 그 네 개 은행들은 자산 기준 글로벌 은행 순위에서도 1위부터 4위를 차지했어요.

심 대리: 중국은행들은 언제 이렇게 미국계 글로벌 은행들도 제치고 올라온 걸까요?

이 박사: 통계수치는 기준에 따라서 다를 수 있으니 그 정확한 수치보다는 트렌드를 참조한다고 생각하고 봅시다. 자, 여기서 다시 질문! 3위에 랭크된 중국농업은행의 경우엔 중국 국내 및 해외의 지점이 몇 개나 있을까요?

제이: 흐아……. 전혀 짐작하지 못하겠는데요. 정말 아무런 감이 잡히지 않습니다. 이런 어려운 문제를 설마 맞출 거라고 생각하시는 건 아니죠?

이 박사: 답을 들으면 아마 깜짝 놀랄 겁니다. 무엇을 상상하든 그 이상일 테니까요.

이 박사는 궁금증을 자아내려고 광고 카피까지 따라 하는 수고를 보였다.

이 박사: 중국 내 지점은 2만 3,000여 개, 해외 지점은 10여 개 정도입니다.

제이: 네? 그게 말이 되나요?

모두들 놀라 눈이 휘둥그래져서 이 박사를 바라보았다.

이 박사: 제이는 왜 말이 안 된다고 생각합니까?

제이: 그 정도라면 글로벌 업무는 거의 없다고 봐야 하는 수준 아닌가요? 그런데 어떻게 글로벌 은행 순위에서 3위를 할 수 있죠? 게다가 중국 내에는 어떻게 그렇게나 많은 수의 지점을 둘 수 있는지

도 궁금하고요.

이 박사는 대답 대신 어깨를 으쓱하며 그게 사실인 걸 어떻게 하냐는 듯한 표정을 지었다.

로이: 그럼 1위인 공상은행은요?

이 박사: 공상은행은 농업은행보다 해외지점이 많습니다. 중국 내 지점이 1만 7,000여 개, 해외지점은 300여 개죠.

제이: 헐…….

이 박사: 도통 못 믿는 눈치인 것 같으니 농업은행과 공상은행 웹사이트에 들어가서 직접 확인해 보기 바랍니다. 나 역시 거기서 확인한 숫자를 알려 준 것이니까요. 지금 우리가 하려는 이야기는 글로벌화가 아니니까 그 이야기는 일단 접어 둡시다. 중요한 것은 중국 내의 비즈니스만으로도 전 세계 유수의 기업들을 제치고 순위에 올랐다는 것입니다. 그리고 그 바탕에는 제이가 말한 것처럼 2만 개가 넘는 지점이 있다는 것이고요.

자, 이제 앞의 질문을 다시 하겠습니다. 한국기업들은 이런 중국시장에 어떤 전략을 가지고 접근해야 할까요? 우리는 중국에 대해 과연 얼마나 알고 있을까요?

심 대리는 얼마를 아느냐가 아니라 도대체 무엇을 알아야 하는 것인지도 모른 채 혼란에 빠졌다.

이 박사: 치킨게임을 벌이듯 순식간에 매장을 확대해 나가는 것이 자금계획과 관리 측면에서 적합한 전략일까요? 경쟁사도 한두 개가 아닌데 하나의 경쟁자와 힘든 결전을 한 판 벌였고, 다행히 시장은 얻었지만 녹다운이 되었다면 좀 쉬어야 체력도 회복되겠죠. 그런데

곧바로 다른 상대가 나타나는 바람에 또 다시 한 판 붙어야 하는 상황입니다. 과연 이런 식의 싸움을 계속할 수 있을까요?

당연히 그럴 수는 없을 것 같았다.

이 박사: 우리나라는 상대적으로 국토 면적이 작습니다. 게다가 남북으로 갈려서 남한의 면적만 따지면 다시 절반으로 줄어들죠. 여기서 펼치던 전략을 그대로 옮겨오는 것이 맞을까요? 철저하게 시장조사를 하지 않고 자금만 들이붓는 상황을 만들어선 안 될 겁니다.

일동: …….

이 박사: 혹시 상심했다면 그럴 필요 없습니다. 비록 국토면적은 작지만 세계시장에서 선전하는 한국제품들도 많으니까요. 내가 이야기하고 싶은 것은 끝없는 게임에서 시장을 어떻게 바로 이해하고 어떤 전략을 짤 것인지에 대한 것입니다. 기왕 비즈니스를 하려면 잘해야 하니까요.

'끝이 없는 게임이라…….'

이 박사의 이야기는 모두에게 시사하는 바가 컸지만, 그럼에도 어떻게 해야 할지에 대해서는 머리가 복잡해져서 아무도 말을 꺼낼 수 없었다.

생존을 위해 변해야 한다 2

이 박사: 2~3년 안에 붐을 일으켜서 사업체를 매각하겠다는 생각이 아니라면 과거에 접해 보지 못했던 시장에서는 '지속가능성 (sustainability)'을 항상 염두에 두고 전략을 짜야 합니다. 단시간의 시장 장악이 어렵다면 철저하게 브랜드 관리와 수익성 위주로 생각해야겠죠. 비즈니스는 스포츠 경기와 달라서 전후반 구분이나 휴식시간도 없고, 경기시간이 정해져 있어서 그것만 지나면 끝나는 것도 아닙니다. 때문에 중요한 것은 지치지 않고 계속해서 꾸준히 경쟁하고 발전하는 겁니다. 꾸준히 수익을 올려 잘 먹어 가면서 천천히 뛰는 것이 좋지, 겉보기에는 시장점유율이 높은데 수익은 나지 않아 주린 배를 움켜잡고 다음 발자국을 떼는 상황이어서는 안 된다는 뜻입니다. 물론 이 큰 시장에서도 시장을 초기에 장악하는 것이 중요하고 그럴 역량이 있다면 이야기는 달라지겠지만 사실 쉽지 않은 일입니다.

제이: 그렇지만 기세라는 것이 있잖습니까? 분위기를 탈 때 확 전력 집중하는 것도 필요하지 않나요?

이 박사: 그 말도 맞습니다. 혹시 제이는 치킨 좋아하나요?

제이: 네? 네…….

갑자기 생뚱맞은 질문을 받아 어안이 벙벙한 제이의 얼굴에 순간심 대리와 로이는 웃지 않을 수 없었다.

이 박사: 내 친구네 집 근처에 어느 부부가 닭강정 가게를 차렸습니다. 가게는 무척 깔끔했고 음식도 맛있어서 장사가 잘됐다고 하더군요. 그런데 친구네 아이들이 밤에도 가끔씩 먹고 싶다고 배달을 부탁했지만 그 가게는 배달 서비스를 하지 않았다고 합니다. 친구는 '닭은 바로 튀겨서 먹어야 가장 맛이 좋아서 그런가 보다'라고 생각했다네요.

그런데 그 집이 장사가 잘되어서 그런지 주위에 다른 닭강정 가게들이 생겨나기 시작했습니다. 경쟁이 치열해졌지요. 친구가 어느 날보니까 주인 부부가 배달주문 전단지를 나눠주고 있더랍니다. 경쟁이 심하다 보니 혼자만 배달을 하지 않고선 버틸 수 없었던 겁니다. 그래도 친구는 그 자리에서 곧바로 먹는 것이 더 맛있을 거라고 생각해서 가족과 함께 그 가게를 다시 찾아가 닭강정을 주문했습니다. 하지만 한 입 베어 물고는 너무나 실망을 했고, 다시는 그 가게에 가지 않겠다고 결심했다고 합니다.

다들 궁금한 표정으로 다음 이야기를 기다리는데 이 박사가 돌연제이에게 물었다.

이 박사: 여기서 질문! 내 친구는 왜 실망했을까요?

이런 엉뚱한 질문을 받으면 제이는 순발력이 없어서인지 그저 당황할 뿐이었다. 제이의 표정을 본 로이가 얼른 대신 대답했다.

로이: 맛에 문제가 있지 않았을까요?

이 박사: 그런 문제로는 어떤 게 있을 수 있을까요?

로이: 음……. 다른 사람 없이 부부가 하는 가게였다고 하니 요리법이 변했을 것 같지는 않고……. 혹시 기름냄새가 났다거나 뭐 그런 문제 아니었을까요?

이 박사: 로이가 유사한 대답을 했습니다. 닭고기 양이 엄청나게 줄어들었고 그 대신 튀김옷이 아주 두껍게 입혀져 있었다니까요.

제이: 로이의 대답이 어째서 유사하죠? 기름 냄새와 닭고기 양은 완전히 다른 이야기잖아요.

제이는 이 박사가 로이를 편애하는 것이 아닌가 싶었다.

이 박사: 허허허. 의미하는 바가 같아서 그렇습니다. 기름을 바꿔야 할 때에 바꾸지 않아서 냄새가 나는 것이나 재료의 양을 줄인 것이나 결국은 둘 다 비용을 줄이기 위한 방편이니까요.

제이: 아…….

이 박사: 경쟁이 심화되다 보니 수익이 감소한 것이죠. 원칙을 지켜야 하는데 마음이 급하니 안 하던 배달도 하게 되고 심지어 고기의 양도 줄이게 되었죠. 결과는 호의적인 고객을 잃는 것으로 끝이 났고 말입니다.

'아! 어째 남 이야기처럼 들리지 않지?'

외식이 잦은 심 대리도 비슷한 이유로 단골집에 발은 끊은 적이 있는 걸 생각하면 이는 한두 명의 경험이 아닌 보편적인 상황일 듯했다.

심 대리: 치킨으로 치킨 게임을 설명하시는군요.

이 박사: 허허. 그렇게 됐네요. 사실 닭강정이라는 것은 소비자가 매일 찾고 먹는 음식이 아닙니다. 그런데 경쟁이 과열되니 배겨 낼 방법이 없었죠. 그렇지만 다른 업체들의 상황도 이와 마찬가지 아니 겠어요? 다 비슷비슷한 상황이다 보니 가격을 낮추고 배달 서비스도 하고 거기에 덤으로 추가 서비스까지 내보내다 보면 수익은 나빠질 수밖에 없는 거죠.

이럴 때 너무 적은 자본으로 시작하는 것은 망하는 지름길입니다. 없는 돈 긁어 모아 시작한 장사는 곧바로 수익이 나지 않을 경우 버티기 어렵죠. 경쟁도 고려한 수요예측을 찬찬히 하고 최소 2~3년은 버틸 자금으로 시작해야 처음 생각했던 품질을 유지할 수 있습니다. '이 집 닭강정은 살도 두툼하고 맛있으며 청결하다'는 브랜드 가치를 키워 가려면 그에 필요한 시간을 버틸 만한 자금이 있어야 합니다. 경쟁자는 언제든지 나타납니다. 한 차례 붐이 일었다가 식더라도 그 가게가 계속 잘되는 것을 보면 6개월 뒤, 1년 뒤에도 새로운 경쟁자는 나타날 겁니다. 게다가 대부분은 기존의 가게보다 더 낮은 가격으로 제품을 내놓기 때문에 기존 사업자 입장에서는 그들과 차별화할 무엇인가를 확실히 구축하지 않으면 안 됩니다. 그런데 만일 자금도 넉넉하지 않은 데다 한 곳도 안정화가 되지 않은 상태에서 다른 도시로 마구 점포를 늘려 나간다면 품질관리가 더욱 어려워지겠죠?

제이: 그렇겠네요.

제이도 치킨 게임의 위험성을 인지한 듯했다.

이 박사: 그럼 해외 비즈니스에서는 어떨까요? 법인 하나를 세울 때에도 최소로 필요한 투자자금이 얼마인지 신중하게 파악하는 것이 리스크를 관리하는 길입니다.

언제나처럼 생각하는 시간을 주려는 듯 이 박사는 잠시 말을 멈추고 가만히 있었다.

이 박사: 그리고 한 사업부문이 부진하면 그 원인을 밝혀서 해결하고, 만일 해결할 수 없다면 해당 사업부를 정리한 뒤 신사업을 개발하는 식으로 끊임없이 비즈니스를 바꿔 가며 유기적으로 진화해야 합니다.

로이: 유기적 진화요?

이 박사: 그렇습니다. 일례로 삼성전자는 삼성가전, 삼성반도체, 삼성핸드폰이라고 이름을 바꾸었다 해도 이상하지 않을 정도로 계속 변화해 왔습니다. 겉모습만 변하지 않았지 안의 체질은 계속 변하고 있는 것이죠. 다음에는 삼성바이오가 될 수도 있습니다. 이것이 바로 유기적 진화입니다. 앞서 말했던 독일의 세계적인 화학회사도 이름은 같았지만 수십 개의 회사를 팔고 다시 수십 개의 회사를 사들이면서 변화를 계속해 왔습니다. 신흥시장과 신흥경쟁자 그리고 미래산업의 방향을 지속적으로 고민하고 그에 따라 변신을 거듭한 덕에 150년을 넘게 살아남아서 건재함을 과시하는 것 아니겠습니까? 고객과 사회를 생각하는 기본 이념과 방향은 유지되어야 하지만 사업의 존속에 대해서는 치열하고 끊임없이 고민해야 합니다.

'장수기업의 비밀은 끊임없는 변화인 걸까?'

제이는 지속적인 고민과 변화가 기업에 있어서는 불로초와 같다는 생각이 들었다.

이 박사: 그런데 어디서 싸울까요? 비즈니스맨들은 시장에서 싸웁니다. 중국은 시장이자 경쟁자입니다. 시장으로서도 경쟁자로서도 꼭 이해가 선행되어야 합니다. 여러분은 아마 '만만디'라는, 중국인들은 행동이 굼뜨고 느리다는 뜻을 가진 표현을 들어 봤을 겁니다. 그런데 정말 그럴까요? 중국에서 생활하면서 지켜본 중국에 대한 내 생각을 먼저 이야기하겠습니다.

충격요법의 달인 ⟋3

이 박사: 어디나 그렇듯 중국에도 당연히 장점이 있고 개선할 점도 있는데, 먼저 장점부터 이야기하겠습니다. 나는 상대의 장점이 무엇인지를 아는 것이 상대의 개선할 점을 아는 것보다 중요하다고 생각합니다. 후에 상대의 개선할 점도 알아볼 기회가 있다면 그것이 우리의 장점이 될 수 있는지의 측면에서 접근해 볼까 합니다.

이 박사는 단점이라는 표현보다는 개선할 점이라는 표현을 더 좋아했다. 비판하기보다 나아질 방법이 없는지 찾아보는 것은 심 대리가 생각하기에도 좋아 보였다. 부정적인 이야기보다 긍정적인 이야기를 하는 것이 정신건강에 좋다는 생각도 들었다.

이 박사: 첫 번째로, 중국은 의미를 만들어 내는 데 탁월한 능력이 있습니다. 그리고 이를 위해 다양한 수단을 활용하는 법을 압니다. 여러분은 아마 '판다 외교'라는 말을 들어 봤을 겁니다. 기증이 아니라 임대인 이유는 나중에 다시 중국으로 반환해야 하기 때문입니다.

임대해 준 나라에서 판다가 만일 새끼를 낳았다면 그 아기 판다까지 함께 반환해야 한다는군요.

제이: 진짜요? 그럼 남의 자식 잘 기르고 번식까지 시켜서 돌려주는 거네요.

이 박사: 허허허. 그런가요? 먹성 좋고 까다로운 판다를 기르는 데 들어가는 사료와 사육사 비용도 만만치 않다 보니 일부 국가에서는 그 부담 때문에 임대 만료 시기보다 먼저 반환하기도 한다는 우스갯소리도 있습니다.

그런데 이러한 판다 외교에는 어떤 의미가 있을까요? 그냥 예쁘고 흔하지 않은 동물을 상대국의 동물원에 대여해 주는 것이 전부일까요?

심 대리: 단순한 대여 이상의 의미가 있는 것 같습니다. 판다를 기증하는 것이 아니라 임대해 주는 것이라는 사실은 지금 알게 되었습니다만, 그간 중국이 판다를 임대해 준 국가가 생각보다 많지 않은 걸 보면 상대국을 상당히 선별한다는 느낌이 듭니다. 또 상대국은 중국이 판다를 보내면 언론에서 기사로 다루던데, 그저 평범한 이슈라면 굳이 그렇게까지 할 이유는 없지 않을까요?

이 박사: 잘 봤습니다. 중국은 판다에 친밀감이라는 의미를 지속적으로 부여해 왔고 그 결과 판다는 중국의 강한 우호감을 상징하는 아이콘이 되었다고 나는 생각합니다. 생텍쥐페리의 《어린 왕자》라는 동화책을 본 적 있지요?

제이: 네.

이 박사: 그 책에 이런 이야기가 나옵니다. 수많은 다른 소년들과

다를 바 없는 한 명의 소년, 그리고 수많은 다른 여우와 똑같은 한 마리 여우지만 그 둘이 관계를 만든다면 서로에게 있어 세상에 오직 하나밖에 없는 존재가 될 것이라고요. 중국도 판다를 통해서 상대 국에게 특별함을 선사하고 상호 간의 특별한 관계를 형성하려는 시도를 하는 것입니다.

제이: 멋있네요. 상대에게 우호를 표시하는 방법이 낭만적인데요?

이 박사: 그렇습니다. 이렇게 우호의 아이콘이 되다 보니 판다는 국제문제의 해결책으로 활용될 수도 있다고 생각합니다.

로이: 해결책이요?

이 박사: 네. 국제사회의 이해관계는 상당히 복잡해서 오늘의 적이 내일의 친구가 되기도 하고 핵심이익이 첨예하게 대립하면 서로 갈등이 발생하기도 합니다. 그런데 이 갈등이라는 것이 오랫동안 고착되면 나중에 풀기가 쉽지 않습니다. 누군가 먼저 양보를 하고 대화의 장으로 들어와야 하는데 각국의 정치적 상황이 있다 보니 자칫하면 '외교에서 졌다'는 식의 비판도 있을 수 있거든요.

그런데 이럴 때 돌파구가 될 수 있는 것이 바로 판다입니다. 상대 국과 대립하고 있는 부분에 대해서는 이야기하지 않더라도 중국은 판다를 대여해 줌으로써 상대에게 손을 내미는 제스처를 취할 수 있습니다. 상황에 따라서는 상대와 더욱 친밀하게 지내고 싶다는 의미를 전달할 때에도 판다를 활용할 수 있지요. 겉으로 보기에는 판다 한 쌍이 갔을 뿐이지만 상대국 역시 그 이상의 의미로 받아들이고요. 중국은 협상에서의 양보나 실질적인 투자 없이 그저 판다 한 쌍을 보내는 것이지만 이는 상대국에게 내부적인 체면을 살릴 수 있는 계기를 제공하는 것과도 같습니다. 이런 상징적인 의미를 지니는 아이콘이 우리에게도 있을까요?

다들 생각에 잠겼지만 갑자기 받은 질문이라 당황해서인지 딱히 떠오르는 것이 없었다.

이 박사: 거듭 말하지만 이건 내 생각입니다. 특히나 난 비즈니스 세계의 사람이지 정치나 외교에 대해서는 문외한이기 때문에 잘 모릅니다. 다만 비즈니스에서도 유사한 일을 목격하다 보니까 연계해서 생각해 본 것입니다. 사실 경제는 정치와 밀접한 관련이 있거든요.

심 대리: 비즈니스에서도 이와 유사한 경우가 있나요?

이 박사: 있지요. 최근의 예를 들어보면, 한 중국회사가 얼마 전 한국회사의 대표에게 차를 선물했습니다. 그런데 그 차는 중국 회사 CEO의 차밭에서 직접 재배한 것이라 매년 수확량이 얼마 되지 않다고 합니다. 그래서 소중한 지인들에게만 선물하는 것이고요. 시중에서 구할 수 없는 그 차는 이제 그 회사의 친밀함을 나타내는 징표가 되었습니다. 가격이야 얼마 안 되겠지만 그 안에 정성과 마음이 녹아 있으니까요. 물론 한국 비즈니스맨들도 정성을 담아서 선물을 준비합니다. 보통은 홍삼 같은 건강식품이나 자개보석함 같은 전통소품을 주로 마련하긴 하지만 이는 개인의 정성을 보여 주는 상징이라 하기에는 다소 부족한 것이 사실입니다.

심 대리: 홍삼이나 자개보석함은 훌륭한 선물인데 박사님 말씀처럼 개인적인 의미를 어떻게 부여할 수 있을지 더 고민해야겠네요.

이 박사: 두 번째, 중국은 충격요법(impact)의 달인이라는 것입니다. 적절하게 깊은 인상을 주는 데 굉장히 강하다는 거죠. 여러분이 알

다시피 11월 11일은 중국판 블랙 프라이데이입니다. 중국 온라인 상거래업체인 알리바바는 2014년에 미국시장에 상장했는데, 그해 11월 11일 하루 만에 10조 원의 매출을 올리면서 기염을 토했습니다. 당시 알리바바 측은 당일 판매고 최고가를 기록하는 상황판을 실시간으로 보여 주며 회사의 장래성을 어필하는 훌륭한 퍼포먼스를 보여 주었습니다. 그런 숫자를 본 적 없었던 미국이 매우 열광했던 것은 당연하고, 전 세계 역시 그저 경이롭다는 시선으로 바라볼 뿐이었죠. 알리바바의 능력과 중국시장의 거대한 잠재력을 실감하는 순간이었습니다. 그런데 이 안에 트릭이 숨어 있습니다.

제이: 트릭이요? 알리바바가 속임수라도 썼다는 말씀인가요?

이 박사: 아닙니다. 내가 말한 트릭은 '11월 11일 중국판 블랙 프라이데이의 트릭'을 뜻합니다.

이 박사의 이야기에 세 사람의 궁금증은 커질 수밖에 없었다.

이 박사: 11월 11일에는 많은 회사가 거의 50% 할인된 가격에 제품을 내놓습니다. 자정이 지나자마자부터 수많은 주문이 몰려들지요. 그러면 이날 하루 매출이 한 해의 전체 매출에서 차지하는 비율은 도대체 얼마나 될까요? 내 중국친구 중 한 명은 온라인숍을 운영하고 있는데, 그 친구는 이날 하루에 1년 매상의 30% 정도를 올리고 업계의 다른 업체들 역시 대개 20% 이상을 기록한다고 합니다.

제이: 단 하루에 1년 매상의 30%를 올린다고요?

정말 믿을 수 없는 이야기였다.

이 박사: 만일 평소에는 잘 판매되지 않는 제품이 당일 50%라는 할인율 때문에 많이 팔린다면 그 비율이 훨씬 더 클 것입니다. 하

지만 세제, 화장지 등 일상생활에 필요한 것이라 세일을 하든 하지 않든 반드시 구매하는 제품들도 블랙 프라이데이 당일에 큰 폭으로 할인된다면 어떨까요? 어쨌든 필요한 것이니 어느 누구든 이왕이면 쌀 때 사서 비축해 놓고 싶다는 생각이 들 겁니다. 11월 11일은 바로 그런 날이기 때문에 물론 업체마다 차이는 있겠지만, 이날 하루에 많게는 1년 매상의 20~30%까지 올리고 나머지 364일 동안 70~80%를 올리죠.

그런데 이러한 실상은 정확히 모른 채 11월 11일 당일의 매출실적만 보게 된다면 당연히 그 위력에 압도되지 않을까요? 알리바바는 이미 중국 내에서 굳건한 1위의 B2B, B2C 마켓플레이스가 되었고 그 위력을 실감한 업체와 개인들은 알리바바의 고객이 되었습니다. 이제 알리바바는 중국 내 고객뿐 아니라 전 세계의 고객이 접속할 수 있도록 그 기반을 넓히는 중이고, 그렇게 넓어진 기반은 더욱 훌륭한 깜짝 퍼포먼스를 만들어 낼 것입니다.

이 박사는 늘 그러듯이 잠시 멈추었다가 다시 말을 이었다.

이 박사: 비록 시작은 깜짝 퍼포먼스였지만 모두가 이렇게 알리바바의 위력을 받아들이게 되는 순간 알리바바는 글로벌 플랫폼으로 확고히 자리매김하게 될 것입니다. 상장 다음해였던 2015년 블랙 프라이데이에는 16조 그리고 2016년 블랙프라이데이에는 20조 이상의 매출을 기록했다는 것에서도 이러한 가능성을 엿볼 수 있죠. 앞으로 어떻게 변화할지 흥미를 가지고 지켜봅시다.

'확실히 우리가 이런 점에서 약하기는 해. 나서지 않는 것이 미덕이라서 그런 걸까?'

심 대리는 왜 그렇게 습관이 형성되었는지 정확한 이유는 모르겠지만 본인만 하더라도 임팩트를 주는 퍼포먼스에 약하다는 생각이 들었다. 자신을 돌아보면 성실하다고 생각하지만 무엇인가 그냥 밋밋한 느낌이다. 그게 꼭 나쁜 것만은 아니지만 어쩐지 자꾸 비교가 되었다.

4 유연하면서도 장기적인 안목

이 박사: 중국이 가지는 세 번째 장점은 상생을 도모한다는 것입니다. 엄밀히 이야기하자면 치열하게 경쟁하는 시장에서 외부경쟁자의 침입을 막기 위해 다른 상대와 손을 잡을 줄 아는 유연성과 성숙미가 있다는 표현이 더 맞겠네요. 혹시 은련카드(銀聯卡, unionpay)라고 들어보셨나요?

로이: 네, 요새 중국 관광객이 많아져서 그런지 시내 상점이나 면세점들은 은련카드를 받는다고 적어 놨더라고요. 공항에서 은련카드로 결제할 경우에도 추가할인이 있었고요. 그런데 은련카드가 뭔지는 잘 모르겠어요.

이 박사: 비자카드나 마스터카드만을 사용해왔던 사람들에게는 생소하겠지만 은련카드는 중국에서 2002년에 모든 상업은행이 연합하여 만든 카드입니다. 그렇다 보니 중국 내의 사용자 저변은 비자나 마스터보다 훨씬 광범위하고 탄탄하지요.

로이: 한 회사가 아니라 모든 상업은행이 연합해서 만든 거라고 요?

이 박사: 네, 그렇습니다. 그것이 바로 상생이라는 것입니다. 은행들이 힘을 합쳐서 비자와 마스터에 대항할 수 있게 되었으니까요.

로이: 중국의 대형은행들은 하나같이 세계적인 은행인데 이들이 힘을 모아 은련카드를 만들었다는 것 자체가 대타협의 진수라고도 할 수 있겠네요.

이 박사: 그렇죠. 한 가지 다른 사례도 살펴봅시다. 중국의 양대 택시 애플리케이션인 디디다처(滴滴打车)와 콰이디다처(快的打车)는 얼마 전에 합병을 선언했습니다. 디디다처는 텐센트가, 콰이디다처는 알리바바가 투자한 회사인데 합병 후 시장점유율이 무려 98%에 달할 정도로 이 둘의 업계 장악력은 매우 컸습니다. 사실 합병 전까지이 두 회사의 수익모델은 그다지 좋은 편이 아니었습니다. 택시기사들에게 두 회사의 앱을 무료로 깔게 한 뒤 자사의 앱을 통해 콜이 들어오면 이 회사들은 택시기사에게 약간의 보조금을 지급하면서 시장을 장악해 왔으니까요. 그렇다 보니 언뜻 보기에도 밑 빠진 독에 물 붓기 식으로 계속 자금을 투입해야 했고, 기사들이나 소비자들로부터 별도의 금액도 받지 않는 터라 언제부터인지 수익모델에 회의가 들기 시작했습니다. 그럼에도 수많은 기관투자가들이 앞다퉈 큰 규모의 투자를 단행해 준 덕분에 두 업체는 공세를 퍼부을 수 있었죠. 그렇게 경쟁해 오다가 어느 날 갑자기 합병을 선언한 겁니다.

재미있는 것은 이 두 회사의 합병 이유가 '대리운전, 카풀, 공공

교통수단 등 현재 또는 잠재적 도전들에 공동대응하기 위해서'였다는 것입니다. 출혈경쟁을 줄이려는 목적도 있지 않았을까 싶습니다만 어쨌거나 두 회사의 대표가 발표한 이유는 그러했습니다. 경쟁관계에 있는 두 회사가 또 다른 경쟁자를 제압하기 위하여 합병한다는 것은 여간 어려운 결정이 아니었을 텐데 정말 대단한 결단력이라 할 수 있죠. 종국에는 우버도 이들의 공략에 이기지 못하고 중국에서의 운영권을 내놓고 말았습니다.

로이: 네? 전 세계적으로 돌풍을 일으키고 있는 우버가 중국시장에서는 살아남지 못했다는 말씀이신가요?

이 박사: 그러게 말입니다.

말은 그렇게 하면서도 이 박사는 별로 대수롭지 않은 일이라는 반응을 보였다.

이 박사: 다른 경쟁자가 모두 사라진 다음에 어떤 변화가 있을지 모르겠지만 자기만 고집하지 않고 상대와 손을 잡을 수 있는 이런 유연성과 실리성이 중국의 저력이 아닌가 싶습니다.

제이: 우리나라도 지방에서 협동조합 형태로 지역특산물들을 생산하는 상생 모델이 있잖아요.

제이의 말에 이 박사는 동의했다. 다만 중국을 이해하자는 관점에서 지금은 중국에 대한 이야기를 계속하자며 대화를 이끌었다.

이 박사: 넷째, 중국인들의 계획은 장기적입니다. 지속적으로 끊임없이 한 방향을 주장하는 건데, 그러다 보면 상대방이 포기하거나 상대가 다른 사람으로 바뀌면서 유리한 고지에 설 수 있는 기회가 생깁니다. 만일 현재에는 도저히 해결할 수 없다고 생각하면 후대로

남겨두기도 하지요.

로이: 마치 골치 아픈 문제는 뒤로 혹은 남에게 미룬다는 것처럼 들리는데요?

이 박사: 물론 그렇게 생각될 수도 있겠지만 중국인들은 '후대의 좀 더 현명한 후배들에게 이 문제를 남긴다'고 이야기하곤 합니다. 과거 일본과의 관계를 풀어 나가는 과정에서도 민감한 영토분쟁에 대한 해결은 현명한 후배들이 하게 두자고 하면서 일본과 경제협력을 이루어 냈는가 하면 고대유적을 발굴하는 과정에서도 현재의 기술로는 어려우니 후대에 맡기자고 결정하면서 발굴을 연기하기도 했습니다. 누구라도 당대에 발굴하여 유물을 보고 싶었을 텐데 말이죠.

브릭스(BRICs) 은행 창설 시에도 중국은 장기적인 시각에서의 포지션을 드러냈습니다. 당시 중국에게 있어 무척 중요했던 과제는 국제기구의 헤드쿼터를 유치하는 것이었습니다. 그전까지는 하나도 없었기 때문이었죠. 그래서 중국은 브릭스 은행 창설 시에 상해에 헤드쿼터를 두는 조건으로 브릭스 5개국 중 가장 마지막 차례에 총재 자리를 맡기로 결정했습니다. 처음 20년 동안은 브라질, 러시아, 인도, 남아프리카공화국에서 총재가 나오도록 자리를 양보한 것이죠. 대개는 첫 총재를 맡으려 하는 것이 일반적입니다. 영예도 영예일뿐 아니라 아무래도 초기 총재가 되면 인력구성에 있어서 영향력을 행사할 수 있으니까요. 그리고 협상 담당자 입장에서 보면 20년 뒤에야 가져오는 총재 자리라면 자신들과는 거리가 먼 일이 될 텐데도 헤드쿼터 유치가 더욱 중요한 목표였기 때문에 전략과 진행 또한 그

목표에 맞춘 것입니다.

제이: 정말 대단하네요.

이 박사: 그렇지요. 그 덕에 학습효과도 얻을 수 있었던 중국은 아시아 인프라 투자은행(AIIB, Asian Infrastructure Investment Bank)을 설립할 때는 좀 더 대담하게 접근했습니다. 은행의 헤드쿼터도 중국에 두고, 초대 총재와 최대주주 모두 중국에서 내놓는 것으로 협의하는 데 성공했거든요. 더 재미있는 것은 지금 중국은 대만과 갈등 상태에 있고 대만을 독립국가가 아닌 중국의 일부로 보면서도 대만의 AIIB 가입 신청을 받겠다는 것입니다.

로이: 굉장히 특이하네요. 어떤 의도인지 이해가 가지 않습니다.

이 박사: 이 역시 경험으로 터득한 것이 아닐까 싶습니다. 현재 유엔에는 다섯 개의 상임이사국이 있지요. 그런데 중국의 상임이사국 자리는 원래 중국이 아닌 대만의 자리였다는 것을 알고 있나요?

제이: 그래요? 처음 듣는 이야기입니다.

이 박사: 네. 본래는 대만이 상임이사국이었는데 나중에 중국이 그 자리를 대신하게 된 것이죠. 물론 당시 미국과 적대관계였던 구소련의 영향이 있었겠지만 재미있는 것은 그렇다고 구소련과 중국의 사이가 좋았던 것도 아니라는 점입니다. 어쨌거나 현재 AIIB에서 대만을 참여시키는 것은 그것이 그것이 결국 중국의 지분이라고 생각하기 때문입니다. 그렇다면 AIIB 안에서 이미 막강한 중국의 영향력을 미래에 더욱 더 공고히 하는 수단을 미리 준비한 것과 다름없으니까요.

제이: 결국 가재는 게 편이라고 생각하는 걸까요?

이 박사: 글쎄요. 하나라고 보는 것이죠. 그런데 중국이 '하나의 중국'의 원칙 아래 홍콩식 가입모델을 주장하고 있어 최종가입여부는 불분명합니다. 어쨌거나 우리나라도 남북으로 갈려 대립하고 있는 상황이니 이런 사례를 통해 상대를 어떻게 포용하면서 실리를 찾을 것인지를 배울 수 있을 것이라고 생각합니다.

'갈등을 해결하면서 실리와 명분을 조화한다는 건 확실히 쉽지 않겠어.'

세 사람의 머릿속에 같은 생각이 들었다.

이 박사: 과거 에스파냐를 지배했던 이슬람이나 가톨릭 세력은 궁궐이나 성당을 짓는 데 200년 가까이를 소모했습니다. 지금도 완성되지 않은 안토니오 가우디의 성가족성당(La Sagrada Familia)도 그렇습니다. 사람이라면 누구나 자기가 시작한 일의 완성을 보고 싶어 할 것임에도 이렇게 할 수 있는 것은 대단한 일이라고 생각합니다. 어쩌면 전제군주제였기에 가능한 것이었을 수도 있겠는데, 그렇게 보면 중국도 유사합니다. 전제군주는 존재하지 않지만 사회주의 하의 공산당 일당체제가 그와 유사하게 기능하고 있는데, 이는 국가가 한 방향으로 나가는 데 큰 힘이 되거든요. 일본이 전체주의의 힘으로 1900년대 후반에 놀라운 경제성장을 이룬 것도 유사한 사례고요. 중요한 것은 어떠한 사회체제든 장기적인 관점에서 국가와 기업의 미래를 고민하고 그려보는 것이니 이에 대해 끊임없이 생각하고 배워야 합니다.

제이: 말씀을 들으니 정말 중국인들은 장점이 많네요. 하지만 우리도 만만치 않다고요.

이 박사: 물론입니다. 지금은 일단 중국만 이야기하는 것이니 제이
는 흥분 좀 하지 말고…….

이 박사가 다시 빙그레 웃었다.

꾸준하고 실리적인 사람들 5

이 박사: 중국인들이 가지는 장점 중 또 다른 하나는 매우 꾸준하다는 겁니다. 이들은 마치 계속 그래 왔던 것처럼 과거든 지금이든 같은 태도를 보임으로써 미래에도 동일하리라는 인상을 줍니다. 쉽게 말해 예측을 가능하게 해주는 것인데, 이렇게 하면 상대방에게 신뢰를 줄 뿐만 아니라 그로 인해 더 강한 파워를 가질 수 있는 기회도 얻게 됩니다.

예를 들어 보겠습니다. 한국기업과 중국기업이 협상에 임해야 하는데, 한국기업의 담당자는 3년마다 바뀌는 반면 중국의 담당자는 그런 로테이션이 없이 계속 자리를 지킵니다. 설령 승진은 있을지라도 계속 한 분야를 담당하고요. 그렇다면 그 사람을 대적할 수 있을까요? 또 한국의 협상 담당자가 너무 껄끄럽고 까다롭다면 중국 측 담당자는 당장 협상에서 결판내기보다는 차라리 3년을 기다렸다가 후임과 협상하는 쪽을 택할 겁니다. 하지만 3년마다 바뀌지 않고 그 사람이 10년이 지나도 그 자리에 있을 것이라고 예상된다면 별 뾰족한 방법 없이 죽으나 사나 협상에 임해야 할 겁니다. 언제까지고 마냥 피할 수만은 없으니까요. 그러면 직급이 같더라도 그 담당자의 파워가 강해질 수 있습니다.

중국은 사회주의 국가고 공산당이 지도정당입니다. 계속적인 경쟁을 통해 차세대 지도자들이 부상하고 있는데, 그 사람들이 해외 순방길에 나선 경우를 생각해 봅시다. 상대국은 과연 그들을 어느 정도의 급으로 대우해 줄까요? 특히나 중국의 차세대 지도자 후보자 중 하나라는 말까지 흘러나온다면 미래의 좋은 관계를 마련하기 위해 그 사람의 실질적인 급보다 높은 격식을 갖춰 환대해 주지 않을까요? 이 역시 파워가 세지는 예에 해당하죠. 상대 입장에서는 언제 어떻게 갈릴지 모르는 사람보다 훨씬 가치 있는 사람으로 여기게 될 수도 있습니다.

심 대리: 그렇지만 로테이션을 통해서 업무 전반을 익히는 것이 한 분야를 계속 담당하는 것보다 나을 수도 있잖습니까? 그리고 말씀하신 것은 공무원이나 정치인에 해당되는 것이지 기업에까지 적용될 수 있는 것인지는 잘 모르겠습니다.

이 박사: 좋은 질문입니다. 예를 들어 봅시다. 한국 A기업과 중국 B기업은 합자법인 C를 설립해서 운영 중에 있습니다. 이 경우 C에는 A사에서 파견 나온 직원과 B사에서 파견 나온 직원, 그리고 C사 소속으로 직접 뽑은 직원 등 세 부류의 직원들이 근무하게 됩니다. 외자지분이 많아서 A사에서 파견된 한국인 a가 재무총괄을 맡고 있고 B사에서 파견된 직원 b가 재무부총괄을 맡고 있다고 합시다. 주

재원은 보통 4~5년을 주기로 임무를 맡았다가 본국으로 돌아가니 a 역시 임기를 마치면 귀임을 하겠죠. 그런데 보통 중방에서 파견 나온 직원들은 장기간 자리를 유지합니다. 이 경우 재무부서의 직원들은 사실상 b의 휘하에 있다고 생각해도 무방할 것입니다. 곧 돌아갈 사람보다 계속 같이 있을 사람의 지시를 무시할 수 없는 것이 현실일 테고, 그래서 겉으로는 a의 직위가 더 높을지 몰라도 b의 영향력이 더 클 수 있는 것이죠. 합자가 잘 이루어지고 있으면 문제가 없지만 갈등상황이 발생하면 결코 쉽지 않을 것입니다. 부서의 장이라고 할지라도 내부에는 자기편이 하나도 없다고 보는 것이 차라리 속 편할 겁니다.

심 대리: 아…… . 정말 그럴 수도 있겠군요.

재무부장으로 부임해 와서 부서의 장으로 근무하는 사람이더라도 부서를 장악하지 못할 수 있겠다는 사실에 심 대리는 무척 놀랐다. 물론 일상적으로 발생하는 상황이라고는 생각되지 않지만 이 박사의 이야기는 분명 일리가 있었다. "누구랑 더 오래 지내게 될지 잘 생각해 봐"라며 선배들이 농담을 던졌던 기억도 되살아났다. 중국 사업장이 제대로 관리되고 있는지 확인해 봐야겠다는 절박감은 들었지만 그 방법을 도통 알 수가 없어 심 대리의 마음은 더 무거워졌다.

이 박사: 중국인은 실리적입니다. 전통적으로 중국과 인도는 사이가 안 좋았습니다. 중국과 국경을 맞대고 있는 나라들 중 중국과의 사이가 좋은 국가는 별로 많은 것 같지 않습니다. 아무래도 이해가 충돌할 가능성이 높으니까요. 중국과 인도는 국경분쟁이 있기도 했고, 또 인도는 중국과 미국이 패권전쟁을 벌이고 있는 상황을 인지

하고 있는 터라 자국과 가까워지려는 미국의 노력에 적극적으로 부응하고 있습니다. 흥미로운 사실은 중국도 인도에 구애를 펼치고 있고, 과거 역사를 생각하면 중국보다 미국에 힘을 실어 줄 만함에도 인도는 중국의 구애에 역시 화답해주고 있다는 것입니다.

제이: 지난번에 뉴스기사를 찾아보니 미국, 중국, 일본의 대인도 투자와 끌어안기가 정말 치열하더군요.

이 박사: 네. 그렇습니다. 미국도 미국이지만 일본과 중국은 정말 첨예하게 대결하고 있습니다. 제이가 말한 것처럼 일본이 인도에 풀어놓는 선물보따리도 만만치 않고요.

그런데 2015년에 북경에 설립하기로 약속했던 AIIB에 인도도 참가를 결정했습니다. 기똥차게 재미있는 것은 인도가 AIIB의 주주로 참석하기로 결정하기 얼마 전에 인도가 일본으로부터 ODA(Official Development Assistance, 공적개발원조)를 받는 것에 대한 기사가 인도 신문에 실렸다는 겁니다. 두 개의 자금이 같을 순 없겠지만 어찌 보면 일본에서 돈을 받아서 중국에 설립되는 AIIB에 넣는 셈이 된 것이죠. 정작 일본은 AIIB에 가입하지 않기로 했는데 말입니다. 이런 예는 중국에도 있습니다. 예전에 일본으로부터 ODA를 받음과 동시에 아프리카에 투자 및 지원을 했던 적이 있거든요. 이렇듯 중국과 인도의 처신을 보면 무척 재미있습니다.

제이: 정말 실리적이네요. 저희가 검색했던 인도관련 신문기사에서도 '돈의 국적을 묻지 않겠다'는 이야기가 인상적이었어요. 중국으로 치면 '흑묘백묘'와 같은 전술이라고 해야 할까요?

이 박사: 중국은 인도와 가까워지려는 노력은 경주하면서도 그와

동시에 인도의 코밑에 있는 스리랑카에 대한 투자에도 적극 임하고 있습니다. 일대일로(一帶一路, One Belt One Road)를 위한 것이지만 만일에 대비한 견제책으로도 고려하고 있는 것으로 보입니다. 그만큼 중국은 유연하게, 실리를 최우선으로, 빠르게 움직이고 있죠.

로이: 이 박사님 말씀을 들으니 지금 한국은 과연 어디에 서 있는 것인가라는 생각이 자꾸 듭니다. 우리나라를 둘러싼 미국, 중국, 러시아, 일본, 북한을 대하는 우리의 태도가 적절한지 일부 너무 극단적인 것이 아닌지 싶어요.

이박사: 실리를 우선으로 하면 감정적인 대응을 자제하게 됩니다. 한 번 보고 안 볼 사이도 아닌데 기분 나쁘다고 순간 함부로 말을 뱉고 상대방에게 상처를 주면 나중에 배로 받는 수가 있습니다. 말해 봤자 건질 것이 없으면 굳이 말하지 않는 것도 방법 아닐까요? 기분 나쁘게 해놓고 사과를 하지 않는 상대를 보면 사실 화가 납니다. 그런데 사과하라고 강요해서 사과를 받아 봤자 그게 진심에서 우러난 사과일까요? 괜히 사과하기 싫은 상대 입장에서는 자존심에 상처를 입었다고 적반하장이겠지요. 사과를 하지 않으면 때가 무르익기를 기다려야 합니다. 기다리다 보면 먼저 사과하겠다고 나설 때가 올 테니까요.

'힘을 길러서 내가 원하는 것을 확실히 얻어내기 전까지는 참을 수밖에 없다는 것인가.'

이 박사가 말하는 내용에 수긍하면서도 심 대리는 어쩐지 씁쓸한 기분을 감출 수 없었다.

6 / 돈으로 시간을 사다

중국에 대한 이 박사의 이야기는 점심식사 후에도 계속 이어졌다.

이 박사: 중국인들은 비즈니스 감각이 좋고, 비교우위와 권력을 창출하는 방법도 적절히 사용합니다. 중국인들의 부동산 투자는 유명하니까 다들 잘 알 것입니다. 부동산 투자로 유명한 중국상인들은 떼로 몰려다니면서 아파트 투자를 단행합니다. 원하는 수익률에 도달하여 아파트를 내놓을 때가 되면 여러 채를 한꺼번에 내놓는 것이 아니라 제일 안 좋은 층이나 안 팔릴 것 같은 물건부터 먼저 내놓고 그 매물이 나가야 다음 매물을 내놓습니다. 여러 물건을 한꺼번에 시장에 내놓을 경우엔 가격 하락도 감수해야 하지만 구조나 층이 안 좋은 물건들은 상대적으로 팔릴 가능성이 낮아지니까요. 물론 이것이 옳다는 뜻은 아닙니다. 다만 혼자의 역량이 부족할 때 서로 힘을 합하면 독점권을 행사하는 것과 같은 상황을 만든다는 것이죠. 어찌 보면 은련카드와 디디다처의 합병 역시 이와 같은 맥

락이 아닐까요?

경쟁이 치열할수록 마진은 박해집니다. 주식투자를 할 때 소위 고수라는 사람들은 과점도 아닌 독점을 누리고 있는 업체를 찾는다고 합니다. 작은 범위에서도 독점적 지위를 유지할 수 있는 투자와 회수전략을 구사하고 있는 것이 놀랍습니다. 독점적 지위에 오르면 선택권이 생기고, 상대방에 의해 좌지우지되지 않을 뿐 아니라 자신의 결정을 상대방이 따를 수밖에 없게끔 만들 수 있죠. 따라서 비즈니스는 물론 다른 일들을 생각하고 결정함에 있어서도 선택권을 줄 것인가 아니면 가질 것인가의 관점에서 생각하는 것이 좋습니다.

제이: 아까 저희가 주연배우라고 하셨는데 정말 저는 제 인생의 주연배우가 되면 좋겠어요. 남에게 좌지우지되지 않고 제가 결정할 수 있도록요.

제이는 정말 진심이었고 모두 공감하지 않을 수 없었다. 이 박사도 제이의 어깨를 두드리며 무언의 격려를 하고 이야기를 계속했다.

이 박사: 중국인들은 돈으로 시간을 삽니다. 아이러니하게도 내가 바라본 바로는 돈으로 시간을 살 줄 알기 때문에 중국에서 벤처가 활성화되는 것이 아닌가 싶습니다. 사실 이 점은 약간 의외였습니다. 세계 여러 나라에서 제품이 나오면 바로 유사 제품이 중국에서 출시되기 때문에 비즈니스도 그렇게 아이디어나 제품을 베껴서 시작할 것이라고 생각했지 이미 있는 회사의 지분을 사들일 것이라곤 생각하지 않았거든요.

참고로 중국은 시장이 커서 그런지 밸류에이션도 상당히 높은 편입니다. 그런데 많은 IT 기업들이 투자를 받으면서 커가고 있습니다.

이 역시 비즈니스 관점에서 접근했기 때문이 아닌가 싶었습니다. 지금 빨리 차지하지 않으면 늦겠다는 판단이 섰기 때문에 기업들이 벤처를 인수하는 거죠. 준비하고 새로 시작할 시간적 여유가 없으니까요. 돈을 그저 아끼기보다 그 돈이 벌어들일 효익이 더 크다면 대담하게 투자를 결정하는 이런 태도는 우리가 배워야 합니다.

제이: 네. 돈으로 시간을 산다는 것은 정말 멋진 일인 것 같아요. 특히 이런 분위기가 활성화되면 벤처도 활성화될 테니 긍정적인 측면이 크다고 생각해요.

이 박사: 여러분은 아직 남방 쪽은 가 보지 않았겠지만 심천(深圳)이라는 도시가 있습니다. 개혁개방이 시작된 곳이죠. 홍콩에서 1시간 이내의 거리에 위치하고 있습니다. 웨이신(WeChat)으로 유명한 텐센트(Tencent)가 심천에 위치해 있다 보니 많은 벤처기업들이 그 근처에 둥지를 틀었습니다.

그런데 이곳에 가면 하드웨어 제작 주문을 하기에 아주 좋습니다. 중국, 아니 세계에서 제일 큰 드론 업체인 DJI도 심천에 있고요. 한국은 하드웨어 벤처사업을 하기에 어려운 환경입니다. 시제품을 만들어 보려고 해도 그렇게 작은 물량으로 제작해 주겠다는 업체가 없을 뿐더러 해 준다 해도 단가가 높고 시간도 많이 소요됩니다. 하지만 심천에 가면 굉장히 유연한 사장님들을 만날 수 있습니다. 단가도 한국의 70~80%선인 데다 더 적은 물량을 더 빠른 시일 내에 제작해 주죠. 자신이 만들어 보지 않은 제품이더라도 안 된다고 하지 않고 '이러이러한 부분은 만들어 보지 않았지만 같이 고민해 보자'며 적극적인 태도를 보입니다. 그래서 하드웨어 벤처기업을 하는 한국의 젊은이들은 심천에 다녀오면 큰 위기감을 느끼곤 합니다.

로이: 그 정도까지일 줄은 몰랐어요.

이 박사: 내가 아는 중국사람들은 부지런합니다. 게다가 이재욕도 강하니 모으지 않으려야 않을 수 없습니다. 조금이라도 더 돈이 된다면 수고를 마다하지 않고 열심히 일해서 존경스럽기까지 하죠. 최근 인도와 베트남 등이 제2의 중국을 꿈꾸며 도약을 한다지만 중국인만큼 부지런하면서 재물에 대한 집착이 강하기란 쉽지 않아서 아직은 시기상조라는 생각이 듭니다.

제이: 박사님께서 하시는 말씀을 들으니 지금까지 알고 있던 중국과는 완전히 다른 모습이네요. 중국이 이렇게 커지면 우리에게 기회가 없지 않을까 하는 생각마저 듭니다.

이 박사: 중국에 대한 잘못된 인식으로 중국을 제대로 보지 못할까 걱정이 돼서 다소 강하게 이야기한 측면이 있습니다. 내 분석이 다 맞는 것도 아니니 이런 시각도 있다는 것을 알아주면 좋겠습니다. 나중에 중국의 제도, 문화 등에 대해 공유하는 시간이 더 있을 테니 중국에 대한 간단한 이야기는 이만 합시다.

다들 긴 하루가 끝나는구나 싶을 때 이 박사가 이야기를 다시 이었다.

이 박사: 그럼 중국시장에서 같이 경쟁하는 경쟁자에 대해 잠시만 살펴봅시다. 아무래도 아시아권에 있는 일본이 좋은 사례가 될 것 같습니다.

'끝나나 싶었는데 이번에는 일본이라니…….'

7 무시할 수 없는 나라, 일본!

이 박사: 자, 질문! 우리와 중국시장에서 경쟁하고 있는 일본기업들은 어떤 것 같습니까?

제이: 아무래도 중국과 일본이 여러 정치경제적 문제로 충돌하고 있다 보니 중국에서 일본 기업은 커지기가 쉽지 않은 듯합니다.

이 박사: 다들 제이 말에 동감하나요?

로이: 솔직히 중국이 아직 생소해서 여러 소문과 기사로만 확인할 뿐, 직접 체험한 바는 없어서 쉽게 말하기가 어렵네요. 하지만 일본의 저력을 무시할 수는 없다고 생각합니다.

이 박사: 저력이라고 했으니 중국 내에서의 일본 비즈니스를 이야기하기 전에 세계은행의 순위표를 좀 더 넓혀서 살펴보고 갑시다.

제이: 20위 안에 일본계 은행이 네 개나 있네요.

이 박사: 그렇습니다. 미국계가 네 개, 프랑스계가 세 개, 영국계가 두 개, 독일과 스페인이 각각 한 개씩입니다. 스페인계 은행의 경

[표 7] 자산총액 기준 세계은행 순위

순위	은행	국가
1	중국공상은행(ICBC)	중국
2	중국건설은행 (China Construction Bank Corp)	중국
3	중국농업은행 (Agricultural Bank of China)	중국
4	중국은행(Bank of China)	중국
5	HSBC 홀딩스(HSBC Holdings)	영국
6	JP 모건 체이스 (JP Morgan Chase & Co.)	미국
7	BNP 파리바(BNP Paribas)	프랑스
8	미츠비시 UFJ 파이낸셜 그룹 (Mitsubishi UFJ Financial Group)	일본
9	뱅크오브아메리카(Bank of America)	미국
10	크레딧에그리콜 (Credit Agricole Group)	프랑스
11	도이체방크(Deutsche Bank)	독일
12	바클레이스 은행(Barclays PLC)	영국
13	시티그룹(Citigroup Inc.)	미국
14	웰스 파고(Wells Fargo)	미국
15	일본 포스트뱅크(Japan Post Bank)	일본
16	국가개발은행(China Development Bank)	중국
17	미즈호 파이낸셜 그룹 (Mizuho Financial Group)	일본
18	산탄데르 은행(Banco Santander)	스페인
19	스미토모 미츠이 파이낸셜 그룹 (Sumitomo Mitsui Financial Group)	일본
20	소시에테 제너럴(Societe Generale)	프랑스

* 출처: http://www.relbanks.com

우 남미에서의 영향력이 상당함에도 18위에 랭크되어 있는 것을 보면 나머지 은행들의 저력이 어느 정도인지 알 수 있죠. 세계경제에서 일본이 차지하는 비중은 결코 작지 않습니다. 비록 지금은 중국과 경쟁하고 아시아 맹주의 자리를 중국에게 내주고 있는 상황이지만 경제 강대국 중의 하나죠. 그런데 한국에서는 이 점을 제대로 못 보는 것 같아요. 여러 원인이야 있겠지만 가장 중요한 것은 현상을 객관적으로 파악하는 것인데 말입니다.

'상대를 알고 나를 알면 백 번 싸워도 지지 않는다는 말이 생각나네.'

제이는 씁쓸함을 감출 수 없었다.

이 박사: 중국에서 소위 제일 잘나간다는 식음료 업체가 있습니다. 중국 음료시장과 라면시장에서 1위를 유지하고 있으니 정말 대단하다고 봐야죠. 이 업체는 대만기업의 투자로 세워졌지만 사실 일본기업이 그 주요 대주주로 참여하고 있습니다.

로이: 그럼 일본기업이 중국 식음료시장에 깊숙이 들어와 있는 것이네요.

이 박사: 그렇죠. 북경 최고의 고급 백화점이 있었는데 이 역시 일본백화점이 대만계 기업을 통해 같이 들어온 것입니다. 또한 중국의 자동차회사들 중 엔진을 일본 자동차업체로부터 수입하여 쓰는 회사들이 있습니다. 중국에서 팔리는 한국제품들 중에는 일본업체의 핵심부품을 사용한 것들이 많고요. 여러분도 이미 잘 알고 있겠지만 알리바바의 대주주도 일본의 소프트뱅크죠.

제이: 이야, 어느 정도 진출해 있는지 눈으로 볼 수 없으니 감을 잡기가 어렵네요.

이 박사: 그런가요? 앞서 대중국 FDI 표에서도 봤다시피 일본의

대중국 투자만 해도 규모가 큽니다. 비록 지금 일본의 투자가 감소세로 돌아섰다고는 하지만 그럼에도 FDI 역시 무시할 수 없는 수준입니다. 또한, 중국기업들의 일제 부품 수입까지 고려할 때 중국시장에서 일본이 차지하는 비즈니스 규모는 훨씬 더 크겠지요. 일본은 한국보다 훨씬 이전에 중국에 진출했고 경제규모 면에서도 한국보다 월등히 크니까요.

심 대리: 저는 중일 간의 감정이 좋지 않아서 일본기업은 중국 진출에 애를 먹고 있는 것으로 알고 있었어요.

이 박사: 그 말도 맞습니다. 그렇기 때문에 일본기업들은 중국과 일본을 모두 잘 이해하는 대만계 기업을 통하여 중국으로 우회진출하거나, 완제품의 판매는 중국업체와의 시장경쟁이 치열할 것으로 생각하여 피하고 그 업체들에게 핵심부품을 공급하는 전략을 택한 것이 아닌가 생각합니다. 거기에 더해서 요새는 일본의 양적 완화로 인한 환율하락으로 완제품의 가격경쟁력까지 좋은 상황이라서 중국인들의 일본 관광과 일본에서의 제품구매도 급격히 증가하고 있지요.

제이: 그래도 감정의 골이 깊어서 바로 해결될 문제라고는 생각되지 않습니다.

이 박사: 정치적 갈등이 있지만 경제적으로는 서로 실리를 챙기겠다는 것 같습니다. 갈등이 최고조에 달했다고 할 수 있는 2015년에도 일본의 정재계 인사들이 유례없는 사절단을 이끌고 중국을 방문했습니다. 마침 신문기사가 있으니 같이 한번 볼까요?

'아베 친서' 든 日방중단, 중일관계 개선 마중물 되나

일본 정치인과 기업인 등으로 구성된 대규모 사절단의 중국 방문이 꽁꽁 얼어붙은 중일관계 개선의 마중물 역할을 할 수 있을지 관심이 집중되고 있다.

일본 집권 자민당의 니카이 도시히로(二階俊博) 총무회장이 3,000명으로 꾸려진 '일중관광문화교류단'을 이끌고 21일 중국 광둥(廣東)성 광저우(廣州)에 도착해 후춘화(胡春華) 광둥 당서기를 만나는 것으로 1주일간의 방중 교류활동을 시작했다고 중국 언론이 전했다.

일본인들이 이처럼 단체로 중국을 방문하기는 2013년 9월 일본의 센카쿠(중국명 댜오위다오) 열도 국유화 조치 이후 영유권 분쟁으로 인한 긴장이 고조되며 중일관계가 급격히 악화한 이후 사실상 처음이자 최대 규모다.

특히 이들은 23일에는 베이징(北京)에서 중국 정·재계 인사들과 교류회를 갖고 방문단 대표들이 시진핑(習近平) 중국 주석을 만나 아베 신조(安倍晋三) 일본 총리의 친서를 전달할 예정이어서 '관광문화교류' 이상의 의미를 띨 것으로 보인다. (중략)

일본은 중국 주도의 아시아인프라투자은행(AIIB) 설립에 참여하지 않았고 중국은 오는 9월로 예정된 '항일전쟁 승전 70주년 열병식'으로 일본을 압박하는 등 긴장감이 계속되고는 있지만, 양국은 내달 재무장관 회의를 열기로 하는 등 고위급 대화채널을 가동하고 있다.

최근 일본정부관광국(JNTO)은 지난 1~4월 일본을 찾은 중국인은 132만 9,300명으로 지난해 같은 기간보다 98.9%나 증가하면서 처음으로 중국인이 외국인 관광객 가운데 1위를 차지한 것으로 집계했다.

지난 1월만 해도 일본을 찾은 한국인이 중국인보다 많았지만 2월부터 역전된 뒤 같은 상황이 3개월째 이어지는 등 양국 간 인적 교류에도 변화가 일고 있다.

이런 가운데 일본과 갈등하는 한국, 중국과의 관계 개선에 앞장서온 니카이 회장이 이끄는 대규모 방중단의 이번 행보가 양국관계 개선의 전기가 될 것이라는 평가도 나온다.

《연합뉴스》 2015년 5월 22일

이 박사: 이 기사에 덧붙이자면, 인민대회당에서 베풀어진 만찬연회에는 현재의 주석도 참석했다고 하네요.

심 대리: 이게 바로 흔히 말하는 회전양면정책(和戰兩面政策)이군요.

이 박사: 실리적인 접근이지요. 일본인들의 또 다른 장점은 매우 꼼꼼해서 작은 물건 하나에도 정성을 다한다는 겁니다. 이 역시 가볍게 흘려 보지 말고 제대로 인식해야 합니다. 약한 상대라도 내가 방심하는 순간 질 수 있는데 하물며 강한 상대들이 좌우로 버티고 있는 모양새니까요.

제이: 진퇴양난이네요.

이 박사: 좌절하라는 이야기가 아니고 가볍게 생각하지 말자는 것입니다. 그만큼 진출전략도 아주 치밀하게 고민해야 하고요. 혹시 '중국이라는 용 위에 올라탄다'는 표현이 무엇을 뜻하는지 알고 있나요?

로이: 박사님께서 말씀하신 일본의 전략이 그 예가 될 수 있을 것 같아요. 중국제품이 세계로 뻗어나갈 때 그 제품 안에 일본부품들이 들어가게 함으로써 중국과 함께 진출하는 전략 같은 것 아닐까요?

이 박사: 그렇습니다. 그런데 부품소재 산업에 있어서 한국보다는 아직 일본이 많이 앞서 있습니다. 그러니 우리는 더 많은 투자와 연구개발을 진행해야겠죠. 동시에 중국과 가격경쟁도 할 수 있어야 하고요.

위기는 곧 기회, 기회는 곧 위기입니다. 위기를 기회로 바꾸는 힘, 어려움 속에서도 꿋꿋이 버텨온 힘이 바로 우리의 저력 아니겠습니까? 한국이 일본에 비하면 기술열세고 중국에 비하면 가격열세라지만 이를 바꿔 말하면 중국보다 부품과 소재산업에서 우세고 일본보다 가격이 우세라는 뜻이기도 합니다. 위기를 기회로 만들 수 있도록 고민하면 좋겠습니다.

제이: 네. 위기는 기회다!

이 박사: 시장은 이론과 현실이 판이합니다. 사무실 책상에 앉아 자료를 뒤지고 계획을 세우는 것과 실제 상황은 완전히 다를 때가 많아요. 해당 분야에 진출한 업체가 없어 무주공산인 줄 알았는데 공무원들의 견제 혹은 시장의 요구와 생각지도 못했던 경쟁, 투입 대비 가격 한계 등 여러 문제에 부딪힐 수 있으니 다양한 시나리오를 가지고 신중히 접근해야 합니다. 큰 시장이라는 것에만 현혹되어 무작정 뛰어들었다가 제대로 시작도 못해 본 채 도태되어서는 안 되니까요.

한국기업들은 중국 내의 중국기업, 그리고 일본기업 등의 외자기업들과 경쟁하고 있지만 사실 시장을 온전히 장악할 만한 경제규모가 아닙니다. 때문에 그들과 함께 더불어 살아갈 수 있는 전략을 취해야 합니다. 바꿔 말하면 경쟁모델이 아닌 상생모델을 수립해야 여러 강대국 사이에서 생존할 수 있을 겁니다. 강소국으로 우뚝 서야 하는 것이죠. 시장에 대한 이야기를 하다 보니 잠시 중국에 관한 이야기를 두서 없이 하게 됐는데, 나중에 중국의 시스템과 중국, 이에 대비하는 한국의 전략에 대한 이야기를 따로 나누어 보면 좋겠습니다.

로이: 또 하나의 주제가 추가되었네요!

이 박사: 그런데 사실 내가 이야기한 것들은 여러분이 이미 일상생활 중에 일을 처리하면서 늘 알고 신경 썼던 것들입니다. 새로운 것이 하나도 없지요. 다만 나와 여러분의 차이가 있다면 나는 지속적으로 알아보고 확인하는 훈련을 계속해 온 반면 여러분은 스스로

체계를 잡고 고민해 본 경험이 적다는 것입니다.

아, 한 가지 더 있군요. 나는 사소한 것이든 향후 계획이든, 내가 경험하고 배우고 읽고 생각한 것들을 모두 적습니다. 그런 것들이 모여 내 나름의 방법이 되기 때문이죠. 또 일을 할 때는 내가 생각한 방법들을 적은 뒤 하나하나 체크하면서 진행하고요. 내 머리를 못 믿으니까요.

제이: 에이, 박사님처럼 똑똑하신 분이 본인 머리를 못 믿으시다니요.

이 박사: 결코 그렇지 않습니다. 일단 나는 그렇게 똑똑하지 않거든요. 하지만 아무리 머리가 좋은 사람이라도 세부사항 하나하나를 모두 기억할 수는 없습니다. 특히 갑자기 위급한 상황이 닥치면 당황하기 쉬운데, 이럴 때 실수 없이 업무를 처리하기 위해서는 매뉴얼에 따라 실천하는 습관을 들여야 합니다. 물론 그러려면 평소에 잘 적어 놓고 필요할 때마다 새롭게 보완한 최선의 매뉴얼이 준비되어 있어야 하겠고요. 거듭 말하지만 자만하는 순간 실패는 찾아옵니다.

심 대리: 박사님, 정말 감사합니다. 중국 투자에 관한 조건, 구조, 설립과 인수에 대하여 해 주시는 말씀에서 여러 가지를 배울 수 있었습니다. 많은 생각이 들었는데 다시 찬찬히 고민하고 박사님과 이야기 나눌 수 있으면 좋겠습니다.

이 박사: 저도 여러분에게 배웁니다. 그러니 내가 하나를 이야기하면 여러분도 내게 도움이 되는 무엇인가를 하나 알려주세요. 서로 주고받기, 윈-윈의 관계를 만들어 나가자는 거죠. 일방적인 것은 오

래가지 못하는 데다 내 이야기를 계속해서 비평 없이 듣기만 하면 자신의 의견을 정리할 힘을 잃을 뿐 아니라 아무런 반박도 하지 못한 채 내 의견에 따르기만 할 수밖에 없어요. 그러니 부족하다고 생각이 들더라도 자신의 시각으로 다시 정리하세요.

제이: 제가 다른 것은 몰라도 연예인 계보는 말씀드릴 수 있어요.

제이의 말에 모두들 웃는데 갑자기 김 대리가 숨을 헐떡이며 황급히 들어왔다.

김 대리: 헉헉……. 박사님…….

이 박사: 이런 이런, 숨 넘어가겠네. 숨이나 돌리고 이야기하게나.

김 대리: 큰일 났습니다. 오늘 갑자기 사고가 발생해서요. 오 차장이 괴한들에게 피습을 당했습니다. 김 부장님이 빨리 박사님께 가서 말씀을 드리라고 하셨습니다.

이 박사: 뭐라고? 피습?

심 대리: 오 차장님이?

심 대리는 중국에 온 지 며칠 되지도 않았고 이미 머리가 복잡한데 큰 소용돌이 속으로 온몸이 빨려 들어가는 느낌이었다.

로이의 노트

1. 끝이 없는 게임에서 승리. 시장을 바로 이해하고 전략을 짜라.

- 가지 많은 나무 바람 잘 날 없다. 새로운 투자는 꼭 필요한지 검증하고 리스크 측면에서 반드시 확인해 봐야 한다.
- 지속가능성: 매출과 시장점유율에만 전전긍긍하지 말고 브랜드 관리와 수익성 위주의 게임을 하라(비즈니스는 전후반 휴식도 없고 끝나지도 않는다!).
- 수요예측을 정확히 하고 유기적 진화를 할 수 있도록 항상 변신하라.

2. 중국, 중국인의 특징(지피지기면 백전불태)

- 충격요법의 달인으로 의미를 부여하고 선사하는 데 능하다.
- 유연하면서도 장기적인 안목을 가지고 있다(상생과 경쟁의 조화).
- 꾸준하면서 실리적이다.
- 시간을 돈으로 살 줄 아는 상업적 판단과 부지런함을 갖췄다.
- 중국 내의 타 경쟁자도 무시할 수 없다(일본의 예). 항상 고민하라.

3. Case 설명

- 커피 프랜차이즈의 예시: 시장접근법에 대한 경각심
- 브릭스(BRICs) 헤드쿼터 유치와 총재 선임: 중국이라는 나라를 이해하자.
- 판다 외교: 갈등을 해결한다는 의미를 부여할 무언가가 우리에게도 있는가?

비즈니스 인 차이나

초판 인쇄   2016년 12월 21일
초판 발행   2016년 12월 29일

지은이   이경모
펴낸이   김승욱
편집   김승욱 김승관 장윤정 한지완
디자인   김선미
마케팅   방미연 최향모 오혜림 함유지
홍보   김희숙 김상만 이천희
제작   강신은 김동욱 임현식

펴낸곳   이콘출판(주)
출판등록   2003년 3월 12일 제406-2003-059호

주소   10881 경기도 파주시 회동길 210
전자우편   book@econbook.com
전화   031-955-7979
팩스   031-955-8855

ISBN 978-89-97453-80-1 04320
      978-89-97453-79-5 (전4권)

이 도서의 국립중앙도서관 출판시도서목록(CIP)은 e-CIP 홈페이지(http://www.nl.go.kr/ecip)와
국가자료공동목록시스템(http://www.nl.go.kr/kolisnet)에서 이용하실 수 있습니다.
(CIP제어번호: CIP2016031675)